P. C. KUIPER

DIE SEELISCHEN KRANKHEITEN DES MENSCHEN

SCHRIFTEN ZUR PSYCHOANALYSE UND PSYCHOSOMATISCHEN MEDIZIN

HERAUSGEGEBEN VON

DR. WOLFGANG LOCH, PROF. DR. ALEXANDER MITSCHERLICH †,

PROF. DR. THURE VON UEXKÜLL

BAND 6

P. C. KUIPER

DIE SEELISCHEN KRANKHEITEN DES MENSCHEN

PSYCHOANALYTISCHE NEUROSENLEHRE

Aus dem Holländischen übersetzt
von Clemens de Boor

GEMEINSCHAFTSVERLAG
HANS HUBER BERN
KLETT-COTTA STUTTGART

Verlag Klett-Cotta
Die Originalausgabe erschien
unter dem Titel „Neurosenleer“
im Verlag Van Loghum Slaterus Arnhem,

Printed in Germany
Umschlag: Klett-Cotta Design
Gesetzt aus der 9 Punkt Garamond
von Steffen Hahn, Kornwestheim
Auf säure- und holzfreiem Werkdruckpapier
gedruckt und gebunden
von der Firma WB-Druck in Rieden am Forggensee
Siebte Auflage 1992

Die Deutsche Bibliothek – CIP-Einheitsaufnahme
Kuiper, Pieter C.:
Die seelischen Krankheiten des Menschen:
psychoanalytische Neurosenlehre / P. C. Kuiper.
[Aus dem Holländ. übers. von Clemens de Boor]. –
7. Aufl. – Bern: Huber; Stuttgart: Klett-Cotta, 1992
(Schriften zur Psychoanalyse und psychosomatischen Medizin; Bd. 6)
Einheitssacht.: Neurosenleer ⟨dt.⟩
ISBN 3-608-95638-7
NE: GT

INHALT

A. ALLGEMEINE GRUNDLAGEN

B. SPEZIELLE NEUROSENLEHRE

A. ALLGEMEINE GRUNDLAGEN

EINLEITUNG

EINLEITUNG

Wir brauchen eine Psychologie, die uns Einsicht in die psychischen Prozesse des neurotischen wie auch des gesunden Menschen vermittelt, und um zu einer solchen Psychologie zu gelangen, untersuchen wir den Menschen als handelndes Wesen in einer Gemeinschaft, die er, als ein Teil von ihr, mit konstituiert.

Meist beginnen Lehrbücher wie dieses mit einer langen theoretischen Einleitung, die zu verwendende Methode wird ausführlich dargestellt und zu rechtfertigen versucht, danach folgt die Anwendung der Methode. Ich will dieses Vorgehen nicht verurteilen, aber es gibt auch Argumente für HEGELs Standpunkt, daß nämlich die Brauchbarkeit einer Methode allein durch ihre Anwendung erwiesen werden kann. Wenn wir auf dem Weg unserer Untersuchung erst einmal ein Stück vorangekommen sind, wird sich noch genügend Gelegenheit für einige methodologische Hinweise bieten. Mir scheint es praktischer, medias in res zu gehen und kritische Einwände später zu behandeln.

Menschliches Verhalten, Handeln ereignet sich stets in Beziehung zu einer bestimmten Situation. In der deutschen Psychiatrie wurde während der letzten Dezennien besonderer Nachdruck darauf gelegt, den Menschen nicht isoliert zu betrachten; das ist zweifellos zutreffend. Die Biologen sehen den Organismus in Beziehung zu seiner Umwelt; die Umwelt, in der der Mensch lebt, ist die Gemeinschaft, die Gesellschaft. Den Begriff Anpassung, der sich in der Biologie als so fruchtbar erwiesen hat, verwenden wir auch auf unserem Gebiet; hier hat er jedoch neben seiner biologischen auch eine soziale Bedeutung. Anpassung ist ein Prozeß, in dem sich der Mensch aktiv eingreifend verhält, wir verwenden ihn nicht mehr in dem Sinne von: sich fügen, sich unterordnen unter die gegebenen Umstände. Im Gegenteil, der Begriff Anpassung impliziert, daß der Mensch diese Umstände auch verändert, so daß sie seinen Wünschen und Bedürfnissen mehr genügen. Der heutige Mensch lebt in einer Welt, die schon in vielerlei Hinsicht das Resultat seines eigenen Eingreifens ist, und keineswegs mehr in einer naturgegebenen Umwelt. Diesen Begriff der Anpassung wählen wir zum Ausgangspunkt für die weiteren Erörterungen.

Wir wollen uns fragen, wie eine Handlung aussieht, die uns angepaßt erscheint, wobei wir die Handlung in ihrem Bezug zum handelnden Menschen betrachten. Das ist zweifellos eine phänomenologische Betrachtungsweise, aber weil das Wort phänomenologisch so viele Bedeutungen bekommen hat, sollten wir es nur mit größter Vorsicht verwenden.

Um zu einer Handlung zu kommen, müssen wir etwas wollen, es muß ein Impuls vorhanden sein; ohne Impulse können wir nicht handeln. Wir handeln, um unsere Wünsche und Bedürfnisse zu befriedigen; wenn wir Hunger haben, gehen wir essen, wir schicken Blumen an jemanden, der krank ist, oder machen einen Höflichkeitsbesuch. Was auch immer wir tun, es gibt ein Motiv dafür. In dem Wort Motiv stoßen wir auf den Stamm des Verbums bewegen; es muß etwas da sein, was uns bewegt, sonst tun wir nichts.

Wir kommen nun zum zweiten Kennzeichen einer angepaßten Handlung. Sie muß an die Forderungen der Gemeinschaft, in der wir leben, angepaßt sein. Wenn unser Auto dadurch beschädigt wird, daß uns der Fahrer eines anderen nicht die Vorfahrt gelassen hat, und wenn dieser sich dann noch frech und brutal verhält, dann kann uns das so in Wut bringen, daß wir Lust bekommen, ihn zu verprügeln. Das Motiv für solches Handeln wäre völlig verständlich – wenn wir jedoch diesem Motiv nachgeben würden, dann würde unser Handeln trotzdem unangepaßt sein. Wenden wir uns jedoch an die Polizei, der Mann wird bestraft und wir bekommen Schadenersatz, dann haben wir unser Bedürfnis zu strafen befriedigt, ohne in Konflikt mit der Gesellschaft zu kommen, die es uns nicht erlaubt, selbst Richter zu sein. An diesem Beispiel haben wir das zweite Merkmal eines angepaßten Verhaltens dargestellt: angepaßt an die Forderungen der Gesellschaft.

Wir kommen nun zu einem dritten Merkmal. Wer eine angepaßte Handlung ausführt, der richtet sich dabei nach seinem Gewissen. Nicht immer stimmt das, was die Gesellschaft von uns verlangt, mit den Forderungen unseres eigenen Gewissens überein. Wir können z. B. tratschen und lästern, so viel wir wollen, ohne daß uns dafür die Polizei zur Rechenschaft zieht. Wir können in einer Frau, die wir nett finden, Erwartungen wecken und sie später bitter enttäuschen. Dieses und ähnliches wird uns schwerlich mit der Gesellschaft in Konflikt bringen, wenn wir nicht zu ungeschickt dabei sind. Die meisten von uns würden jedoch bei solchem Verhalten nicht viel Freude erleben, ihr Gewissen würde sich dagegen zur Wehr setzen. Auf der anderen Seite gibt es auch Handlungen, denen gegenüber sich die Gesellschaft verwahrt, jedoch kaum unser eigenes Gewissen. So parken wir ohne weiteres unser Auto spät am Abend in einer leeren Straße, auch wenn dort ein Parkverbotsschild angebracht ist. Wir begründen unser Verhalten damit, daß dieses Schild doch für den jetzigen Augenblick keine Bedeutung habe, sondern nur für die dichten Verkehrszeiten des übrigen Tages gilt.

Wir fassen zusammen: Für unser angepaßtes Verhalten sind Motive wirksam, in denen sich die treibende Kraft unserer Persönlichkeit äußert; wir müssen Rücksicht nehmen auf die Gesellschaft, in der wir leben, und auf unser Gewissen. Diese Betrachtungen ermöglichen uns anzugeben, welche Struktur die Persönlichkeit hat, und der Begriff Persönlichkeitsstruktur wird uns im weiteren noch gute Dienste leisten können.

Für die psychische Instanz, die unser Verhalten gutheißt oder ablehnt, haben wir schon einen Begriff verwendet: Gewissen. Für das Gewissen, das eine bestimmte und zuverlässige Instanz unserer Persönlichkeit ist, verwenden wir im psychoanalytischen Sprachgebrauch den Begriff *Über-Ich.*

Wir haben bisher noch nichts gesagt über die Quelle der Strebungen, Bedürfnisse und Impulse. Das Wort Quelle bietet sich von selbst an: Es muß doch etwas geben, woher all diese Regungen kommen, denken wir. FREUD benannte diese Quelle, diese Instanz mit dem Terminus *Es,* und auch wir wollen diesen Begriff verwenden.

Wenn wir über Instanzen sprechen, setzen wir uns Gefahren aus. Wir können nämlich in die Versuchung kommen, über das Gewissen, das Über-Ich und das Es so zu sprechen und zu schreiben, als ob es sich um materielle Dinge handle, und so tun, als würden wir einen Apparat untersuchen, der sich aus einzelnen Teilen zusammensetzt. Kennzeichnend für das Erleben, für die innere Erlebniswelt ist ja gerade das Flie-

[1] W. JAMES: Talks to teachers on psychology; and to students on some life's ideals, New York 1899.

ßende und leicht Bewegliche. W. JAMES[1] sprach von dem «Strom des Bewußtseins», von dem Strom der Gedanken und Gefühle. Völlig zu Recht ist dies in der deutschen Literatur stets mit Zustimmung wiederholt worden. Wir dürfen Über-Ich und Es nicht hypostasieren, es sind keine Dinge, keine Substanzen, aber sie haben doch eine gewisse Konstanz, etwas Bleibendes, Dauerhaftes. Immer wieder treten die gleichen Strebungen auf, immer wieder hören wir auf die gleichen Gebote und Verbote. Gebote und Verbote sind ebenso dauernd wie unsere Wünsche, Strebungen und Impulse. Gerade weil immer eine gewisse Spannung herrscht und Konflikte zwischen unseren Bedürfnissen und unserem Gewissen auftreten, ist es gerechtfertigt, von Instanzen zu sprechen. Ein Konflikt setzt einander entgegengerichtete Größen voraus, Kräfte, die wir Instanzen zuschreiben und die zusammen eine Struktur bilden.

In unserer Person sollen unsere Wünsche, Strebungen und Impulse einerseits, die Stimme unseres Gewissens andererseits, aber auch die Forderungen der Gesellschaft ein stabiles, harmonisches Ganzes bilden und, wann immer das nicht der Fall ist, miteinander in eine solche harmonische Beziehung gebracht werden. Dieses «Miteinander-in-Übereinstimmung-Bringen» tun wir zeitweise ganz bewußt, aber es geschieht auch in uns, ohne daß wir etwas davon merken. Das Wort Funktion können wir für dieses «Miteinander-in-Übereinstimmung-Bringen» gut verwenden, wir bezeichnen sie als integrierende oder synthetische Funktion.

Das In-Übereinstimmung-Bringen der Gebote des Gewissens, der Forderungen der Gesellschaft und unserer Impulse kann schwere Probleme aufgeben, wenn das, was wir wollen und wünschen, uns mit den Forderungen der Gesellschaft zusammenstoßen läßt. Dann entsteht ein Konflikt, und wir müssen diesen Konflikt lösen. Dabei setzen wir voraus, daß wir über die Forderungen der Gesellschaft Bescheid wissen; aber nicht für jedermann trifft das zu. Ein Schwachsinniger z. B. kann nicht in genügendem Maße die Forderungen seiner Umgebung wahrnehmen, und die Kenntnis dieser Forderungen kann, wie z. B. bei dem Syndrom der Demenz, wieder verlorengehen. Das Wissen von etwas, gnostische Funktionen, sind für die Anpassung notwendig; weiterhin müssen wir auf Grund unserer Einsichten, auf Grund unserer Entschlüsse handeln können, die Herrschaft über unsere motorischen Funktionen haben.

Die Funktionen, auf die wir jetzt hingewiesen haben: integrierende und synthetische Funktionen, die Wahrnehmungsfunktion und die Beherrschung der Motorik, schreiben wir einer dritten Instanz zu. Diese Instanz nennen wir das *Ich*.

Wir definieren das Ich auf Grund seiner Funktionen. Das Ich ist nichts, was losgelöst von diesen Funktionen existiert. Wir betonen das hier so ausdrücklich, weil auch hier wiederum die Gefahr des Hypostasierens droht. Wenn wir vom Ich sprechen, sprechen wir über Funktionen; daß eine Ich-Funktion gestört sein kann, andere wiederum nicht, überrascht uns dabei nicht. Diese Möglichkeit ist logischerweise gegeben. Im Ich haben wir alle diese Funktionen zusammengefaßt. Wir müssen den Menschen in Beziehung zu seiner Umgebung untersuchen, um etwas darüber zu erfahren, wie diese Funktionen zusammenhängen.

Die Ich-Funktionen seien noch einmal aufgezählt: Das Ich muß umgehen mit den Geboten des Über-Ichs, mit Strebungen und Impulsen, mit den Forderungen der Umwelt; dafür muß es hinsichtlich seiner Umgebung Erfahrungen sammeln und in seine Umwelt eingreifen können. All dieses berücksichtigend, muß es seine Arbeit leisten. Wir sprechen dann von der synthetischen Funktion des Ichs, wir sprechen auch von Integration. Meistens wird der Begriff Synthese für eine bewußte seelische Tätigkeit, der Begriff Integration auch für unbewußte seelische Tätigkeit und selbst für biologische Prozesse verwendet. Eine bedeutende Funktion des Ichs wurde bisher noch nicht erwähnt. Eigentlich ist sie schon impliziert in der Wahrnehmungsfunktion; Wahrnehmen ist unterscheiden. Wir müssen unterscheiden zwischen der Wirklichkeit, wie sie ist, und wie wir sie uns vorstellen. Wir können denken, daß jemand böse auf uns ist, und die Erfahrung machen, daß das nicht zutrifft. Ein anderes Beispiel soll die Bedeutung der Realitätsprüfung unterstreichen: Ein Mann glaubt, daß eine Frau, in die er verliebt ist, gern dazu bereit ist, seine Gefühle zu erwidern, und auf Grund dieser falschen Annahme gerät er in eine für ihn peinliche und quälende Situation. In solchem Fall hat die Realitätsprüfung versagt, und wir haben ein Ergebnis der Phantasie, das auf Grund unserer Wünsche, Erwartungen und Strebungen zustandegekommen ist, mit der Wirklichkeit ver-

wechselt. Immer wenn wir auf Grund solcher falscher Voraussetzungen etwas unternehmen, handeln wir unangepaßt.
Das Ich, das Es und das Über-Ich bilden zusammen die Persönlichkeitsstruktur. Diese Struktur darf niemals losgelöst von ihren Funktionen gedacht werden; sie gehören zusammen, sie bedingen sich wechselseitig. Das wird sehr oft vergessen, und dann wird über diese Struktur so gesprochen, als handle es sich um eine Maschine. Derartige Spekulationen führen von der lebendigen Wirklichkeit weg, und häufig gibt es dann auch keinen Weg mehr zu ihr zurück. Wir müssen versuchen, derartiges zu vermeiden, und uns dauernd vor Augen halten, daß wir nicht über Dinge sprechen, auch nicht über Organe, sondern über eine Struktur und über Instanzen, die wir auf Grund von Funktionen und Kräften definieren, welche die Motive für unser Handeln bilden. Wir werden immer mehr entdecken, welche hervorragenden Dienste uns dieses strukturelle Modell leisten kann.

1. Die Ich-Funktionen

Wir haben das Ich als die integrierende zentrale Instanz in der Persönlichkeit definiert, und so ist es naheliegend, mit der Besprechung der Ich-Funktionen zu beginnen.
Wir betrachten zuerst das Ich in seiner Beziehung zur Umwelt. Das Ich nimmt die Umgebung wahr, dazu bedient es sich der Sinnesorgane und des Denkens. Denken wird auch als «inneres Handeln» bezeichnet, und es besteht tatsächlich eine enge Beziehung zwischen der Wahrnehmungsfunktion und unserem Handeln in der Außenwelt. Phantasien können zu Plänen entwickelt werden, und diese geben die Richtung an für unser Handeln. Das Ich unterscheidet zwischen Phantasie und Wirklichkeit; die Realitätsprüfung ist eine seiner Funktionen. Die Unterscheidungsfähigkeit zwischen Innen- und Außenwelt, zwischen den Produkten unserer Phantasie, die unter dem Einfluß unserer Wünsche und Ängste zustandekommen, kann verlorengehen, z. B. in der Psychose. Bisweilen können selbst die durch unsere Sinnesorgane vermittelten Eindrücke nicht unterschieden werden von den Produkten unserer eigenen inneren seelischen Tätigkeit, dann sprechen wir von

Halluzinationen, und diese weisen stets auf eine tiefgehende Störung der Realitätsprüfung hin.

Realitätsprüfung ist eine Funktion, die sich allmählich entwickelt. Das kleine Kind ist noch nicht fähig zu beurteilen, was in ihm selbst und was in der Außenwelt vor sich geht. Wenn ein Kind ängstlich ist, dann sieht die Umgebung bedrohend aus, der dunkle Wald ist dann für das Kind bevölkert mit Riesen und Hexen. Was zu seinem Körper gehört und was zur Umwelt, lernt es erst langsam, und auch das bewußte Erleben von «mein Körper» und später «mein Ich und mein Selbst» entwickelt sich erst allmählich.

Die Realitätsprüfung bleibt eine sehr bedrohte und leicht mißglückende Funktion: Auch der Erwachsene vergißt sich leicht, meint dann etwa, daß andere ihn beschuldigen, wenn er selbst sich verurteilt. – Ein Mädchen etwa kann sich auf Grund seiner eigenen erotischen Bedürfnisse Nachstellungen ausgesetzt fühlen.

Die Funktionen des heranwachsenden Kindes entwickeln sich, aber auch seine psychische Struktur: die Strukturierung seiner Persönlichkeit vollzieht sich. In der psychoanalytischen Psychologie wenden wir viel Aufmerksamkeit auf diese Entwicklung. Untersuchen wir die psychischen Erscheinungen von diesem Aspekt her, dann verwenden wir den genetischen Gesichtspunkt der psychoanalytischen Theorie. Wir tun gut daran, uns bei der Untersuchung der Ich-Funktionen die Entwicklung dauernd vor Augen zu halten.

Das Denken, das in der Lage ist, die Realität wahrzunehmen, entwickelt sich nur langsam; anfänglich werden allerlei Beziehungen hergestellt, die in der Wirklichkeit überhaupt nicht bestehen, wir sprechen dann von magischem Denken. Den meisten Eltern, aber auch anderen, die intensiv mit Kindern umgehen, ist es aufgefallen, daß Kinder an Ritualen, an einer bestimmten Abfolge von Handlungen, festhalten: Die Puppe muß genau in der Mitte des Stuhles sitzen, weil sonst etwas Schlimmes passiert. Dieses magische Denken hat noch ein anderes Merkmal; ihm eignet in der Phantasie des Kindes Macht, die Macht der Tat, Gedanken und Taten unterscheidet das Kind nicht. Wenn ein Kind wütend ist auf seine Schwester, dann mag es etwa denken: hätte ich doch bloß eine andere, liebere Schwester. Wenn dann das Schwesterchen später krank wird, dann ist das, entsprechend der Erlebnisweise des magisch denkenden Kindes, die Folge seiner bösen Gedanken. Wir können leicht einsehen, daß diese Art zu denken das Entstehen starker Schuldgefühle fördert. Dieses unvollkommene Unterscheiden zwischen Denken und Handeln finden wir bei unseren neurotischen Patienten wieder. Die Allmacht der Gedanken verschafft dem Kind Schuldgefühle, aber auch Befriedigungen: «Wenn das, was ich denke, in Erfüllung geht, dann habe ich doch viel Macht.»

Im Verlaufe des Heranwachsens und durch Erfahrungen lernt das Kind immer besser, Denken und Handeln, Innenwelt und Außenwelt, Phantasie und Realität zu unterscheiden. Es wird durch Schaden klug. Die Fähigkeit zur Realitätsprüfung und die Anpassung an die jeweiligen Gegebenheiten ist einer der bedeutendsten Aspekte der Intelligenz. Intelligenz kann definiert werden als die Fähigkeit, aus Erfahrungen zu lernen. Dieses Lernen ist in hohem Maße an die Sprache gebunden. Vielleicht gibt es ein Denken ohne Worte und Wortsymbole, aber für das Denken, das uns die Anpassung an die Wirklichkeit ermöglicht, ist die Sprache von größter Bedeutung. Die Sprache lernt das Kind von den Eltern in der Beziehung zu ihnen. Das impliziert, daß unser Lernen, das Kennenlernen der Wirklichkeit auch in Beziehung zu den Eltern geschieht. Tatsächlich trifft es schon für die allerersten Formen der Wahrnehmung der Außenwelt, aber auch für die Entwicklung des Sprachverständnisses und des Sprechens zu, daß sie sich auf dem Boden einer affektiven Beziehung entwickeln. Das Kind lernt den ihn versorgenden Menschen wahrnehmen, es lernt die Fragmente, die ihm in seiner Wahrnehmung gegeben sind, zu einem Ganzen zusammenzufügen; später kann es die Mutter erkennen und wird ängstlich, wenn es diese vertraute Person nicht sieht, sondern an ihrer Stelle jemanden anderen, eine Angst, die ohne diese Unterscheidungsfähigkeit in der Wahrnehmung nicht auftreten kann. Die Tatsache, daß die Entwicklung der Wahrnehmungsfunktion von der affektiven Beziehung zu der Person, die das Kind versorgt und ihm seine Befriedigungen vermittelt, abhängig ist, ist eine für die Praxis der Kindererziehung und den Unterricht sehr wesentliche Einsicht. Wir können erwarten, daß eine Störung dieser affektiven Beziehung, z. B. durch das Fehlen einer zureichenden und konstant anwesenden Mutterfigur, auch die Entwicklung der Wahrnehmungsfunktionen schädigt, und die Praxis zeigt, daß dies tatsächlich der Fall ist. Aber nicht allein beim ganz jungen Kind wird das Leben durch die Gefühlsbeziehungen beeinflußt – wir wissen alle, wieviel das Kind profitiert durch die Unterrichtsstunden einer geliebten Lehrerin oder eines geliebten Meisters; wie sehr die Leistungen herabsinken, wenn ein Konflikt zwischen ihnen besteht, oder wenn das Kind seinen Lehrer nicht mag. Auf diese Tatsachen sollte mehr Rücksicht genommen werden, das würde dem Unterricht zugute kommen und auch das Glück der Kinder und der Lehrer vergrößern.

Zu Beginn des Lebens haben die affektiven Befriedigungen nur einen sehr begrenzten Charakter. Das Kind wird gefüttert, gestreichelt, gewärmt und bewegt, es sind alles Befriedigungen, die es *empfängt.* Wir sprechen hier von Befriedigungen mit einem passiven Ziel. Aber recht bald bekommt das Kind auch Vergnügen daran, selber etwas zu tun; es erlebt es lustvoll, sich zu bewegen, es fängt an, Entdeckungsreisen zu unternehmen, in seinem Ställchen, im Zimmer; es fängt an, zu krabbeln und zu laufen. Auch die Aktivität, die aktive Einstellung gibt dem Kind Befriedigung. Die Ich-Funktionen ermöglichen es, die Triebimpulse, die das Interesse und die Unternehmungslust bestimmen, in Handlungen umzusetzen. Das bringt uns nun zu einer zweiten Gruppe von Ich-Funktionen: die Beherrschung der Motorik, der Muskeln und auch der Sphinkteren. Untersuchungsaktivität, bei der das Kind seine Motorik verwendet, und das Kennenlernen seiner Umwelt sind nun eng miteinander verbunden. Wir dürfen die Realitätsprüfung nicht losgelöst von der Beherrschung der Motorik betrachten und ebensowenig losgelöst von den triebhaften affektiven Befriedigungen. Es ist genau so wie beim Erwachsenen, der auf Reisen geht, Abenteuer unternimmt, um seine Kenntnisse zu vermehren. Was er erlebt, wird um so mehr Eindruck hinterlassen, je intensiver er dabei hat genießen können. Wahrnehmung und Motorik, Befriedigung von Bedürfnissen und Lernen stehen eng miteinander in Beziehung. Moderne Unterrichtsmethoden nehmen darauf Rücksicht. Man läßt das Kind dadurch lernen, daß es etwas tut, und man erleichtert den Lernprozeß dadurch, daß das Interesse geweckt wird. Wenn das gelungen ist, dann kann der Lernende auch die Entbehrungen aushalten, die nun einmal mit dem Lernprozeß verbunden sind. Wenn Mütter die Aktivität ihrer Kinder zu sehr beschränken, ist das für die Entwicklung der Motorik und der gnostischen Funktion sehr schädlich. Als eine Folge dieser Schädigung sieht man manchmal, daß solche zu stark eingeengten Kinder später, wenn sie erwachsen geworden sind, wenig Unternehmungslust haben, selbst in der Phantasie nicht. Auch in der Welt ihres inneren Erlebens, in ihrer Vorstellungswelt sind sie «Stubenhocker» geblieben. Etwas in ihnen hat sich nicht entwickeln können. Der weite Interessenkreis, der manche Menschen kennzeichnt, und die Befriedigung, die das Lernen und Entdecken für sie bedeutet, scheinen im Leben dieser Menschen ganz zu fehlen.

Fassen wir wiederum zusammen: Lernprozesse sind mit der Entwicklung der verschiedenen Aspekte des Trieblebens intensiv verbunden. Wenn wir uns an das strukturelle Modell erinnern, können wir daraus entnehmen, daß wir die Beziehung des Ichs zu seiner Umwelt, zu dem Gewissen und zu dem Es zu erörtern haben.

Wir betrachten nun das Ich in seiner Beziehung zu den Triebimpulsen. Das Umgehen-Lernen mit Triebimpulsen ist ein sehr schwieriger Prozeß. Zu Anfang steht das Kind starken triebhaften Regungen machtlos gegenüber. Wenn ein Kind allein gelassen worden ist und Hunger bekommt, beobachten wir an ihm eine merkwürdige Mischung von Wut, Ohnmachtsgefühl und auch Angst, jedenfalls meinen wir das aus den Verhaltensweisen des Kindes ablesen zu können. Welche Methoden stehen dem Ich im Umgang mit den Triebimpulsen zur Verfügung? Um eine Antwort auf diese Frage geben zu können, wenden wir uns dem Erwachsenen zu, an dem wir diese Ich-Funktionen beobachten können. Und immer, wenn es für unsere Betrachtungen notwendig ist, richten wir unsere Aufmerksamkeit wieder auf das Kind.

Bisher haben wir das Wort Trieb hier verwendet, ohne eine nähere Definition zu geben. Jetzt ist es an der Zeit, ausführlich zu beschreiben, was wir unter einem Trieb verstehen, und wir werden versuchen, eine psychologische Definition zu geben. Triebhaftes Erleben ist gekennzeichnet durch Unlustspannung, die Triebbefriedigung führt zu lustvoller Entspannung. Die Spannung ist nur dann ausschließlich unangenehm und quälend, wenn sie nicht mit der Aussicht auf lustvolle Entspannung gepaart ist, wenn das Verlangen nicht erlebt werden kann als eines, für das in absehbarer, kurzer Zeit Befriedigung möglich ist. Das sieht kompliziert aus, aber es wird sofort klar, wenn wir etwa an das Erleben von Hunger denken. Hunger ist ein Unlustgefühl, aber wir können uns Vergnügen bereiten durch das Denken an und das Phantasieren über das Gesättigtwerden. Es gibt noch ein Kennzeichen triebhaften Erlebens: wir erleben die Spannung und Entspannung ausgesprochen als etwas Körperliches. Und nun kommen wir zurück zu unserer Frage: wie geht das Ich des Erwachsenen mit Triebimpulsen, mit triebhaften Bedürfnissen um?

Wir können ein derartiges Verlangen *beherrschen,* wir können es auch *in eine Handlung umsetzen.* Das soll an einem Beispiel dargelegt werden: Ein Mann, der in einer befriedigenden Ehe lebt, kann während einer Reise durch eine Frau, die er trifft, in heftige Gefühlsbewegung kommen. Er kann die Erfahrung machen, daß diese Frau starke sexuelle Bedürfnisse in ihm erweckt, er kann jedoch diese Bedürfnisse beherrschen. Er weiß sehr gut, daß er diese Bedürfnisse hat, sie sind ihm ganz bewußt. Nun gibt es Menschen, denen fällt es sehr schwer, sich zu beherrschen, sie setzen ihr Verlangen in eine Handlung um, auch dann, wenn die Situation selbst gar nicht so viel Anlaß dazu bietet; selbst dann, wenn sie anderen Verdruß dadurch bereiten, und auch wenn sie sich selbst, den eigenen Namen, die eigene Zukunft damit schädigen. Dann bezeichnen wir diese Ich-Funktion als schwach. Psychopathische Patienten haben in dieser Hinsicht eine schwache Ich-Funktion. Die Ich-Funktionen können z. B. geschädigt sein auf Grund von Entwicklungsstörungen oder durch einen zerebralen Abbauprozeß; Menschen tun dann Dinge, die sie sonst gelassen hätten. Schwächung der Ich-Funktionen kann ein Merkmal von Prozessen, die zur Demenz führen, sein.

Das Ich muß aber nicht nur mit Triebimpulsen, sondern auch mit Über-Ich-Impulsen sinnvoll und angepaßt umgehen können. Manche Menschen leben unter dem Zwang ihres eigenen Gewissens. Auch dafür ein Beispiel: «Wir müssen doch 'ehrlich' sein, so argumentieren sie, und sie sind auch ehrlich, selbst wenn sie damit einem anderen Menschen viel Verdruß bereiten, ohne daß diese Ehrlichkeit sinnvoll ist. Sie reden, während Schweigen das einzig Richtige gewesen wäre. Sie können nicht wirklich ethisch handeln, sie müssen auf jeden Befehl ihres Über-Ichs lauschen und können nicht ein Interesse gegenüber einem anderen abwägen. Sie opfern die anderen dem Zwang auf, sich ihrem tyrannischen Über-Ich zu fügen. Bei zwanghaften Menschen finden wir diese starre Haltung, durch die sie sich zum Sklaven der Einflüsterungen ihres Gewissens machen. Auch hier hat doch das Ich die Aufgabe zu unterscheiden, mit Geboten und Verboten umzugehen genau so wie mit den Triebimpulsen. Wir sprechen meist nur von dem Beherrschen der Triebimpulse, aber das Ich muß genau so die Impulse seines Gewissens beherrschen können.

Es gibt für das Ich noch weitere Möglichkeiten, mit Triebimpulsen, Geboten und Verboten seines Gewissens umzugehen. Sie liegen nicht so auf der Hand, sind nicht so deutlich sichtbar wie die beiden genannten Umgangsformen, wie das Beherrschen und das In-eine-Handlung-Umsetzen, die wir bisher besprochen haben. Wir wollen sie uns näher betrachten: Ein Mann bekommt von seinem Chef, der schlechte Laune hat, wegen seiner Arbeit einen ungerechtfertigten Anpfiff. Während des ganzen Tages fühlt er sich ein bißchen bedrückt; in der Nacht hat er dann einen Traum, in dem er seinem Chef ins Gesicht schlägt. Während des vergangenen Tages hatte er keine Feindseligkeit gefühlt; er war wohl etwas verdrießlich. Wenn er seiner Frau davon erzählt hätte, wie ungerecht sein Chef gewesen ist, und wenn seine Frau ihn gefragt hätte, ob er deswegen wütend war, als eine Reaktion auf diesen ungerechten Vorwurf, dann würde er geantwortet haben: «Nein, wütend nicht, aber es ist schon enttäuschend, wenn man sich immer so anstrengt und wenn das dann doch nicht genügend geschätzt wird.» Hier ist mit der Wut und mit dem Bedürfnis, dem Chef gegenüber eine kritische Bemerkung zu machen, etwas Merkwürdiges geschehen. Die Wut ist verschwunden und später in einem Traum zum Vorschein gekommen. Dieses Zum-Verschwinden-Bringen bezeichnen wir als abwehren, wir sprechen in diesem Fall von Triebabwehr. Wenn wir einen Triebimpuls *beherrschen,* dann wissen wir, daß wir das tun; wenn wir einen Triebimpuls abwehren, dann wissen wir davon nichts. Nicht nur die Impulse, sondern auch die Gefühle, die an solche Impulse gebunden sind, werden abgewehrt. ANNA FREUD[2] hat in ihrem Buch «Das Ich

[2] A. FREUD: Das Ich und die Abwehrmechanismen (1936), Bd. 2001, Taschenbuch, München (Kindler) 1964.

und die Abwehrmechanismen» darauf hingewiesen, daß die Abwehr sowohl den Trieben als auch den Gefühlen gilt, und es ist wichtig, daß wir uns das vor Augen halten. Ich möchte noch ein Beispiel bringen, weil das Konzept der Triebabwehr auf den ersten Blick schwieriger erscheint als die Aktivitäten des Ichs, die wir als «In-eine-Handlung-umsetzen» und beherrschen beschrieben haben. Einer Frau wird durch einen verheirateten Mann der Hof gemacht, er sucht deutlich eine erotische Annäherung, aber sie hält nichts davon. «Stell dir vor», so argumentiert sie mit sich selbst, «etwas mit einem verheirateten Mann anzufangen.» Am Abend sieht sie einen Film, in dem deutlich erotisch-sexuell getönte Szenen vorkommen. Ein Mann umarmt eine Frau und faßt nach ihrer Brust. Wie ein Blitz durchzuckt es sie, daß sie in diesem Film sich selber sieht, in einer erotischen Situation mit dem Mann, der ihr den Hof gemacht hat. Der erotische Impuls macht sich so bemerkbar. In dem erstgenannten Beispiel, wo ein aggressiver Triebimpuls abgewehrt wurde, war im Anschluß an die unerfreuliche Erfahrung nichts geschehen. Wir haben beschrieben, daß der Mann sich ein bißchen bedrückt gefühlt hatte, und können hier von einer Symptombildung sprechen. Im zweiten Beispiel scheint nichts geschehen zu sein, der Triebimpuls scheint hier auf einmal verschwunden, weggeschafft.

Wir haben schon bei der Besprechung der Triebabwehr, ohne das Wort selbst zu verwenden, von Konflikten innerhalb der Persönlichkeit gesprochen. Es handelt sich um einen Konflikt zwischen dem Triebgeschehen und dem Ich. Das Ich kann auch in Konflikt geraten mit dem Über-Ich. In einer solchen Situation sprechen wir mit uns selbst, gehen wir mit uns selbst zu Rate. Schon der allgemeine Sprachgebrauch geht davon aus, daß es verschiedene Instanzen innerhalb der Persönlichkeit gibt. Wenn diese inneren Instanzen nicht miteinander in Konflikt stehen, dann sprechen wir von einer inneren Harmonie. Harmonie erfordert immer mehr als eine «Partei». Die Einsicht in die intrapsychischen Konflikte spielte eine große Rolle bei der Entwicklung des psychoanalytischen Strukturkonzeptes.

Wir können nun die Frage anschließen: Wie hält das Ich Impulse außerhalb des Bewußtseins? Mit welchen Fähigkeiten ist das Ich ausgestattet, um solche Triebimpulse und die an sie gebundenen Gefühle abzuwehren? Wie entzieht das Ich diese Impulse der Selbstwahrneh-

mung, so daß wir von ihrer Existenz nichts wissen? Das Ich verfügt hierfür über Funktionen, Abwehrfunktionen, auch *Abwehrmechanismen* genannt. Manche Leute verwenden das Wort Mechanismus nicht gerne, wenn es um innerseelische Vorgänge geht; in der Literatur findet es sehr häufig Verwendung.
Wir wollen nun systematisch die verschiedenen Abwehrmechanismen, die Abwehrfunktionen besprechen.

Die Verdrängung:
Einer der meist verwendeten Abwehrmechanismen ist die Verdrängung. Wenn ein Impuls verdrängt ist, fällt er durch sein Nichtvorhandensein auf. Manchmal ist sein Fehlen ungewöhnlich störend und gefährlich für die Anpassungsfähigkeit der Person an ihre Lebenssituation. Als ein Beispiel dafür sei die Frigidität erwähnt. Es gibt Frauen, die keine sexuelle Erregung erleben können und auch orgasmusunfähig sind. Die Folge davon sind Eheschwierigkeiten – Gefühle des Unbefriedigtseins bei ihr selbst und bei ihrem Partner. Viele Ehen gehen an den sexuellen Störungen eines Partners zugrunde, wenn auch die Beziehung sonst positive Aspekte haben mag. Manchmal sind vor allem sexuelle, manchmal vor allem die aggressiven Impulse verdrängt. Es gibt Menschen, die nicht wütend sein können, sie lassen alles über sich ergehen, und in bestimmten Situationen mag das auch ein Zeichen guter Anpassung sein; sie unterwerfen sich zum Beispiel einem aggressiven Chef, aber wenn wir näher zusehen, können wir doch feststellen, daß die Persönlichkeit unter diesen Verdrängungsprozessen leidet und weniger gut funktioniert. Ein solcher Mensch ist angepaßt im oberflächlichen Sinn des Wortes – nicht aber in seiner wirklichen Bedeutung, mit der wir den Begriff Anpassung verwenden. In einem solchen Fall handelt es sich nämlich nur um eine passive Anpassung.

Die Verkehrung ins Gegenteil:
Meist bleiben die Abwehrbemühungen nicht bei der Verdrängung stehen, sondern es werden andere Abwehrfunktionen verwendet, um die Verdrängung zu verstärken. Man könnte hier von Hilfstruppen sprechen, die an gefährdeten Stellen der Abwehr eingesetzt werden. Dies ist zwar nur als Bild gemeint, es führt uns aber zu energetischen

Spekulationen, die uns ab und zu von Nutzen sein können. Wir wollen uns jedoch so eng als möglich an das halten, was wir vom Verhalten und Erleben wahrnehmen können. Dann können wir sagen: die Verdrängung ist zu schwach, der Triebimpuls ihr gegenüber zu stark. Darum werden andere Abwehrmechanismen eingeschaltet. Die Intensität von Triebimpulsen und Gefühlen ist eine phänomenologische Aussage. Ich erwähne zur Erläuterung: ein *bißchen* Hunger, *rasender* Durst, eine *starke* Begierde, ein *intensives* Verlangen. Zwischen den Ich-Funktionen Beherrschen und Abwehren einerseits, und demjenigen, was abgewehrt werden muß, andererseits, ist ein Kräftespiel wirksam. In der Fachterminologie sagen wir, wir betrachten die Dynamik des inneren psychischen Geschehens, wir arbeiten mit dem dynamischen Gesichtspunkt.

An späterer Stelle werde ich systematischer beschreiben, wie die psychoanalytische Theorie aufgebaut ist, hier nenne ich lediglich schon die verschiedenen Gesichtspunkte der Theorie. Wenn wir das Kräftespiel untersuchen, arbeiten wir mit dem dynamischen Gesichtspunkt. Geht es um das Größenverhältnis der an der Dynamik beteiligten Kräfte, dann arbeiten wir mit dem ökonomischen Gesichtspunkt. Den strukturellen Gesichtspunkt verwenden wir, wenn wir die verschiedenen Instanzen betrachten, aus denen sich die Persönlichkeit aufbaut, der topische Gesichtspunkt enthält die Einteilung in Bewußt und Unbewußt. Der grundlegendste Gesichtspunkt ist der adaptive: Wir studieren die psychischen Erscheinungen in Verbindung mit der Anpassung der Persönlichkeit an die Umwelt.

Doch wenden wir uns zunächst wieder dem Abwehrmechanismus, der Verkehrung ins Gegenteil, zu. Das klassische Beispiel, durch das dieser Abwehrmechanismus charakterisiert werden kann, ist die neurotische Überfürsorge. Sie ist zum Beispiel vorhanden, wenn eine Mutter fortdauernd an ihren kleinen Sohn denken muß, der ruhig in der Schule sitzt; dabei wird sie gequält durch scheußliche Bilder, denen sie sich nicht entziehen kann. Dann wiederum stellt sie sich vor, daß ihr Junge mit dem Krankenauto nach Hause gebracht wird, nachdem er überfahren worden ist, oder aber sie muß immer daran denken, daß er in den Fluß gefallen und ertrunken ist. Sie fürchtet immer, daß er sich erkälten und an einer Lungenentzündung sterben kann. Um ihn vor diesen Gefahren zu schützen, muß er dicke wollene Socken tragen, während die anderen Jungen schon alle in Sommersachen herumlaufen; er muß einen Umweg machen, um nach Hause zu gehen, er darf es nicht zusammen mit seinen Freunden tun, weil die Mutter denkt, daß er dabei an einer gefährlichen Kreuzung unter ein Auto kommen kann. Vielerlei derartiges ließe sich noch aufzählen. Ein Junge, der so lebt, hat es wahrhaftig nicht leicht. Er hätte es besser treffen können, und doch kann man wiederum nicht sagen, daß diese Mutter nicht ihr Bestes für den Jungen zu tun trachtet. Wie können wir uns ein derart unzweckmäßiges und unangepaßtes Verhalten erklären? Wir können annehmen, daß diese Mutter – neben ihrem Gefühl von Liebe für ihr Kind – Impulse hat, die mit dieser warmen Liebe nicht in Übereinstimmung stehen, und diese Impulse sind es, die sie durch ihr übertriebenes Beschützen abwehrt. Häufig wird dieser Gefühlskomplex falsch beschrieben und falsch verstanden. Dann kann man lesen: «*Eigentlich* haßt eine solche Mutter ihr Kind; sie hofft es, daß es im Fluß ertrinkt und sich erkältet. Wie feindselig sie gegenüber ihrem Kind eingestellt ist, geht ja aus der Tatsache hervor, daß sie ihn so quält mit den wollenen Strümpfen, der warmen Jacke, mit dem Verbot, mit seinen Freunden zu gehen.» Das Wort «eigentlich» ist hier höchst mißverständlich. Eine Mutter, die die hier beschriebenen zwanghaften Gedanken hat und sich so überbesorgt verhält, liebt ihr Kind, aber sie verwendet zugleich ihre Liebe, um feindselige Gefühle zu unterdrücken. Solche Gefühle wehrt sie ab, Feindseligkeit wird zu übertriebener Besorgtheit, zu einer für das Kind aber auch für sie selbst quälenden Form von Liebe. Die Mutter erlebt von ihrem Ärger über und ihrer Feindseligkeit gegen ihr Kind nichts. Würden wir ihr gegenüber etwas von unserer Auffassung über ihr Verhalten merken lassen, dann würde sie sagen: «Ich soll mich ärgern über mein Kind? Ich liebe es so sehr, daß es mir keinen Augenblick aus den Gedanken kommt. Ich könnte ohne es nicht leben.» Wir können sagen: die Gefühle und die Äußerungen ihrer Liebe sind reaktiv verstärkt, um damit feindselige Gefühle abzuwehren, aber – so pflegt man zu Recht zu fragen – warum sollte eine Mutter ihrem eigenen Kind feindselig gegenüberstehen? Manche Studenten, die diese Erklärung für die Überbesorgtheit der Mutter hören, werden wütend und sagen, es ist doch schändlich anzunehmen, daß Mütter ihre Kinder hassen. Nun gibt es gewiß viele Gründe, die eine Mutter veranlassen können, ihrem Kind gegenüber eine feindselige Einstellung zu haben: eine Mutter kann von ihrem Sohn enttäuscht sein, weil sie ihn als Kind des falschen Mannes erlebt. Sie mag diesen Mann geheiratet haben, weil sie glaubte, keine großen Chancen mehr zu haben, und weil sie gerne Kinder haben und von der sturen Arbeit wegkommen wollte, die sie all die Jahre mit Widerwillen ausgeübt hat. Eigentlich liebte sie und liebt noch immer einen anderen Mann, mit dem sie eine Zeitlang verlobt gewesen ist; das alles war vor vielen Jahren, aber dieser Mann ist verheiratet mit ihrer Freundin. Sie hätte lieber einen Sohn gehabt, der ihrem früheren Verlobten ähnlich sieht, der nicht die häßliche Nase ihres Mannes mitbekommen hat; eine Nase, an die sie sich selbst nicht gut gewöhnen konnte. Gewiß, sie hat viel Hochachtung vor ihm, er ist so tüchtig und vertrauenswürdig, er macht seine Arbeit so gut und bleibt immer zu Hause, «aber wenn ich zurückdenke an frühere Zeiten, an die Reise, die ich mit ihm (dem ehemaligen Verlobten) gemacht habe, nein ... ich will lieber gar nicht mehr daran denken». Eine solche Situation kann man sich ohne weiteres vorstellen. Diese Gefühle von Bedauern und Ärger gegenüber ihrem Kind entzieht sie ihrer inneren Wahrnehmung durch die Verkehrung ins Gegenteil. Die Folge einer solchen inneren Konfliktsituation kann wie in unserem Beispiel eine Symptombildung sein. Diese Frau leidet unter Zwangsgedanken, aber auch Charakterveränderungen können die Folge sein. Manche Menschen sind übermäßig nachgiebig und gefügig, um damit die Wut, die sie sonst gegenüber ihren Mitmenschen empfinden würden, abzuwehren.

Gestützt auf das hier besprochene Beispiel, will ich auf die Dynamik der neurotischen Symptombildung näher eingehen. Ein derartiges Symptom hat einen Abwehraspekt, in diesem Fall das übertriebene Besorgtsein, und hat einen Triebaspekt: die Feindseligkeit. Das Symptom ist ein mißglückter Kompromiß zwischen Abwehr und Impuls, so lautet die gebräuchliche Formulierung, und wir können beide Komponenten in ihm wiederfinden. Auch im Affekt finden wir stets etwas vom Triebimpuls wieder. Die überbesorgte Mutter quält ihr Kind durch ihr Verhalten, sie tut es jedoch in der besten Absicht, soweit es um ihre bewußten Absichten geht. Berücksichtigen wir die unbewußte Absicht, dann könnten wir das nicht mehr sagen. Der Gegenstand unserer Beobachtung macht es erforderlich, daß wir in unserem Denken zwischen bewußten und unbewußten Absichten unterscheiden.

Für den Abwehrmechanismus «Verkehrung ins Gegenteil» wird auch der Begriff Reaktionsbildung verwendet. Wir können das tun, aber es ist nicht empfehlenswert, weil der erste Begriff sehr viel präziser angibt, was wir meinen; auch der Begriff Kompensation ist brauchbar. Kompensation wird aber auch für eine bewußte innere geistige Aktivität verwendet, und es bringt immer Schwierigkeiten mit sich, ein Wort für zwei verschiedene Sachverhalte zu verwenden. Der Abwehrmechanismus Verkehrung ins Gegenteil ist auch durch die Verhaltensweisen der Moralprediger gut klarzumachen. Fortwährend belehren sie andere Menschen über ihr schlechtes sexuelles Verhalten, fortwährend zeigen sie sich empört, unterdessen sind sie aber auch fortwährend mit Sexualität beschäftigt. Der abgewehrte Impuls setzt sich in dem Verhalten durch, das ursprünglich dazu bestimmt war, den Impuls abzuwehren. Alle diese Abwehrvorgänge sind unzweckmäßig. Im Dienst der gesunden Anpassung steht die Beherrschung, die Abwehr gehört in den Bereich der Pathologie.

Der Abwehrmechanismus der Verdrängung kann verstärkt werden durch die Verkehrung ins Gegenteil und auch durch *Projektion.* Diese beiden Abwehrformen werden herangezogen, wenn die Verdrängung sich als unzureichend erweist, was meistens der Fall ist, weil Triebimpulse nicht an Intensität abnehmen, wenn sie durch die Abwehr lediglich aus dem Bewußtsein verdrängt werden. Wir sprechen von Projektion immer dann, wenn wir in anderen etwas entdecken oder glauben zu entdecken, was wir in uns selber nicht wahrnehmen können. Ein gutes Beispiel dafür ist krankhaftes Mißtrauen. Der mißtrauische Mensch glaubt, daß andere stets etwas im Schilde führen, böse sind oder etwas übelnehmen. Derjenige, der projiziert, hat aber selbst feindselige Gefühle, ist wütend auf den anderen oder nimmt ihm etwas übel, ohne daß er es selbst weiß. Wir können für jeden Abwehrmechanismus Beispiele finden im Verhalten und Erleben von Menschen, die sexuelle oder aggressive Impulse abwehren. Diese Triebimpulse sind es, die dem Menschen Schwierigkeiten bereiten und die er aus seinem Bewußtsein zu entfernen trachtet. So können nicht nur aggressive, sondern auch sexuelle Impulse projiziert werden. Ein Mädchen etwa, das auf der Straße geht, hat das Gefühl, aufdringlich angesehen zu werden; ja, sie glaubt, daß jemand hinter ihr her pfeift, während doch nur eine Drossel im nahe gelegenen Park zu singen begonnen hat. Sie findet ihr eigenes inneres Verlangen, das durch einen jungen Mann, der ihr begegnete, geweckt wurde, unerlaubt und glaubt, dieses Verlangen in ihm zu entdecken. Wir haben an früherer Stelle darauf hingewiesen, daß Abwehrfunktionen sich nicht nur gegen Triebimpulse richten, sondern auch gegen unser Gewissen. Wir können die Stimme unseres Gewissens verdrängen, aber auch auf andere Weise abwehren, z. B. projizieren. So glauben wir uns durch andere beschuldigt, während wir uns im Grunde selber beschuldigen.

Am Projektionsmechanismus kann leicht aufgezeigt werden, wie störend diese Abwehrfunktionen für die Anpassung sind. Wer der Überzeugung ist, daß der andere, mit dem er zusammen ist, boshafte Gedanken hat, der wird das gleich an seinem Verhalten merken lassen und damit die Beziehung stören. Auch für unser Verständnis für die Prozesse, die sich in der Gesellschaft abspielen, können wir die Einsicht in den Projektionsmechanismus nicht entbehren. Rassenhass zum Beispiel ist die Folge eines solchen Projektionsmechanismus; die anderen nämlich sind dann schlecht, gemein, zügellos, hypersexuell, unsympathisch und haben andere schlechte Eigenschaften mehr.

Auf Grund dieser Erwägungen können wir fragen, warum tun wir das eigentlich so, warum wehren wir ab, was ist der Sinn dieser Anstrengungen? Diese Abwehrmechanismen sind doch immer unzweckmäßig für die gesunde Anpassung, warum geht das Ich so unzweckmäßig mit Strebungen und mit Geboten seines Gewissens um? Die Antwort auf diese Frage, die ja besonders große Bedeutung für unsere Einsicht in die Psychologie hat, lautet: Wir müssen abwehren, weil das Bewußtwerden von Impulsen und der daran geknüpften Gefühle in uns zu große Angst mobilisieren würde. Abwehrmechanismen werden in Gang gesetzt, um Angst zu vermeiden. Wir können dies wiederum am besten verdeutlichen an den Beispielen, die wir schon verwendeten: Der Mann, der den Anpfiff von seinem Chef bekam, wurde nicht wütend, sondern mißgestimmt; später in seinem Traum zeigte sich die Wut. Die Anwendung des genetischen Gesichtspunktes kann uns zeigen, warum das Erleben von Triebimpulsen und der daran geknüpften Affekte so angsterweckend sein kann. Der kleine Junge darf nicht wütend sein auf seine Eltern, sicher auch nicht die Lust verspüren, sie zu schlagen, oder schließlich es auch wirklich ausführen, er ist ja auf seine Eltern angewiesen und wird alles tun, um ihre Liebe, ihre Zuneigung zu behalten. Viele Eltern strafen durch Maßnahmen, die für das Kind angsterweckend sind; aber auch wenn das nicht der Fall ist und sie nur mit Worten strafen, können sie damit dem Kind große Angst einflößen und es sich unglücklich fühlen lassen. In der Zeit, in der ich aufgewachsen bin, sagten die Eltern zu einem Kind, das den Versuch machte, gegen sie zurückzuschlagen, wenn es einen Klaps bekommen hatte: «Deine Hand wird aus dem Grab herauswachsen, und jeder wird dann sehen, daß du ein Kind gewesen bist, das seine Eltern schlagen wollte.» Dabei ist die Formulierung wichtig: schlagen wollte. Denn nicht allein die Tat ist verurteilenswürdig, sondern auch der Gedanke an die Tat. Bei sehr vielen Erziehern stoßen wir auf diese Einstellung: nicht allein Taten sind verboten, sondern auch Gedanken und Gefühle. Das spielt auch in religiösen Gruppen oft eine zentrale Rolle; nicht nur Taten, auch Gedanken sind Sünde. Das Kind lernt es dann, solche Gedanken beiseite zu schaffen. Abwehrmechanismen werden immer in der jeweiligen Erziehungssituation stimuliert. Wenn Eltern zu ihren Kindern sagen würden: «Natürlich bist du jetzt böse, das kann ich gut verstehen, aber du mußt es doch lernen, deine Wut zu beherrschen», dann würden sicher nicht so viele Menschen neurotisch oder noch ernsthafter gestört werden. Wir sollten lieber den Kindern zeigen, wie sie mit ihren Gefühlen und Impulsen umgehen lernen können, anstatt ihre Abwehr zu stimulieren. Wir können den Eltern ihre Haltung in der Erziehung nicht vorwerfen, denn es ist ihre eigene Angst, es ist die Angst vor ihren eigenen Triebimpulsen, die sie dazu zwingt, ihre Kinder so zu behandeln. Bei der psychologischen Betrachtungsweise suchen wir nicht nach Schuld, sondern nach denjenigen Faktoren, die uns das Verhalten und die Gefühle der Mitmenschen erklären und verstehbar machen. Diese Kenntnisse ermöglichen uns dann auch präventives Verhalten. Zweifellos würde eine zweckmäßigere Erziehung die Entstehung vieler Neurosen verhindern. Man sollte es einem Kind ermöglichen, daß es mit seinen Gefühlen umgehen lernt, statt diese zu verdrängen. Angst

müßte durch Vertrauen beseitigt werden, und die Eltern sollten möglichst früh neurotische Reaktionen bei ihren Kindern erkennen.
Wir fassen zusammen: Abwehr wird mobilisiert durch Angst vor dem eigenen strengen Gewissen, vor den Trieben und den mit ihnen verbundenen Gefühlen. Das hier Besprochene ist für unsere Einsicht in die psychische Dynamik von großer Bedeutung: Die Angst ist für das Ich das Signal, Abwehrvorgänge zu mobilisieren, Angst hat eine zentrale Bedeutung für die Symptombildung und die Charakterdeformierungen. Unsere tägliche psychoanalytische Arbeit bestätigt das immer wieder. In einer psychotherapeutischen Behandlung lernen unsere Patienten, besser mit ihrer Angst umzugehen; sie erleben es, daß sie als Erwachsene sich nicht vor dem zu fürchten brauchen, was sie während ihrer Kinderzeit geängstigt hat, und wenn die Angst überwunden wird, dann vermindert sich die Intensität der Abwehr, und die Symptombildungen und Charakterdeformierungen werden mehr oder minder vollständig überwunden.
Kehren wir noch einmal zurück zu dem Abwehrmechanismus der Projektion, der uns veranlaßte, die Frage zu stellen: «Warum wehren wir ab?» Die Projektion unserer eigenen Impulse scheint ein Gewinn zu sein, wir brauchen dann nicht mehr vor unserer eigenen Wut Angst zu haben, wir brauchen nicht mehr enttäuscht und unzufrieden mit uns selbst zu sein, weil wir sexuelle Phantasien haben, deretwegen wir uns schämen, sondern immer ist dann der andere schuldig. Wenn wir aber näher zusehen, erweist sich der Gewinn nur als ein scheinbarer, während die Einbuße sehr real ist; wir verfälschen unser Selbstbild, wir halten uns für besser, als wir sind, wir lernen es nicht, mit uns selber umzugehen, weil wir uns selbst nicht kennen lernen; unsere menschlichen Beziehungen werden beunruhigt, weil wir die anderen für feindseliger halten, als sie sind. Projektion ist eine schlechte Lösung für einen inneren Konflikt.

Die Verschiebung:
Die Verschiebung ist ein weiterer gern verwendeter Abwehrmechanismus. Verschiebung bedeutet, daß wir etwa wütend sind auf einen anderen Menschen, ohne daß wir uns das genügend bewußt machen, und wir leben dann diese Wut gegenüber einem anderen Menschen aus.

Ein Beispiel: Ein Mann hat beim Frühstück eine unangenehme Auseinandersetzung mit seiner Frau, er kann sich dabei nicht gut wehren, er hat ganz allgemein die Neigung, nachzugeben, weil er Angst hat, sonst die Liebe seiner Frau zu verlieren, von ihr abgewiesen zu werden, auch auf sexuellem Gebiet, oder gar sie ganz zu verlieren. Später, im Büro angekommen, legt ihm seine Sekretärin einen Brief vor, und im Augenblick danach bekommt er ihr gegenüber einen Wutausbruch. Die Wut, die eigentlich seiner Frau gilt, kommt nun hier bei einem anderen Menschen zum Ausbruch. Ein solcher Mensch zeigt den Mut der Schwachen, er kann nämlich nur wütend sein gegenüber denjenigen, die es ihm nicht zurückgeben können, aber er kann sich nicht wehren gegenüber denjenigen, die ihm wirklich etwas in den Weg legen oder ihm ein Leid antun. Diesen Mechanismus sehen wir gewöhnlich bei solchen Männern, die als Pantoffelhelden bezeichnet werden. Doch nicht nur anderen gegenüber können wir unterdrückte Wut ausleben, wir können uns auch selber zum Opfer unserer Wut machen. Ein gutes Beispiel dafür finden wir im Verhalten von Kindern, die aus dem einen oder anderen Grund wütend sind, aber diese Wut gegenüber demjenigen, auf den sie bösen sind, nicht zeigen können. Sie möchten eigentlich gerne ihre Eltern schimpfen oder ihnen einen Tritt geben, statt dessen aber machen sie ihre Puppe kaputt oder zerstören ein Spielzeug, das ihnen besonders wertvoll ist. Auch Erwachsene zeigen derartig unzweckmäßige Reaktionen. Jemand hatte sich ein neues Fahrrad gekauft und war besonders stolz darauf; es hatte viel Geld gekostet, eigentlich, wie er hinterher meinte, ein bißchen zuviel. Nun fuhr er in der Dämmerung den Kanal entlang, da wurde er von einem Polizisten angehalten, weil sein Rücklicht nicht brannte. Alles Reden half nichts, er bekam einen Strafzettel und mußte bezahlen. Daraufhin wurde der Mann so wütend, daß er sein Fahrrad nahm und ins Wasser warf, laut schreiend: «So, da hast du es nun.» Es ist leicht zu sehen, daß er eigentlich gerne den Polizisten ins Wasser geworfen hätte. Der Abwehrmechanismus des Auslebens gegen die eigene Person ist ungewöhnlich gefährlich. Wenn die Wogen der Wut zu hoch schlagen und dieser Abwehrmechanismus Verwendung findet, dann kann jemand tatsächlich in eine wilde Raserei gegen sich selbst ausbrechen, sich sogar umbringen, was dann nicht selten auf eine besonders grausame Weise geschieht. Bevor wir unbewußte Motive berücksichtigen konnten und noch nichts von Abwehrfunktionen wußten, konnten wir solche Verhaltensweisen nicht verstehen. Jetzt ist es uns klar, daß Suizid eine Äußerung von Wut ist, wenn auch jemand, der Suizid begehen will, in seinem Bewußtsein mehr Kummer als Wut erlebt. Wir werden später noch sehen, daß bei einem Suizid ein Bündel von Faktoren wirksam ist, in jedem Fall aber besteht einer von ihnen darin, daß die Wut gegen die eigene Person gerichtet wird.

Wir können unser Leben zerstören, aber auch unser Lebensglück. Wir können unseren Körper beschädigen, aber auch das Erleben dessen, was uns wertvoll erscheint und was uns glücklich machen kann. Wenn der Abwehrmechanismus der Verschiebung in dieser Weise verwendet wird, so ist seine Folge die Depression. Der depressive Mensch muß sein Leben auf Grund der gegen die eigene Person gerichteten Aggression verderben. Noch einmal sei darauf hingewiesen, daß diese Abwehrfunktionen nicht unter dem Einfluß des Willens stehen; sie sind völlig unbewußt. Nur an den Folgezuständen läßt sich erschließen, was im Inneren desjenigen vorgeht, der das Opfer eines solchen Abwehrmechanismus wird. Er verwendet ihn und ist zugleich sein Opfer, beide Formulierungen sind zutreffend. Den Abwehrmechanismus, den das Ich bei der Depression verwendet, hat man auch Introjektion von Feindseligkeit genannt. Mir scheint es richtiger zu sein, den Begriff der Introjektion für diejenigen Prozesse zu verwenden, die sich bei dem Aufbau der Persönlichkeit abspielen, und hier besser von der Wendung der Aggression gegen das eigene Selbst oder die eigene Persönlichkeit zu sprechen.

Wir haben bei der Erörterung dieses Abwehrmechanismus, des Richtens eines Triebimpulses auf ein anderes Objekt, bisher immer über die Wut gesprochen. Man kann sich hier gewiß die Frage stellen, ob nicht das gleiche auch für libidinöse Impulse zutrifft, ob man nicht Liebesregungen, die man nicht äußern kann, auch auf sich selber richten kann. Mir scheint, daß dies keineswegs unmöglich ist. Wir begegnen Menschen, die nicht fähig sind, andere zu lieben, während sie sich selbst unaufhörlich zum Gegenstand ihrer Aufmerksamkeit machen. In diesen Fällen wird dann von Narzißmus gesprochen. Unter narzißtischen Menschen verstehen wir solche, die sich selbst in übertriebener Weise lieben. Mir scheint, daß wir die Abwehraspekte einer solchen Einstellung nicht übersehen dürfen. Diese Menschen sind von sich selbst so sehr eingenommen, damit sie nicht andere zu lieben brauchen, was ihnen infolge der strengen Verbote gegenüber ihrem sexuellen Triebleben nicht möglich ist.

Die Verdrängung des Affektes:
Ein Abwehrmechanismus, den wir häufig sehen – vor allem bei zwangsneurotischen Patienten – ist die Verdrängung des Affektes. Bei der Verdrängung, mit der wir die Erörterung der Abwehrformen begonnen haben, ist nicht allein das Gefühl aus dem Bewußtsein verschwunden, sondern auch der Inhalt, auf den sich das Gefühl bezieht. Eine hysterische Patientin hat es überhaupt nicht gemerkt, daß ihr Freund während einer Liebelei sexuell erregt gewesen ist, sie hat es verdrängt. Der zwangsneurotische Patient würde das zwar gut wahrnehmen, aber das zugehörige Gefühl und die entsprechende Gefühlsreaktion würden fehlen. Daher kommt es, daß zwangsneurotische Patienten und solche mit einer zwangsneurotischen Charakterbildung so gut rationalisieren können. Sie sprechen über Gefühlsprobleme so, als ob es sich um intellektuelle Probleme handelt. Ich werde an späterer Stelle diese Typen noch ausführlich besprechen; sie sind die Theoretiker des Lebens. Man spricht in diesen Fällen auch von der Isolierung von Vorstellung und Affekt, andere verwenden lieber den Begriff Affektverdrängung.
In die Reihe der Abwehrmechanismen werden meist auch die Verleugnung und das Ungeschehenmachen aufgenommen. Wir sprechen von Verleugnung, wenn jemand etwas nicht wahrnehmen kann, nicht verstehen kann, weil er Ereignisse und bestimmte Sachverhalte nicht an sich herankommen lassen will. Würde er das tun, würde er ängstlich werden, und Angst kann er nicht aushalten. Gelegentlich erscheint die Verleugnung wie ein Schutzmechanismus im Dienst der Anpassung; jemand verleugnet zum Beispiel den malignen Charakter seiner Erkrankung. In anderen Fällen aber führt die Verleugnung zu Anpassungsstörungen, wenn jemand zum Beispiel den malignen Charakter seines Sexualpartners nicht erkennen darf. Verleugnung und Verdrängung pflegen meist Hand in Hand zu gehen. Wir verwenden den Begriff Verleugnung zumeist für das Beseitigen von Wahrnehmungsinhalten.

Ungeschehenmachen bedeutet, die eine Handlung durch das Ausführen einer anderen, die meist einen entgegengesetzten Charakter hat, aufheben. So zum Beispiel, wenn jemand einem anderen Böses gewünscht hat und, um das wieder gutzumachen, ihm dann Blumen schickt. Ich würde dieses Verhalten lieber nicht zu den Abwehrmechanismen rechnen, sondern zu den Möglichkeiten, wie wir mit unserem Gewissen umgehen können. Wir können hier auch das strukturelle Modell verwenden und dann sagen: Die Art und Weise, wie das Ich mit dem Über-Ich umgeht. Eine solche Beschreibung ist nicht nur eine Modellvorstellung, sondern auch phänomenologisch begründet, weil wir ja tatsächlich mit unserem Gewissen umgehen.

Die Regression:
Einen komplizierten Abwehrmechanismus stellt die Regression dar, mit der wir die Besprechung der Abwehrmechanismen abschließen. Die Einsicht in das Phänomen der Regression und seine Folgen ist ungewöhnlich bedeutsam für unser Verständnis des psychischen Geschehens. Viele von denen, die sich bemühen, in der Psychologie und Psychopathologie dynamisch und genetisch zu denken, tun es ohne großen Erfolg, weil sie keine genügende Einsicht haben in die Symptombildung, in die Charakterveränderungen und die neurotischen Manöver, die als Folge der Regression zustandekommen. Wir tun gut, zwei Prozesse zu unterscheiden: 1. Die Regression von Ich-Funktionen, wodurch bereits erworbene Ich-Funktionen verlorengehen. Bei Kindern kann man dies als Folge von Frustration beobachten. Hierfür ein Beispiel: Ein Kind, das schon mit Erfolg die Reinlichkeitsgewöhnung hinter sich hat, fängt wieder an einzunässen, wenn die Eltern in die Ferien gehen und das Kind Menschen überlassen, die ihm fremd sind. 2. Eine andere Regressionsform, die wir Triebregression nennen. Wir sehen dann, daß derjenige, der regrediert, zurückfällt auf eine Form der Triebbefriedigung, die nicht zu seinem Entwicklungsstadium, in dem er sich gegenwärtig befindet, paßt. Auch hierfür ein Beispiel: Ein etwas schüchterner junger Mann, der ein Verhältnis mit einer jungen Frau hatte, in dem es auch zu sexuellem Kontakt mit ihr kam, wird von ihr abgewiesen, weil sie ihn dann doch nicht flott genug für sich fand. Auf diese Frustration reagierte der junge Mann mit über-

mäßig häufiger Onanie. Er kehrte damit zu einer sexuellen Befriedigungsart zurück, die in der Pubertätszeit üblich ist. Hier hat dann eine Regression des Trieblebens stattgefunden. Eine solche Triebregression ist häufig mit einer partiellen Regression von Ich-Funktionen gepaart. Wir können uns gut vorstellen, daß ein derart frustierter junger Mann seine Arbeit weniger gut leistet, die Neigung hat, sich zurückzuziehen und viel zu schlafen. Auch das ist dann ein Zeichen von Triebregression. Triebe mit passiven Triebzielen bekommen dann die Überhand, deren Befriedigung bekommt größere Bedeutung auf Kosten der Befriedigung der Aktivität. Aber diese genannten Erscheinungen sind gleichzeitig auch eine Folge von Ich-Regressionen. Wir tun gut, hier auf alle Aspekte der Persönlichkeit zu achten. Wir werden später noch sehen, daß das Ich stets bei neurotischen Reaktionen mitbetroffen ist, aber das Ausmaß ist doch sehr verschieden. Die vorgenannten Beispiele lassen den Abwehrcharakter der Regression noch nicht deutlich erkennen. Erst später, bei der Besprechung der speziellen Neurosenlehre, kann hierauf in vollem Umfang eingegangen werden. Hier soll es bei einem einzigen Hinweis bleiben, nämlich auf die Beziehung von Trieben mit passivem und mit aktivem Triebziel. Manche Männer sind in ihrer Beziehung zu ihren Mitmenschen und auch in ihren sexuellen Beziehungen übermäßig passiv, weil ein aktives Eroberungsverhalten aggressive Phantasien mobilisieren würde. – Die Passivität, das passive Verhalten, ein regressives Phänomen, die kindliche Anhänglichkeit dienen dazu, aggressive Impulse abzuwehren.

Einige Bemerkungen über Abwehr:
Wir haben zu Beginn dieser Überlegungen darauf hingewiesen, daß wir die triebhaften Aspekte der Persönlichkeit, das Über-Ich und die Ich-Funktionen zu berücksichtigen haben. Wenn wir Abwehrprozesse untersuchen, sehen wir, daß sie die Aufgabe haben, bestimmte Impulse aus dem Bewußtsein fernzuhalten. Diese Abwehrvorgänge haben Einfluß auf die Beziehungen der Person zur Außenwelt, ja, sie implizieren eine veränderte Haltung gegenüber der Umwelt. Die Instanz, die für diese Beziehungen verantwortlich ist, ist, wie wir besprochen haben, das Ich. Wir können dies durch ein Beispiel verdeutlichen: Projektion ist ein Abwehrmechanismus, Triebimpulse und die daran geknüpften

Gefühle werden aus der eigenen Person heraus verlagert: «Ich bin nicht wütend auf den anderen.» Aber die Wahrnehmung der Außenwelt wird dadurch ungünstig beeinflußt. Das Ich verfälscht die Umgebung, sieht die Menschen feindseliger, als sie in Wirklichkeit sind. So ist es auch mit anderen Abwehrmechanismen: Menschen, die nicht böse auf andere sein können und die die Neigung haben, die Schuld an allem Elend sich selber zuzuschreiben, können oft nicht den Anteil sehen, den andere Menschen an diesen Schwierigkeiten haben. Sie beschuldigen allein sich selbst und idealisieren die anderen. Auch hierdurch wird die Umwelt verfälscht. Diese Patienten tun das Gegenteil von denjenigen, die projizieren – bei beiden ist die Realitätsprüfung gestört. Bei allen Abwehrmechanismen müssen wir die Folgen für die Anpassung untersuchen. Die hysterische Patientin, die vor allem die Verdrängung benutzt, hat keine Einsicht in das erotisch-sexuelle Leben ihrer Mitmenschen; sie verfälscht auf ihre Art die Realität. Wir müssen immer daran denken, daß Abwehr nicht allein für den Bereich des Trieblebens Bedeutung hat, sondern zugleich eine Verfälschung der Realität impliziert auf Grund der Störungen der Ich-Funktionen, die an den Abwehrprozessen beteiligt sind. Auf diese Fragen kommen wir im Zusammenhang mit der speziellen Neurosenlehre noch einmal zurück.

Einsicht in die Abwehrmechanismen ist unentbehrlich für das Verständnis der Neurosenlehre. ANNA FREUD hat das Verdienst, die Abwehrmechanismen systematisch beschrieben zu haben. Wir müssen uns darüber klar sein, daß jede psychische Funktion, jedes Erleben, jede Aktivität der Abwehr von Triebimpulsen und angsterregenden Drohungen des Über-Ichs dienen kann, und es ist nicht immer möglich, diese Abwehr einem oder mehreren Abwehrmechanismen zuzuschreiben. Ein Beispiel kann das besser als eine lange theoretische Erörterung verdeutlichen: Ein etwa 40 Jahre alter, verheirateter Mann hat eine Reihe erotisch-sexueller Beziehungen, wobei vor allem die erste außereheliche Beziehung für ihn von großer Bedeutung war. Lange Zeit zweifelte er, ob es nicht doch besser sei, bei seiner Frau und seinen Kindern zu bleiben; so heiratete seine Freundin einen anderen Mann. Daraufhin folgte eine Reihe von Abenteuern, die zwar zu einer Ehescheidung, aber nicht zu einer befriedigenden neuen Ehe oder einer befriedigenden Liebesbeziehung führten. Bei näherem Zusehen wird es deutlich, daß das wichtigste innere Problem dieses Mannes nicht auf erotisch-sexuellem Gebiet liegt, sondern auf dem des Rivalisierens. Seine erotisch-sexuellen Abenteuer hatten die Aufgabe, heftige Eifersucht, die gekoppelt war an Größenphantasien, abzuwehren. Seine Abenteuer konnten ihn nicht befriedigen, weil Rivalitäts- und Eifersuchtsprobleme nun einmal durch sexuelle Abenteuer nicht aufgelöst werden können, sondern nur durch Bewußtmachen der Rivalitätsneigung und durch ein der Realität angepaßtes Befriedigen des Bedürfnisses, etwas Besonderes zu sein.

Auch das Umgekehrte – die Abwehr sexueller Probleme durch aggressive Äußerungen – ist möglich; auch hierfür ein Beispiel: Ein Mensch mit übertrieben ehrgeizigen Ambitionen und einer maßlosen Erfolgssucht schafft sich selber, aber vor allem auch anderen große Schwierigkeiten dadurch, daß er es nicht vertragen kann, daß auch andere etwas wissen und leisten. Die heftige Erfolgshascherei kommt auf Grund ihrer Abwehrbedeutung nicht zur Ruhe: Dieser Aktivität muß ein tiefes Unbefriedigtsein über die Ehe mit einer unansehnlichen, älteren Frau und ein lebendiges Interesse für junge, hübsch aussehende Frauen abwehren. Jede libidinöse Äußerung kann die Aufgabe haben, andere Strebungen der inneren Wahrnehmung zu entziehen, und das gleiche gilt für aggressive Äußerungen. Es ist gut möglich, daß die eine Form libidinöser Befriedigung dazu dient, um das Verlangen nach einer anderen abzuwehren: Der hypersexuelle Mann zum Beispiel, dessen sexuelles Begehren nicht gestillt werden kann und der seine Ehe durch seine großen Ansprüche zu vernichten droht, der immer wieder von seiner Frau sexuelle Unterwerfung verlangt – dieser Mann verlangt eigentlich nach Befriedigung eines ganz anderen Bedürfnisses; er wünscht sich Sicherheit, Pflege, Versorgtwerden, kurz, er sehnt sich nach dem, was FREUD als «Befriedigung von Trieben mit passiven Zielen» bezeichnet. Hier könnte man von Verkehrung ins Gegenteil sprechen. Die Hypersexualität, die übermäßige sexuelle Aktivität muß die Bedürfnisse, die wir eben nannten, abwehren.

Es ist für unsere Einsicht wünschenswert, die Abwehrmechanismen gut zu kennen und sich zugleich aber darüber klar zu sein, daß allerlei Äußerungen, Lebenshaltungen, neurotische Manöver dazu dienen, heftige unbewußte Konflikte – die sich sehr von der manifesten Problematik unterscheiden – der eigenen Wahrnehmung und derjenigen anderer Menschen zu entziehen. Die Einsicht in die Abwehrprozesse ist unentbehrlich für unser Verständnis der Dynamik, die uns tatsächlich erst dann ganz begreiflich wird, wenn wir den dynamischen mit dem genetischen Gesichtspunkt verknüpfen. Das grundlegendste Motiv für die Abwehr ist stets die Angst. Es sind die Impulse, die das Kind ängstlich gemacht haben, die dann zur Abwehr führten. Triebimpulse sind mit infantilen Ängsten verbunden worden. Die neurotische Angst erweckt einen irrationalen Eindruck. Die Triebimpulse sind für den Erwachsenen nicht mehr wirklich gefährlich, sie erscheinen nur darum gefährlich, weil Ängste aus der Kinderzeit an sie gebunden sind; das Kind hatte Grund genug, ängstlich zu sein, weil es nicht imstande war, mit Triebimpulsen umzugehen, und fürchtete, die Liebe der Eltern zu verlieren. Bei der Untersuchung und Behandlung eines neurotischen Patienten sollten wir immer auch zum Vergleich an das Kind denken. Schon allein aus diesem Grunde müßte die Kinderpsychiatrie Teil der Ausbildung für den Nervenarzt sein. Wir tun gut, die fundamentale Bedeutung der Angst, der Angst vor den Triebimpulsen, der Angst vor den Drohungen von Seiten des Gewissens, die in der früheren Angst vor den Eltern wurzelt, immer im Sinn zu behalten.

Für das Studium der Abwehrprozesse ist ferner zu bedenken, daß die Verwendung von Abwehrmechanismen im Laufe der Zeit habituell wird; daß die Abwehrhaltungen, die sich in der frühen Jugend und Pubertät herausgebildet haben, eine gewisse Konstantheit zeigen. W. Reich[3] ist es gewesen, der mit Nachdruck auf die Bedeutung der Abwehrprozesse für die Charakterbildung hingewiesen hat. Ich möchte dem Leser noch einmal die überbesorgte Mutter in Erinnerung bringen, um noch einmal auf den Unterschied zwischen Symptom und Charakter hinzuweisen. Ihre zwanghafte Präokkupation durch ihr Kind ist ein Symptom, ein unzweckmäßiger Kompromiß zwischen Abwehr und Impuls. Sie leidet darunter, sie erlebt ihr Symptom als «ich-fremd». Überbesorgtheit kann aber auch zu einem Charakterzug werden, und dieser wird dann als der eigenen Person zugehörig erlebt. Der Charak-

[3] W. Reich (1933): Charakteranalyse, Wien (Selbstverlag).

terzug ist ich-nah, ich-synton und so konstant, daß wir sagen können, er gehört zur Persönlichkeitsstruktur. Bei neurotischen Menschen ist die Abwehr zumeist relativ konstant, strukturiert. Bei psychotischen Zuständen sehen wir die Abwehr versagen, gefolgt von Angst, und Triebimpulse überschwemmen die Person. Manche Patienten zeigen eine wenig strukturierte, wenig konstante Abwehr, sie verwenden einmal diese und einmal eine andere Abwehrform. Dies sehen wir besonders bei manchen ich-schwachen Neurotikern, die auch als Borderline-Fälle bezeichnet werden. Gelegentlich verfälschen sie die Realität in fast psychotischer Weise; das bedeutet, daß ihre Realitätsprüfung versagt, ihre Angst ist ihnen stets mehr oder weniger bewußt, was wiederum bedeutet, daß die Abwehr dauernd ihr Ziel nicht erreicht.

2. *Über-Ich und Ideal-Ich*

Im Anschluß an die Darstellung der Ich-Funktionen wenden wir uns jetzt dem Über-Ich zu. So oft wird die Frage gestellt: «Wie kommt es nur, daß Kinder so ungehorsam sind?» Mir scheint die folgende Frage sehr viel näher zu liegen: «Wie kommt es nur, daß Kinder überhaupt gehorsam sind?» Kinder folgen ihren Impulsen, sie wollen etwas, sie haben Interessen, und dann kommt ein Verbot. Es ist doch in keiner Weise verwunderlich, daß sie gerne ihre eigenen Wege gehen wollen und nicht diejenigen, die wir ihnen vorschreiben, und es ist ein höchst merkwürdiges Phänomen, daß sie es lernen, sich nach den Geboten und Verboten der Erwachsenen zu richten.

Die genetisch-dynamisch orientierte Psychologie kann auf die Frage, wie es kommt, daß Kinder gehorsam werden können, eine Antwort geben: Das Kind hört auf die Gebote und Verbote seiner Eltern, weil es ihre Liebe nicht verlieren will. Es besteht ein starkes Gefühlsband zwischen dem Kind und seinen Eltern; sofern das Kind noch sehr jung ist, vor allem mit der Mutter. Das Kind verzichtet auf die Befriedigung bestimmter Bedürfnisse, um sich dadurch die Zustimmung und die Liebe seiner Eltern zu sichern. Wir können hinter dieser Haltung eine biologische Bedeutung vermuten, denn das Kind ist völlig abhängig von der Versorgung durch seine Eltern, verlassen werden von ihnen würde den sicheren Tod bedeuten. Das menschliche Kind ist viel länger auf diese Versorgung als irgend ein anderer lebender Organismus angewiesen, und es ist naheliegend, daran zu denken, daß die Angst des Kindes, seine Eltern zu verlieren – in einer späteren Lebensperiode die Liebe der Eltern zu verlieren –, eine biologische Wurzel hat, nämlich den Selbsterhaltungstrieb, der als ein primärer Lebenstrieb angesehen werden kann. In bestimmten Erziehungssystemen wird das Kind ganz offen mit Verlassenwerden bedroht. Durch die Eltern nicht mehr geliebt zu werden, impliziert zugleich die Drohung, weggeschickt, verlassen zu werden: Wenn du dich nicht besser beträgst, geben wir dich den Zigeunern mit. Möglicherweise gehören jetzt solche Äußerungen der Vergangenheit an. Jeden, der sich mit Psychologie beschäftigt, möchte ich aber vor einem zu großen Optimismus in dieser Hinsicht dringend warnen. Das Kind fühlt sich sicher, wenn es die Liebe spürt, es fühlt sich bedroht, wenn es merkt, daß die Eltern sein Verhalten ablehnen und wütend sind. Deswegen richtet es sich nach ihren Geboten und Verboten, auch wenn dies ein Opfer bedeutet. Kurz gesagt, die Angst vor Liebesverlust ist für das Kind das Motiv, um Rücksicht zu nehmen auf die Forderungen der Eltern, und dies führt zur Bildung des Über-Ichs. Zunächst hört das Kind nur auf Gebote und Verbote, wenn die Eltern dabei sind; später ist ihre Anwesenheit nicht mehr nötig, um das Kind gehorsam sein zu lassen. Es ist so, als seien die Eltern zu einem Teil der eigenen Person geworden, und sie lassen ihre Stimme im Inneren des Kindes hören, auch wenn sie nicht leibhaftig anwesend sind. Das, was hier geschehen ist, bezeichnen wir mit dem Wort *Internalisierung*. Die phänomenologische Betrachtung zeigt uns, daß dieser Ausdruck zutreffend ist. Jeder, der einen Gewissenskonflikt hat, weiß durch die introspektive Erfahrung, daß er dann ein Gespräch mit sich selbst führt. Dabei argumentiert er und setzt sich auseinander. Auch hierfür ein Beispiel: Jemand stellt sich die Frage, soll ich diesen Tag hinausfahren an die See und schwimmen, oder soll ich einen Krankenbesuch machen? Eigentlich müßte ich ja zu meinem Vetter, wer weiß, wielange er noch lebt, und es ist doch sehr unfreundlich, wenn ich gar kein Interesse zeige. Früher haben wir zusammen gespielt und viel Spaß miteinander gehabt. Dann die andere Stimme in ihm: Ja, aber muß ich denn nur immer meine Zeit opfern für Familienbesuche, ich habe mich doch schon so auf das Schwimmen gefreut; es heißt doch immer nur arbeiten und arbeiten. Hat man denn nicht auch ein Recht auf ein bißchen Vergnügen? Ein freier Tag, ist das zuviel vom Leben verlangt? Manchmal sieht die Lösung ungefähr so aus: Das kann ich doch meiner Frau und den Kindern nicht antun, sie an einem so schönen Sommertag im Stich zu lassen; die Pflichten gegenüber der Familie stehen doch an erster Stelle. Ich sehe die Kinder doch sowieso schon so wenig. So wird nach einer Lösung gesucht, die das Gewissen beschwichtigt. Man vernachlässigt seine Pflicht und kommt dabei noch als ein Wohltäter und Menschenfreund aus diesem Streit wieder heraus. Gott sei Dank ist der Mensch häufig sehr gut imstande, auf sein Gewissen zu hören, und, abgesehen von seinen eigenen Interessen, auch denen anderer Menschen zu dienen.

Die Erfahrung mit unseren Patienten und uns selbst zeigt uns, daß wir aus verschiedenen «Personen» bestehen, die zueinander sprechen. Das sind die gleichen Gespräche, die wir als Kind mit unseren Eltern geführt haben, und wir setzen sie später mit uns selber fort. Wenn wir eine gute Beziehung mit unseren Eltern hatten, dann können diese Gespräche sehr angenehm und hilfreich gewesen sein, und meist wurde eine Lösung gefunden, die alle Parteien befriedigte, die Mitmenschen nicht ausgeschlossen. Wenn wir aber tyrannische Eltern gehabt haben, dann bekommt unser Über-Ich häufig auch einen tyrannischen Charakter. Wir bemerken dann eine rebellische Einstellung gegenüber dem eigenen Gewissen, die bei Menschen mit einer gestörten psychischen Entwicklung ernste Formen annehmen kann. Bei näherem Zusehen zeigt es sich, daß sich das Über-Ich aus zwei verschiedenen Instanzen zusammensetzt: eine verbietende, häufig angsterregende Instanz, das Über-Ich im engeren Sinne; und eine mehr gutartige, die wir am besten als Ideal-Ich bezeichnen können. Welche Unterschiede gibt es nun zwischen dem Über-Ich und dem Ideal-Ich, und wie entwickeln sich diese Instanzen? Wir gehen davon aus, daß die Fähigkeit zur Gewissensbildung angeboren ist. Das Kind nimmt, wie wir sagten, die Gebote und die Verbote der Eltern in seine eigene Persönlichkeit auf, um ihre Liebe nicht zu verlieren. Es schätzt die Liebe der Eltern höher ein als die Befriedigung eigener triebhafter Impulse.

Das Ideal-Ich hat einen anderen Ursprung; es entsteht nicht durch die

Internalisierung von Verboten und Einschränkung von Triebbefriedigungen. Wir können die Bildung des Ideal-Ichs am besten an Hand eines Beispiels deutlich machen: Der kleine Junge steht vor der Tür, er möchte sie aufmachen, weil er in das Zimmer will. Er probiert es, aber seine Hände haben noch nicht genügend Kraft; dann kommt der Vater, und ohne große Mühe macht er die Türe auf, der kleine Junge schaut mit Bewunderung auf seinen mächtigen Vater. So wie der Vater möchte er auch werden. Der Vater wird sein Ideal, weil er auch alles so können will wie dieser. Man kann das gut beobachten am Spiel der Kinder. Vater kann autofahren, das Kind lenkt seine Spielautos. Welch gewaltigen Eindruck muß es auf einen so kleinen Jungen machen, wenn er den Vater ein so großes Auto lenken sieht. «Das werde ich auch können, wenn ich so werde wie Vater», denkt er. Mutatis mutandis gilt das gleiche auch für das kleine Mädchen. Sein Ideal mag es sein, genau so wie die Mutter für den Vater zu kochen und zu backen, es möchte sich auch schön zurechtmachen, es möchte auch für kleine Kinder sorgen können. Das alles kann man gut sehen, wenn es mit seinen Puppen spielt. Aber der kleine Junge kann die Türe nicht aufkriegen, das kleine Mädchen noch keine Kuchen backen. Die technische Formulierung für diese Situation lautet: Das Kind kommt zur Bildung eines Ich-Ideals infolge narzißtischer Kränkungen. Das ist nicht so kompliziert, wie es den Anschein hat. Das Ziel dabei ist folgendes: Das Kind ist gekränkt in seinem Selbstgefühl, wenn es merkt, daß es etwas nicht kann. Um diese Kränkung ungeschehen zu machen, phantasiert es: Ich werde einmal so, wie Vater ist. Der kleine Junge sieht sich und schätzt sich nicht nur so ein, wie er ist, sondern auch so, wie er einmal sein will, und die dauernde Konfrontation mit sich, so wie er ist und so wie er sein möchte, bildet für ihn einen gesunden Ansporn für seine Entwicklung. Wir sehen, das Ideal-Ich bildet sich nicht auf Grund von Geboten, sondern auf Grund von Wünschen, und die Angst vor dem Liebesverlust der Eltern spielt bei seinem Zustandekommen keine Rolle. Daraus können wir schließen, daß das Ideal-Ich ein viel gesünderer Bestandteil des Über-Ichs im weiteren Sinne ist, daß es weniger gefährlich für die Entwicklung ist als der Bestandteil des Über-Ichs, welcher durch die Angst vor dem Liebesverlust zustandekommt. Das Ideal-Ich entwickelt sich durch die Internalisierung der als gut und ermutigend

erlebten Bilder der Eltern. Für das spätere Leben ist es von großer Bedeutung, ob jemand vor allem durch Ge- oder Verbote oder vornehmlich durch Ideal-Bildungen geleitet wird. Wer von seinem Ideal-Ich geführt lebt, der ist ein Wanderer auf einem guten Weg, weil er ein Ziel vor Augen hat. Wer unter dem Einfluß seines Über-Ichs im engeren Sinne lebt, bleibt auf dem Weg dadurch, daß er fortwährend auf die Schilder mit «Eintritt verboten» sieht. Ständig fürchtet er, Gebote zu übertreten, und ist darum verkrampft und ängstlich. Wiederum soll ein Beispiel das verdeutlichen: Stellen wir uns eine junge Frau vor, die auf Grund ihres Ich-Ideals kein Bedürfnis nach Sexualkontakt mit einem Mann fühlt, den sie nur oberflächlich kennt – und daneben eine Frau, die ebenfalls keine sexuellen Wünsche fühlt, aber aus Angst vor den Geboten ihres übermäßig strengen Über-Ichs. Wir können erwarten, daß die erstere zu sexueller Hingabe fähig ist, wenn sie es möchte, dagegen ist die Wahrscheinlichkeit groß, daß die zweite gehemmt und nicht imstande ist, sexuelle Befriedigung zu erleben. Die Über-Ich-Verbote sind in einem solchen Maße mit den alten Kinderängsten verbunden, daß sie eine gesunde Anpassung verhindern.
Auf Grund des bisher Besprochenen kann ich mir die folgenden Bemerkungen vorstellen: Wir nehmen an, daß die Kinder die Normen ihrer Eltern übernehmen, so viel zeigt uns die Erfahrung. Kinder puritanischer Eltern haben Schuldgefühle, wenn sie am Sonntag im Kino sitzen, andere genießen den Film mit völlig ruhigem Gewissen. Die Beziehung zwischen Eltern und Gewissen ist tatsächlich nicht zu übersehen, aber, so mag ein Leser sagen, sind gegenüber dieser Theorie keine Einwände vorzubringen? Wir sehen doch oft, daß Kinder auf die Dauer ihren eigenen Normen folgen und nicht denen der Eltern, und obendrein, wieviele Menschen sind doch sich selbst gegenüber sehr viel strenger, als es ihre Eltern früher waren. Darauf möchte ich zunächst eingehen. Woher kommt es, daß das Über-Ich oft so viel strenger ist, als es die Eltern waren, strengere Ge- und Verbote erläßt, als es die Eltern früher taten? Der Versuch, diese Frage zu beantworten, führt uns zu einem der bedeutendsten Themen der Neurosenlehre. Die psychologischen Prozesse bei der Gewissensbildung sind nicht von einfacher Natur und auf die oben formulierte Frage kann nicht eine einzige Antwort gegeben werden, denn es ist ein Bündel von Faktoren,

das zur Bildung eines so strengen Gewissens führt. Den bedeutsamsten möchte ich gleich erwähnen: Wenn die Eltern dem Kind etwas verbieten, wird es wütend. Für das Kind ist es aber gefährlich, seine Wut gegen die Eltern zu richten, wie gefährlich, das hängt von den Umständen ab. Sind die Eltern sehr verärgert, dann wird das Kind seine Wut nicht äußern aus Angst, die Eltern damit erst recht böse zu machen – denn es will doch die Liebe seiner Eltern nicht verlieren. Das ist sein Motiv dafür, das zu lassen, was es doch eigentlich so gerne tun will. Was tut nun das Kind mit der Wut, die es nicht äußern kann? Wir erwähnten das bei der Besprechung der Abwehrmechanismen – das Kind richtet seine Wut auf sich selbst. Tut es das fortwährend, dann impliziert das, daß es streng gegenüber sich selbst wird, sich allerlei Versagungen auflegt, die Lust an seiner Aktivität aufgibt. Man hat das auch so formuliert: Das Über-Ich wird zum Träger der durch die Gebote und Verbote geweckten Aggression. Das Über-Ich bekommt einen feindseligen Charakter, Feindseligkeit, die ursprünglich geweckt wurde durch die Verbote und die den Eltern gegolten hat.

Bestimmte Erziehungsmaßnahmen zwingen das Kind dazu, ein strenges Gewissen zu entwickeln, insbesondere, wenn dem Kind nicht nur verboten wird, Feindseligkeit zu äußern, sondern auch schon Feindseligkeit zu fühlen. Man kann sich sehr verschiedene Reaktionen von Eltern vorstellen. Ein Beispiel möchte ich nennen: Draußen regnet es, und die Mutter verbietet dem Kind, hinauszugehen; das Kind ärgert sich, wirft etwas um aus Wut über diese Enttäuschung. Die eine Mutter wird nun vielleicht sagen: «Ich kann mir gut vorstellen, daß du wütend bist, weil du nicht draußen spielen kannst, du möchtest auch gerne etwas anstellen, aber bitte, mach besser nichts kaputt, was uns wert ist. Daß du wütend bist, das ist ganz klar.» Eine andere Mutter wird mißmutig reagieren: «Warum machst du das, ich kann doch auch nichts daran ändern, wenn es regnet, du sollst doch nicht so böse sein. Ich dachte, daß du Mutters lieber, geduldiger Junge bist, aber jetzt bin ich enttäuscht.» Oft verbietet man nicht nur das Äußern von Gefühlen, sondern auch das Gefühl selbst und nimmt damit dem Kind die Chance, mit diesen Gefühlen umgehen zu lernen. Zum Beispiel, wenn ein kleiner Junge ein Schwesterchen bekommen hat, wird über seine Eifersucht nicht gesprochen, sondern der Tenor in der Familie ist: Liebe kleine

Jungens sind nett zu ihrer Schwester und machen ihrer Mutter keinen Kummer dadurch, daß sie eifersüchtig sind. Natürlich verändern sich die Erziehungsmaßnahmen, aber die hier besprochene Haltung ist noch sehr verbreitet. Viel besser wäre es doch, das Problem anders anzugehen und etwa zu sagen: Sicher, du bist eifersüchtig, aber du wirst doch auch noch viel Spaß mit deiner Schwester erleben, es bleibt noch genug Liebe für dich übrig, auch wenn es jetzt so aussieht, daß du teilen mußt. Das Verbieten von Gefühlen führt zu ihrer Verdrängung, zur Abwehr, die im Gefolge von Frustration entstehende Wut wird gegen die eigene Person gerichtet, und daraus folgt eine strenge Gewissensbildung.

Wenn gefragt wird, wie kommt es aber, daß das Über-Ich von Kindern so streng wird, obwohl doch ihre Eltern nicht auffällig streng gewesen sind, dann lautet die Antwort: Das Kind kann die Wut, die durch Verbote geweckt wird, gegen sich selber richten. Aber das ist nicht der einzige Faktor. Das Kind nimmt nicht die Eltern so, wie sie sind, in seine eigene Persönlichkeit auf, sondern so, wie es die Eltern erlebt. Wenn es sehr ängstlich ist, dann erlebt es seine Umgebung als bedrohend, und diese bedrohten Figuren werden dann Teil seiner eigenen Persönlichkeit. Manche Kinder erleben es häufig, daß die Eltern wütend sind, diese wütenden Eltern werden dann ein Teil von ihnen. Man denke nur an die Ungeheuer, die Hexen und Riesen, die so häufig die Träume und Phantasien von Kindern beherrschen, angsterregende Gestalten, die die Züge der Eltern tragen. Vater macht solche großen Schritte wie der Riese mit den Siebenmeilenstiefeln, die Mutter sorgt für das Essen, und die Hexe hat ein Häuschen mit Zuckerwerk, aber sie kann auch Kinder fressen. Diese bösartigen Figuren können introjiziert werden, können ein Teil der eigenen Persönlichkeit werden. Wir finden im Leben der Erwachsenen diese Figuren in den angsterregenden Gestalten der Alpträume wieder. Das Bild, das sich manche Menschen von Gott machen, ist angsterregend, und vor allem im Zustand der Psychose werden Menschen gequält durch schreckliche, grausame Gestalten, in denen man die Bilder der Eltern wiederfindet. Wenn ein Kind ein gutes Verhältnis zu seinen Eltern hat und ihnen vertraut, dann wird die Introjektion solcher angsterregenden Figuren die Entwicklung nicht sehr stören – unser innerseelisches Leben wird zum guten Teil durch die Beziehungen bestimmt, die wir zu unseren Eltern haben oder gehabt haben.

Nicht nur der Umstand, daß das Kind böse Eltern erlebt, gibt ihm Anlaß, diese angsterregenden Figuren zu introjizieren; häufig sogar hält das Kind, auf Grund seiner eigenen Gefühle, seine Eltern für bösartiger, als sie wirklich sind. Es glaubt, daß die Eltern zornig sind, weil es selbst zornig ist, und Kinder reagieren ja sehr leicht mit Wut. Sie haben starke triebhafte Bedürfnisse, sind leicht enttäuscht und darum ebenso leicht wütend. Sie sehen die Eltern so böse, wie sie selbst sind, und später noch böser, weil sie die Verfälschung der Realität als Abwehrmechanismus benützen, um ihre eigene Wut zu fühlen. Die Projektion spielt eben auch eine Rolle bei der Bildung eines strengen Gewissens.

Die Wendung der Aggression gegen sich selber führt also zu einem Strengerwerden des Gewissens, anders ausgedrückt, das Über-Ich wird zum Träger der durch die Gebote geweckten Wut. Die angsterregenden Phantasie-Figuren, die Hexen und Ungeheuer aus dem Märchen spielen auch eine Rolle bei der Gewissensbildung. Ebenso wirkt sich der folgende Prozeß ungünstig aus, der unabhängig von den Eltern verläuft. Wenn ein Kind sich selber vieles verbietet, impliziert das dauernde Frustration. Das Kind sieht, wie andere Kinder das genießen können, was es sich selbst verbietet. Kinder spielen auf der Straße in einer Wasserpfütze, das nette kleine Mädchen aus der Nachbarschaft spielt dabei nicht mit, denn es würde sich ja sein Kleid schmutzig machen, und das tut es nicht, weil es ein braves Kind ist; aber eigentlich ist es wütend, was es als Mißstimmung, als Freudlosigkeit empfindet, als ein vages Gefühl von Unbehagen, ohne daß es weiß warum. So kann es seine Wut nicht los werden, ganz gewiß nicht seinen Eltern gegenüber, es richtet also auch diese Wut gegen sich selbst und kommt dadurch immer mehr in Schwierigkeiten. PLATO spricht von dem Eros als *eauton auxoon,* als sich selbst vermehrend. Das gleiche könnte man von den neurotischen Prozessen sagen, sie haben die Neigung, sich stets zu verstärken. Es wäre gut, wenn Eltern diese Prozesse kennen würden und erkennen könnten, dann wäre es leichter, die Entwicklung in gesunde Bahnen zu lenken, aber leider sind wir noch nicht so weit. Die meisten Ärzte wissen von diesen Prozessen nichts, viel weniger die Eltern.

Die frühesten Entwicklungsphasen tragen auch schon zur Bildung der ersten Über-Ich-Kerne, zu den primitiven Vorstadien des Gewissens bei. Wenn wir die Entwicklungsstadien im einzelnen behandeln, werden wir darauf zurückkommen. Vorläufig sei nur so viel gesagt: In der ersten Phase der Entwicklung des Kindes überwiegen die Triebregungen mit passivem Triebziel, also etwa Gepflegtwerden, Gestreicheltwerden, Gefüttertwerden; aber es dauert nicht lange, dann beginnt das Kind seine Aktivität zu entwickeln und es wird für sein späteres Wohlbefinden viel davon abhängen, in welcher Weise sich die Eltern dieser aufblühenden Aktivität gegenüber verhalten. Verbieten sie zuviel, behindern sie das Kind zu stark, finden sie keine Möglichkeiten, durch die das Kind seine Energie ausleben kann, dann wird das Kind diese Verbote in seine eigene Persönlichkeit aufnehmen und ein gehemmtes Kind werden. Ich habe schwere Charaktermißbildungen bei Erwachsenen gesehen, die bei Müttern groß geworden sind, welche die Aktivität ihrer Kinder während der ganzen frühen Jugend blockiert hatten. Wenn sie überhaupt noch etwas unternahmen, konnten sie sich nicht daran freuen, und sie fielen dauernd zurück auf die Befriedigung von Triebbedürfnissen mit passivem Triebziel, sehr zum Schaden ihrer Anpassungsfähigkeit an das tägliche Leben. Das Verrichten einer sinnvollen Arbeit, für viele Menschen eine Quelle großer Befriedigung, gab ihnen wenig Freude. Die Phase, in der die Kinder großes Vergnügen haben am Manschen und Schmieren, veranlaßt auch viele Eltern, übermäßig strafend und verbietend aufzutreten, obwohl doch diese Schmierlust ohne allzu viel Mühe in erträgliche Bahnen gelenkt werden kann, etwa dadurch, daß man das Kind mit Sand und Wasser, mit Ton, Farbe und ähnlichen Dingen sich beschäftigen läßt. Die strengen Verbote, die während dieser Phase in die Persönlichkeit aufgenommen werden, bilden häufig einen therapeutisch nur noch sehr schwer zugänglichen Über-Ich-Kern.

In welcher Weise die Ängste, die an die genitale Phase gebunden sind, die Gewissensbildung beeinflussen, soll später noch zur Sprache kommen. Ganz gewiß ist diese Periode nicht immer die entscheidende. Manchmal sind die Entscheidungen schon sehr viel früher gefallen, und meist tragen die verschiedenen Phasen zu den Störungen der Gewissensfunktion bei.

Bei manchen Menschen werden die Gebote tatsächlich internalisiert; sie haben dann ihre eigene Moral, ihre eigenen ethischen Prinzipien. Ihr moralisches Urteil ist unabhängig von der Meinung ihrer Mitmenschen. LUTHER, der die berühmt gewordenen Worte ausgesprochen hat: «Hier stehe ich, ich kann nicht anders», kann hier als Beispiel gelten. Die Internalisierung kommt jedoch nicht immer zustande, bei vielen Menschen ist die Selbstbeurteilung abhängig von der Beurteilung, die sie durch andere erfahren. Verändern sich die sozialen Normen, dann ändern sich auch die eigenen Normen. Oftmals wird für Schuldgefühl gehalten, was eigentlich nur Angst vor Strafe und vor Ablehnung ist. Auch hierfür möchte ich ein Beispiel nennen. Ein Mädchen fühlte sich sehr schuldig wegen eines sexuellen Erlebnisses, das hinter ihm lag, es verlor seine Schuldgefühle prompt, nachdem kurze Zeit später die Periodenblutung eingetreten war. Bei der Behandlung der speziellen Neurosenlehre komme ich auf die Bedeutung des Schuldgefühls zurück; an dieser Stelle möchte ich nur ein paar Bemerkungen dazu machen.

Die Psychologie des Schuldgefühls ist kompliziert. Zunächst sind phänomenologische Unterscheidungen möglich. Wir nennen Schuldgefühl, was eigentlich «soziale Angst» ist, Angst vor einer beschämenden Situation. Auch die Kränkung des Selbstgefühls wird oft für Schuldgefühl gehalten; «wie habe ich so etwas nur tun können», sagen Menschen und meinen damit, «wie konnte ich, wo ich doch so gut bin, so etwas Schlechtes tun». Sie haben sich selbst enttäuscht, deswegen sind sie wütend und erleben das als Schuldgefühl. Ein gesundes Schuldgefühl fördert die Anpassung und bildet ein Motiv dafür, getanes Unrecht so weit als möglich wieder gutzumachen. Wer ein gesundes Schuldgefühl hat, bedauert das, was er anderen angetan hat, während neurotisches Schuldgefühl in der Aggression gegen die eigene Person wurzelt, in der infantilen Angst vor Strafe und Kränkung des Selbstgefühls.

Im Zusammenhang mit der psychoanalytischen Theorie der Gewissensbildung kann man die folgende Bemerkung hören: Wenn das Über-Ich ein Derivat der Haltung der Eltern ist, dann kann niemand über gut und böse selbst urteilen, dann ist das ein automatischer Prozeß. Für viele Menschen trifft das zu, aber nicht für alle. Wer wirklich erwachsen ist, der kann nicht nur mit seinen Triebimpulsen umgehen, sondern auch mit seinem Gewissen; er kann die Forderungen seines Gewissens zum Gegenstand einer Untersuchung machen und so auf die Dauer ein anderes Normensystem bekommen, das sich von dem unterscheidet, welches seine Eltern ihm beigebracht haben. Der psychisch Erwachsengewordene steht nicht unter dem Einfluß der Ge- und Verbote aus seiner Kinderzeit, er wird nachprüfen, welche Folgen sein Verhalten für andere Menschen hat, und wird sich danach richten.

Man könnte aus dem bisher Gesagten folgern, daß die Funktion des Über-Ichs, wenn es zu streng geworden ist, einen störenden Einfluß auf die Anpassung hat, aber daß das Ideal-Ich sich unter allen Umständen günstig entwickelt und auswirkt. Das ist jedoch nicht der Fall. Auch das Ideal-Ich kann eine störende Rolle im Inneren spielen. Wir können nicht sagen, das Über-Ich ist oft zu streng, das Ideal-Ich dagegen ist immer eine fördernde und stimulierende Instanz; im Gegenteil, auch das Ideal-Ich kann eine störende Instanz sein und eine Rolle bei der Entstehung und Aufrechterhaltung neurotischer Störungen spielen. Das Ich-Ideal kann nämlich leicht «zu hoch» werden, zu krampfhaft, wenn es dazu dienen muß, all die großen Kränkungen des Selbstgefühls ungeschehen zu machen. Wenn die Eltern das Kind ermutigen und ihm helfen, dann wird sich ein der Realität angepaßtes Ideal-Ich entwickeln; das Kind kann dann nämlich zu sich selber sagen: Das, was ich jetzt noch nicht kann, werde ich aber später können. Das Kind spricht dann zu sich selber so, wie die Eltern zu ihm sprechen, meistens wohl ein bißchen strenger aus Gründen, die wir oben besprochen haben. Aber wenn das Kind, das doch erst so wenig fähig ist, sehr von sich enttäuscht ist, und die Eltern nicht versuchen, ihm über diese Enttäuschung hinwegzuhelfen, dann wird es sich in Phantasien flüchten. Man kann sich ein solches Kind gut vorstellen, es kann irgend etwas nicht, es bekommt aber auch nicht geholfen und wird vielleicht sogar ausgelacht. Dann fängt es an zu phantasieren: später werde ich alles können, durch geschlossene Türen hereinkommen, ganze Häuser hochheben, jeder wird auf mich hören; und es wird sich die Schar der Zuhörer um so größer vorstellen, je weniger jetzt auf es selber gehört wird. Es wird phantasieren, daß es später alles wissen wird, vor allem, wenn es jetzt von allem ausgeschlossen gehalten wird. Die Wut darüber gibt den Größenphantasien häufig einen rachsüchtigen Charakter. Dieser Prozeß erstreckt sich bis weit in die Pubertät. So wird ein an die Wand gedrücktes Mädchen davon träumen, daß alle Männer um es herum um es kämpfen, aber es wird sie dann abweisen. Ein junger Mann, der nicht freundlich genug behandelt wird, erlebt sich in der Phantasie, wie er als Direktor in einem großen Betrieb hochmütig sein Personal behandelt. Diese Kränkungen sind der Anlaß für die Bildung eines übersteigerten Ich-Ideals. Denselben Prozeß eines sich verstärkenden Übels, wie wir es schon beim Über-Ich antrafen, sehen wir auch hier: Je höher das Ideal-Ich, desto weniger ist es mit der Wirklichkeit zu vereinbaren. Das Kind ist, gemessen an seiner eigenen Phantasie, doppelt ohnmächtig, und auch der Erwachsene, der glaubt, alles zu können, fühlt um so mehr, wie wenig er kann. Die Kränkungen werden durch die Phantasie kompensiert, das Ideal-Ich wird noch krampfhafter, und die Realität ist wenig übereinstimmend mit diesen Allmachtsphantasien. In den Wahnvorstellungen unserer psychotischen Patienten finden wir diese maßlosen Größenphantasien wieder. Bei ihnen ist der Kontakt mit der Realität ganz verlorengegangen. Viele neurotische und psychopathische Patienten messen ihr Ideal-Ich an der Realität. Bei ihnen führt das Ideal-Ich nicht zur Wahnbildung, sondern zu Entmutigung und anderen Störungen der Anpassung.

Wir wollen nun einige weitere Störungen bei der Bildung des Gewissens und des Ideal-Ichs betrachten. Das zu strenge Über-Ich und das zu hoch gespannte Ideal-Ich haben wir bereits besprochen; wir sagten, daß die Internalisierungsprozesse von der Beziehung des Kindes zu seinen Eltern beeinflußt werden. Störungen werden auftreten, wenn das Kind eine schlechte Gefühlsbeziehung zu ihnen hat. Feindseligkeit gegenüber den Eltern hat eine abwehrende Haltung gegenüber ihren Ge- und Verboten und ihren Ideal-Forderungen zur Folge, auch wenn die Herkunft dessen, was das Über-Ich und Ideal-Ich vorschreiben, gar nicht erlebt wird. Der Betreffende weiß dann wohl, was er tun müßte, aber er tut es nicht. Den internalisierten Bildern seiner Eltern gegenüber steht er in Opposition, das können wir bei neurotischen, vor allem aber auch bei mehr psychopathischen Menschen beobachten, und bei der Darstellung der speziellen Neurosenlehre werden wir näher darauf eingehen.

Manchmal scheint es uns so, als hätte jemand gar kein Gewissen. Ich bin jedoch der Meinung, daß immer ein Gewissen da ist, daß aber die Stimme des Gewissens nicht gehört wird, auf Grund einer tiefgehenden Störung der Persönlichkeitsstruktur, wie sie uns als Folge einer frühkindlichen affektiven Verwahrlosung begegnet. Hier versagt die regulierende Funktion des Über-Ichs. Die schlechte Stimmung solcher Menschen weist darauf hin, daß sie sich selbst verurteilen, selbst verachten. Sie leiden unter ihrem strengen Gewissen, aber sie sind unfähig, ihr Handeln durch ihr Gewissen zu beeinflussen.

Ein Kind kommt in eine verzweifelte Situation, wenn der eine Elternteil lobt, was der andere verbietet. So kann in einer asozialen Familie zum Beispiel der Vater zum Stehlen ermuntern, während die Mutter darüber sehr bekümmert ist. Wenn ein solches Kind stiehlt, dann ist es mit sich selbst uneins, stiehlt es aber nicht, dann hat es genau so keinen inneren Frieden. Bei psychopathischen Patienten begegnet uns die folgende Konfliktsituation: Wenn ich mich anständig verhalte, dann finde ich mich selbst einen Schlappschwanz, betrüge ich aber die Menschen, dann finde ich, daß ich ein Schuft bin. Neurotische Patienten haben ähnliche Konflikte, zum Beispiel dann, wenn ein Elternteil dem Kind ein Normensystem vermittelt, das in einer strenggläubigen Überzeugung wurzelt, während der andere Elternteil das Kind zu einem freieren Blick in die Welt und mehr zu einer Lebenshaltung des Experimentierens ermutigt. Das alte Sprichwort «zwei Glauben auf einem Kopfkissen, dann schläft der Teufel dazwischen» hat, psychologisch gesehen, eine gewisse Berechtigung. Wenn solche Eltern nicht sehr verständnisvoll mit dem Kind umgehen und sich dessen bewußt sind, was ihre unterschiedliche Lebenshaltung für das Kind bedeutet, und wenn sie aus dieser Einsicht nicht Folgerungen für ihr eigenes Verhalten ziehen, dann wird es das Kind schwer haben, mit sich selbst und mit seinen Mitmenschen in Harmonie zu kommen.

Entsprechende Aussagen wie über das Über-Ich können auch über das Ideal-Ich gemacht werden. Für ein Kind ist es sehr verwirrend, mit entgegengesetzten Idealen aufzuwachsen. Wenn der Vater mit seinem Sohn auf die Jagd geht und wenn ihm zugleich seine Mutter Mitleid und Mitgefühl für alles Lebendige beibringt, dann wird es ihm sehr schwer fallen, ein beständiges Ideal-Ich zu entwickeln. Das Ergebnis kann im späteren Leben sehr verschieden sein. Der Junge kann großen Spaß daran bekommen, Tiere zu töten, um seine Schuldgefühle, die aus dem Ideal-Ich herrühren, das seine Mutter ihm beigebracht hat, zu unterdrücken, oder er kann ein krampfhafter Vegetarier werden, der das von der Mutter herrührende Ich-Ideal übertreibt, um damit seine aggressiven Regungen abzuwehren. Die Chance für eine harmonische Entwicklung ist dementsprechend viel ungünstiger als dann, wenn Mutter und Vater in den grundlegenden Lebensfragen einer Meinung sind.

Das Ideal-Ich kann uneinheitlich sein dadurch, daß es sich durch Internalisierung unterschiedlicher Elternbilder entwickelt hat, aber das ist nicht der einzige Grund. Wir betrachten ja die Persönlichkeit unter dynamisch genetischen Gesichtspunkten. Das Ideal-Ich entwickelt sich. So können wir etwa sehen, daß eine «Schicht» des Ideal-Ichs ganz entgegengesetzte Züge wie eine andere hat. Das brave Muttersöhnchen etwa merkt, daß es in der Welt der Studenten nur mitreden kann, wenn es kämpfen kann und Abenteuer mit Frauen hat. Wenn er eine starke Persönlichkeit ist, wird er den Versuchungen Widerstand leisten können, wenn er aber unbewußt starke Protestregungen hat gegenüber dem, was seine Mutter ihm beigebracht hat, dann wird er sich gewiß an die neue Gruppe anpassen, ohne jedoch dabei richtiges Vergnügen zu empfinden, denn das Ideal-Ich, das er von der Haltung der Mutter übernommen hat, kann er doch nicht ganz abschütteln. Er kann eben nicht wie eine Schlange aus seiner Haut heraus, wenn sie zu eng geworden ist. Wir sehen es sehr oft, wie junge Menschen sich mit dem Ideal-Ich eines Taugenichts abquälen. Wenn Menschen zwei Normensysteme haben, die einander widersprechen, dann fühlen sie sich nicht wohl und stehen unsicher in ihrem Leben.

Man kann sich auch mit Eltern identifizieren, die eine untaugliche Moral haben, das nennen wir dann Fehlidentifizierung, Identifizierung mit einem ungeeigneten Objekt.

Sehr häufig stößt man auf das folgende merkwürdige Phänomen: Man sieht so häufig in Familien, daß Eltern vor allem dann, wenn sie modern sein wollen, ihre Kinder zu unangepaßtem Verhalten ermuntern. Ein Vater, respektierte Autorität in seinem Fach, sagt etwa zu seinem Sohn, der mit blutverschmiertem Gesicht nach Hause kommt: «Du hast dich geprügelt, das ist ausgezeichnet; laß dir ja nicht auf dem Kopf herumtanzen.» Dieser Vater hatte eine puritanische Erziehung gehabt, er durfte von seiner Mutter aus nicht kämpfen, und nun will er seinen eigenen Kindern eine moderne Erziehung geben. Meist geschieht das nicht so offen; man bemerkt diese Zusammenhänge erst bei genauerer Untersuchung. A. M. JOHNSON [4] berichtet, wie sie die Entdeckung machte, daß das Schuleschwänzen eines Kindes auf eine hintergründige Weise vom eigenen Vater gefördert wurde. Der Vater war früher Lastwagenfahrer gewesen und vermißte diesen Beruf, bei dem er so viel herumgekommen war, sehr. Auf Grund dessen förderte er unbewußt die Neigung seines Sohnes zum Herumstromern. Nicht etwa nur die Worte der Eltern zählen hier, sogar nicht einmal nur das, was sie tun, sondern vor allem ist es ihre Einstellung, insbesondere wenn diese unbewußt ist und sich in unterschiedlicher Weise äußert.

Wie stellt sich nun die Situation dar, wenn die Entwicklung von Ideal-Ich und Über-Ich zu einem gesunden Abschluß gekommen ist? Das ist eine etwas schwierige Frage, weil nach Ansicht vieler Untersucher ein solcher Abschluß nicht erreicht wird. Wir können aber doch etwas über die ganz erwachsene Gewissensfunktion sagen. Ein gesundes Gewissen ist autonom und zuverlässig; seine Inhalte werden nicht bestimmt durch die Angst und die Abwehr unbewußter libidinöser und aggressiver Regungen, und ebensowenig wird es durch Größenphantasien bestimmt, die der Kompensation eines unzureichenden Selbstgefühls dienen müssen. Wir, das heißt unser Ich, wenn wir so sagen wollen, faßt die notwendigen Beschlüsse und horcht nicht dauernd auf die etwaigen Über-Ich-Verbote. Wir wissen, was wir tun, und auch, warum wir es tun. Der adaptive Gesichtspunkt erweist sich hier als besonders fruchtbar. Jemand, der ein gesundes Gewissen hat, legt sich die Frage vor: Füge ich mit dem, was ich tue, anderen unnötig Leid zu? Ist das, was ich tue, für die Sache, der ich dienen will, gut, oder sind die sachlichen Motive dazu da, um die persönlichen zu maskieren? Zu einer gesunden Gewissensfunktion gehört die Fähigkeit, ehrlich sich selbst gegenüber zu sein.

Nach dieser Beschäftigung mit der Entwicklung und der Funktion des Über-Ichs wenden wir uns noch einmal dem Ich zu, insbesondere im Hinblick auf das Selbstgefühl, das Selbstwertgefühl. Nachdem wir vom Über-Ich und Ideal-Ich gesprochen haben, können wir nämlich fest-

[4] A. M. JOHNSON: Sanctions for superego lacunae of adolescents. In: «Searchlights on delinquency». Hrsg. K. R. Eissler, London (Imago) 1949.

stellen, daß unser Selbstwertgefühl in hohem Maße von der Beziehung abhängt, die wir zu den internalisierten Elternbildern haben. Verurteilt uns unser Gewissen, leben wir nicht in Überreinstimmung mit unserem Ideal-Ich, dann fühlen wir uns nicht «gut». Nachdrücklich möchte ich auf die Bedeutung des Wortes gut in diesem Zusammenhang hinweisen. Wir meinen damit: Ich fühle mich nicht glücklich, nicht befriedigt, nicht gut gestimmt und wohl auch nicht gesund; unbewußt meinen wir: Ich fühle mich nicht gut im wörtlichen Sinne, d. h. verurteilt durch mein Über-Ich und nicht in Harmonie mit meinem Ideal-Ich. Unsere Stimmung wird zweifellos zu einem Teil von unserem körperlichen Befinden beeinflußt, aber sicher auch von der Beziehung, die wir zu uns selber haben und zu den Instanzen des psychischen Apparates, deren Entstehung und Funktion wir oben besprochen haben. Die psychoanalytische Psychologie ist eine genetische und dynamische. Die Entwicklung der Ich-Funktionen und der Über-Ichs haben wir in großen Zügen beschrieben, die spezielle Neurosenlehre wird Gelegenheit geben, Einzelheiten näher zu betrachten, das eine oder andere zu wiederholen und zu verdeutlichen.

3. Das Triebleben

Als nächstes wollen wir uns nun mit der Entwicklung des Trieblebens beschäftigen. Dadurch, daß wir zuerst vom Ich, dann vom Über-Ich und Ideal-Ich und jetzt schließlich vom Triebleben sprechen, treffen wir eine künstliche Unterscheidung. Es ist klar, daß das Kind sich als eine Ganzheit entwickelt, von der Ich, Über-Ich und Triebleben lediglich Aspekte sind. Wenn uns das ausreichend bewußt bleibt, werden wir uns keine falschen Vorstellungen machen. Auch das Triebleben entwickelt sich. Wir unterscheiden dabei die orale, die anale, die phallische und die genitale Phase. In den verschiedenen Phasen sind die Beziehungen zu den jeweiligen Triebobjekten andere. Manche Leser stoßen sich an dem Wort Objekt. Natürlich weiß auch der Psychoanalytiker, daß in der Erwachsenen-Beziehung der andere nicht zum Objekt gemacht wird. Wenn wir das Triebleben betrachten, dann brauchen wir einige technische Termini, und als einen solchen müssen wir das Wort

Triebobjekt auffassen. Was sind die psychologischen Merkmale eines Triebes? Ein Trieb hat eine Quelle, eine körperliche Zone, in der Gefühle von Spannung und Entspannung auftreten; er hat ein Triebziel, das ist die Befriedigung, so etwa die Sättigung beim Hunger, und er hat ein Triebobjekt, zum Beispiel, wenn wir von oralen Triebregungen sprechen, das Essen. Für den sexuellen Trieb stellt das Genitalorgan die erogene Zone dar, das Ziel ist der Orgasmus, das Triebobjekt ist der Sexualpartner.

Das Neugeborene befindet sich in der oralen Phase, es erlebt Spannung und Entspannung, Hunger und Sättigung, es hat das Bedürfnis nach lustvollen Sensationen im Bereich der Mundschleimhaut auch dann, wenn es keinen Hunger hat. Wir dürfen den Begriff oral nicht in einer zu eng begrenzten Weise verstehen: Das Kind verlangt auch nach Wärme, es will gepflegt, hochgenommen und bewegt werden; während der ersten sechs Monate hat es noch keine Vorstellung, wer ihm all diese heißbegehrten Befriedigungen ermöglicht, aber das ändert sich, wenn es die verschiedensten Eindrücke und vagen Vorstellungen miteinander in Beziehung bringen kann. Es lächelt die Mutter an und ängstigt sich vor anderen Gesichtern. Wenn der Säugling gesättigt ist, fühlt er sich gut und wird auch seine Umwelt in dieses gute Gefühl einbeziehen. In dieser frühen Entwicklungszeit gibt es noch keine deutliche Grenze zwischen ihm selbst und der Umwelt. Das Gefühl der Sättigung gibt ihm Vertrauen in das Gutsein der Welt und seiner selbst. Dieses als «basic trust» bezeichnete Erleben ist das Fundament für die späteren Beziehungen zur Umwelt noch vor den Objektbeziehungen, und es hat eine ungewöhnlich große Bedeutung. Wenn sich der Säugling hungrig fühlt, wenn ihm kalt ist, dann gerät er in einen Zustand von Angst, Wut und maßlosem Verlangen, ein Zustand, der in ein tiefes Gefühl von Frieden, Glück und Sattsein umschlägt, wenn sich die Mutter um ihn kümmert und ihn sättigt. Ekstatische Gefühle im späteren Leben haben ihre Wurzel in dieser Wiedervereinigung mit der Mutter. Wenn ein Kind dieses Vertrauen in die Außenwelt hat, dann wird es später Belastungen aushalten können, ohne in den hochgehenden Wogen des Lebens unterzugehen. Die Einsicht in das Zustandekommen dieses «basic trust» ist für die Erziehung von größter Bedeutung. Man braucht wirklich keine Angst zu haben, ein Kind zu sehr zu verwöhnen; später, wenn es sprechen kann, wird es schon möglich sein, ein Kind dazu zu bringen, auf Befriedigungen zu verzichten, aber das bißchen Dressur, was man eventuell vor dem Sprechenlernen schon erreicht, wird zu teuer bezahlt. Ein Kind kann Frustrationen nur schlecht vertragen; sein «psychischer Apparat» ist dafür einfach noch nicht genügend entwickelt.

Die Körperzone, in der das Kind empfindlich ist, verändert sich, wenn es in die anale Phase hineinkommt. Es erlebt dann Sensationen im Zusammenhang mit den Ausscheidungsprozessen und bekommt Interesse für seine eigenen Produkte. Die Haltung, die die Mutter gegenüber seinen Produkten einnimmt, kann für das Kind verwirrend sein. Es merkt, daß es gelobt wird, wenn es seinen Kot in den Topf entleert, daß aber dasselbe Produkt mit Abscheu behandelt wird, wenn es irgendwo anders deponiert wird. Dazu kommt noch, daß die Mutter es zwar schön findet, wenn das Kind seinen Stuhl entleert, ihn danach aber wegschüttet. Wenn das Kleinkind seine Ausscheidungen auf der Toilette verrichten muß, dann wird das, was dann folgt, zu einer sehr angsterregenden Erfahrung, denn mit gewaltigem Rauschen verschwindet alles in einem dunklen Abgrund. Das Kind ist nicht sicher, ob nicht auch mit ihm selber dort etwas Schreckliches passieren kann. Früher lag den Müttern viel daran, ihre Kinder so früh wie möglich sauber zu bekommen; sie waren dann stolz darauf, wenn sie ihren Freundinnen davon berichten konnten. In der heutigen Zeit geht man in dieser Beziehung weniger krampfhaft mit den Kindern um. Wenn das Kind so weit ist, wird es von selber sauber, und man vermeidet dadurch die Gefahr, die Grundlage für eine spätere Charakterneurose zu legen. Die Ausscheidungsvorgänge haben viele auffällige Implikationen. Nicht sauber sein ist unappetitlich, Unappetitlichkeit ist nicht anständig, und die Menschen sind doch so gerne anständige Menschen. Die anale Phase ist die Phase einer primtiven Sauberkeits- bzw. Anstandsmoral, und wenn die Reinlichkeitserziehung in unverständiger Weise vorgenommen wird, dann entstehen Reaktionsbildungen gegenüber der Lust, zu schmieren und zu manschen, in Form von übermäßiger Sauberkeit, Anständigkeit und ängstlicher Genauigkeit. Mit dem Aufgeben ihrer Schmierlust verlieren die Kinder oft auch ihre Aktivität und ihre Interessen an der Umwelt.

Wir haben bis hierher unsere Aufmerksamkeit nur auf die libidinöse Entwicklung gerichtet, aber es gibt noch andere Triebäußerungen. Wie wir diesen zweiten Trieb benennen, ist nicht so bedeutungsvoll, die Lust nach Aktivität wie auch allerlei aggressive Äußerungen haben ihre Wurzeln in diesem Trieb. Der Säugling ist zu Anfang ganz auf Befriedigungen mit einem passiven Triebziel ausgerichtet, aber allmählich beginnt er, etwas zu unternehmen, sich zu bewegen, etwas zu entdecken, und all das mit sichtlichem Vergnügen. Später lockt ihn seine Unternehmungslust auf Entdeckungsreisen, die die Geduld der Eltern auf eine harte Probe stellen können. Er stößt überall an, zieht an Schleifen und Fransen seiner Kleider, wirft Tassen um, zieht die Katze am Schwanz, er klettert und fällt und klettert wieder, er trommelt auf den Klaviertasten herum. Neben den passiven Bedürfnissen entwickelt sich die Aktivität, die wir mit den aggressiven Triebregungen in Beziehung bringen, um einmal diesen allgemein verwendeten Namen zu nennen. Wahrscheinlich bezeichnen wir aber damit einen Trieb nach seinem infantilen Vorstadium. Es würde adäquater sein, von einem Trieb nach aktiver Bewältigung der Welt, von einem Selbstverwirklichungstrieb zu sprechen. Wir sollten aber die Sprachverwirrung besser nicht vergrößern und dabei bleiben, von Aggressionstrieb zu sprechen.

Während der analen Phase ereignen sich wichtige Veränderungen. Das Kind lernt seine Sphinkteren zu beherrschen, seine Motorik und, nicht weniger bedeutsam, die Sprache, es entwickelt Sprachverständnis. Die Sprache ermöglicht es ihm, einigermaßen auf direkte Befriedigungen zu verzichten, und es beherrscht die Wirklichkeit auf eine magische Art und Weise; «Mama zurück», murmelt es vor sich hin beim Einschlafen, mit dem Wort Mama auf den Lippen schläft es ein. Die Worte geben ihm das Gefühl der Gegenwart der Mutter. Die Sprache, anfänglich ein magisches Instrument, wird später das Mittel, mit dem die Magie überwunden werden kann. Die Eltern können dem Kind erzählen, wie die Welt beschaffen ist, und können es so mit der Realität konfrontieren.

Die Art und Weise, wie ein Kind seine Erfahrungen verarbeitet, ist für das spätere Leben von großer Bedeutung. Eine rigorose Sauberkeitsdressur in einer Zeit, bevor dem Kind klar ist, was es eigentlich tun soll, ist besonders frustrierend – und Frustration weckt Aggressivität.

Es wird oft von der anal-sadistischen Phase gesprochen, und tatsächlich wird die Wut des Kindes in dieser Zeit besonders leicht geweckt. In welchem Maße Klistiere und Abführtabletten Ohnmachtsgefühle im Kind wachrufen, braucht wohl nicht besonders betont zu werden. Das Kind erlebt derartige Behandlung als eine Art Vergewaltigung.

Doch nun wollen wir die Objektbeziehungen des Kindes zu seinen Eltern bzw. zu den Erziehungspersonen näher betrachten. Während der oralen Phase ist das Kind in hohem Maße von seiner Mutter abhängig hinsichtlich der Versorgung und den mit ihr gekoppelten Triebbefriedigungen. Ich habe schon darauf hingewiesen, daß das Kind auch anfängt, Vergnügen an seiner Aktivität zu bekommen, und daß verständnisvolle Eltern diese Aktivität unterstützen. Das Kind erfährt tiefe Gefühle der Sättigung und Befriedigung, aber auch Wut, Angst und Verlassenheit dann, wenn es den starken Impulsen ausgeliefert wird, die sein Inneres überschwemmen. Diese Gefühle sind sehr stark, und der psychische Apparat, mit dem diese starken triebhaften Gefühle beherrscht werden können, ist noch unentwickelt.

In der analen Phase verändert sich viel. Das Kind beginnt eine unverkennbare eigene Individualität zu entwickeln, es versucht seine eigenen Absichten durchzusetzen; diese Zeit wird auch wohl als die erste Pubertät bezeichnet. Gehen die Eltern darauf nicht verständnisvoll ein, dann wird aus diesem ersten Versuch, eine eigene Individualität zu entwickeln, eine Starrköpfiigkeit entstehen, die die Anpassung im späteren Leben merklich stören und oder zu Symptombildungen führen kann. Bestimmt wird diese Starrköpfigkeit die Charakterbildung ungünstig beeinflussen, sie steht der Entwicklung einer echten Selbständigkeit im Wege. Starrköpfigkeit ist Gefügigkeit mit umgekehrten Vorzeichen, während die echte Selbständigkeit zugleich Originalität ist, ein Vermögen, auf eigene Weise ein Problem zu lösen, eine kreative Form der Anpassung. Wenn von den Beziehungen des Kindes zu seinen Eltern die Rede ist, liest oder hört man häufig den Begriff Ambivalenz. Ambivalenz bedeutet, daß in einer Gefühlsbeziehung gleichzeitig Liebe, Zuneigung, Sympathie und Wut, Zorn, Feindseligkeit und Selbsthaß enthalten sind. Ambivalenz allein besagt nicht viel, wenn wir nicht gleichzeitig angeben, welcher Art die Ambivalenz ist. Nun, das Kind in der

analen Phase hat, wenn es sich richtig entwickelt, eine intensive Gefühlsbeziehung zu seiner Mutter, aber auch ein starkes Oppositionsbedürfnis, das zur Starrköpfigkeit werden kann, wenn sich die Eltern auf einen Machtkampf mit dem Kind einlassen.
Sobald das Kind seine Umwelt besser wahrnehmen und erkennen kann, entstehen auch Eifersuchtsprobleme. Es möchte gerne Mutter und Vater für sich alleine haben, und die Geburt eines Geschwisterkindes bringt zwar viel Freude, aber auch viele Probleme für das Kind. Die Gefühle der Kinder überhaupt, aber insbesondere auch die Gefühle, die im Aggressionstrieb ihre Wurzel haben, sind besonders heftig. Die Vorstellung, daß Kinder wie Engel sind, ohne all das, was wir als Untugenden bezeichnen, daß sie nur lieb und rein sind, diese Vorstellungen stimmen mit der Realität nicht überein. Kinder haben sehr heftige Gefühlsregungen, und es fehlen ihnen die Möglichkeiten, die die Erwachsenen haben, um mit ihren Gefühlen umzugehen. Das bedeutet, daß sie für den Umgang mit ihren Gefühlen die Hilfe der Eltern dringend brauchen.
Wir sehen in der analen Phase einige typische Abwehrmechanismen auftreten, wenn die Eltern in dieser Zeit ihrer Erziehungsaufgabe nicht gut gerecht werden. Fühlt sich das Kind hilflos gemacht dadurch, daß die Eltern es spüren lassen, wie ohnmächtig es ist, dann wird es die Neigung bekommen, anderen gegenüber das zu tun, was ihm selbst angetan wurde. Kinder in der analen Phase können auffallend grausam zu Tieren sein und andere Kinder sadistisch plagen, womit sie zum Ausdruck bringen, daß sie mit anderen das tun, was sie selbst erleben. Ein Kind fühlt sich nämlich von seinen Eltern gequält, wenn es in übertrieben harter Weise zur Reinlichkeit gezwungen wird und auf seine Aktivitäten verzichten muß. Die Verwandlung von passivem Erleiden in aktives Tun ist eine Möglichkeit, um mit Frustrationen und dem durch sie geweckten aggressiven Gefühl umzugehen. Das Kind verwendet bei seiner Abwehr auch die Verkehrung ins Gegenteil. So kann es übertrieben sauber werden und Angst haben, sich oder andere zu beschmutzen. Wenn die Abwehr sehr stark ist, hat sie Entwicklungsstörungen zur Folge. Die unterdrückten Impulse entwickeln sich nicht weiter. Für das Kind ist es natürlich sehr viel besser, wenn es mit seinen Impulsen umgehen lernt, anstatt sie zu verdrängen. Ersatzbefriedigun-

gen für die ursprüngliche Lust am Schmieren sind leicht zu finden, und auf diese Weise lehren wir das Kind zu sublimieren, d. h. Triebimpulse zu befriedigen mit etwas, was anfangs zwar dicht bei dem ursprünglichen Triebziel liegen muß, was aber später weit davon entfernt sein kann und doch noch befriedigt.

An die anale Phase schließt sich die phallische Phase an, die wir, wenn wir das Hauptaugenmerk auf die Beziehungen zwischen dem Kind und seinen Eltern richten, auch als die ödipale Phase bezeichnen. FREUDs Auffassungen über diese Periode des kindlichen Lebens hatten empörte Diskussionen zur Folge, und für viele ist der Gedanke unerträglich, daß Kinder derartig heftige triebhafte Gefühle und Impulse haben und daß dazu auch noch das Ziel dieser Regungen die Eltern sind. Wir wollen uns jedoch hier nicht in Betrachtungen darüber verlieren, noch auch wollen wir uns an ein starres Schema halten, sondern lediglich beschreiben, was das Kind während dieser Periode seiner Entwicklung empfindet. Bevor wir die ödipale Phase besprechen, jedoch noch ein Wort zum Thema der Eifersucht. Das Kind hat es schon in gewissem Umfang lernen müssen, mit diesem starken Affekt umzugehen, denn für ein Kind, das solche heftigen Bedürfnisse hat, gibt es ja immer genügend Gründe, eifersüchtig zu sein. Wenn es zum Beispiel ein Geschwisterchen bekommen hat, dann wird es ihm genügend Probleme aufgegeben haben, von nun an die Liebe der Eltern mit jemand anderem zu teilen. Es spielt auch eine Rolle, ob das mit zärtlicher Liebe empfangene aber andererseits auch als Eindringling betrachtete Baby ein Bruder oder eine Schwester ist. Hatten die Eltern ihr Kind auf das Kommen des Babies vorbereitet? Von all dem wird es abhängen, in welcher Weise das Kind mit seiner Eifersucht umgeht. Wenn in der analen Phase das Kind lernen muß, sich von seinen eigenen Produkten zu distanzieren, dann kann es zu einer bitteren Erfahrung werden, daß die Mutter etwas produzieren kann, was so hoch eingeschätzt wird, während die eigenen Produkte zwar geschätzt werden, sofern man sie am richtigen Platz entleert, schließlich aber doch weggespült werden. Studenten fragen jetzt meist schon nicht mehr, ob denn die Kinder wissen, daß die Babies aus der Mutter kommen. Die Kinder nehmen die kleinsten Veränderungen im Aussehen der Mutter wahr. Kann man denn wirklich noch der Meinung sein, daß Kinder es nicht sehen, wenn ihre sich nach der modernen Mode richtende schlanke Mutter so auffallend an Leibesfülle zunimmt?

Nun wollen wir die Veränderungen besprechen, die sich vollziehen, wenn das Kind in die phallische Phase kommt; dabei wenden wir uns zunächst der Entwicklung des Knaben zu. Es gibt gute Gründe dafür, daß wir mit der Entwicklung beim Knaben beginnen, und nicht die Angehörigen des anderen Geschlechtes vorgehen lassen; denn die Verhältnisse liegen beim Jungen etwas einfacher, so wenigstens denken die meisten jungen Kollegen, die sich mit der Neurosenlehre beschäftigen wollen, und für sie ist ja dieses Buch geschrieben worden.

Der Übergang von der analen zur phallischen Phase wird von einer Zwischenphase gebildet, die wir als die urethrale Phase bezeichnen. Daß der kleine Junge stolz ist auf seine Leistung in dieser Hinsicht, ist nicht zu übersehen. Während der Sauberkeitsgewöhnung hat seine Mutter diesen Stolz zumeist auch dadurch unterstützt, daß sie ihn gelobt hat, wenn es ihm gelang, auf der Toilette zu urinieren. Wer seine Augen nicht davor verschließt, der kann sehen, wie die kleinen Jungen diese natürliche Funktion mit ausgesprochener Befriedigung verrichten, und gar nicht selten bekommen die Urinspiele den Charakter eines Wettstreites. Eine geringe Verschiebung der Befriedigung ist eingetreten, wenn der Junge mit dem Gartenschlauch spritzt. Jedermann weiß, wie groß das Vergnügen der Kinder an dererlei Aktivität ist. Mit Wasser spielen, spritzen, pinkeln, das alles gehört zu den großen Vergnügungen dieser Lebenszeit.

Hierdurch wird die Aufmerksamkeit des Kindes auf das betreffende Organ gerichtet und durch die Reifungsprozesse verstärkt, wenn nämlich der kleine Junge merkt, daß er Erektionen haben kann und daß die Berührung seines Geschlechtsteils ihm Lustgefühle vermittelt. Wenn Eltern gegenüber diesem bei ihrem Kind sich entwickelnden Triebleben ängstlich sind, dann können sie leicht diese Angst auf ihr Kind übertragen. Wir bekommen dann kleine Jungens zu sehen, die in panische Angst vor ihren Erektionen geraten. Hier wird es dann notwendig, die Kinder zu beruhigen.

Was für Folgen haben diese Gefühle, die durch die Reifungsvorgänge im Kind zustandekommen, für die Beziehung zu den Eltern, oder, um es psychoanalytisch zu formulieren, für die Objektbeziehungen? Rufen wir uns in Erinnerung, was wir über die Triebentwicklung schon besprochen haben. Während der ersten Phasen der Entwicklung war das Kind ganz auf das Versorgtwerden angewiesen, und in der Beziehung zu seiner Mutter erlebte es allerlei lustvolle Befriedigungen: Es wurde gepflegt, ernährt, gewärmt, und nach alledem hatte es großes Verlangen. Wir sprachen von der Befriedigung der Triebe mit einem passiven Triebziel. Rasch allerdings lernte der kleine Junge aber auch das Vergnügen an seiner eigenen Aktivität kennen, die Beherrschung der Motorik, der Sphinkteren, der Sprache vermittelte ihm merkliche Unternehmungslust. Zwar bleiben die Bedürfnisse mit einem passiven Triebziel bestehen, auch während der phallischen Phase, aber die Entwicklung der Aktivität schreitet doch merklich voran. Der kleine Junge will nicht mehr nur von der Mutter verwöhnt werden, er möchte gerne auch Mutters großer Junge sein, er entwickelt eine ritterliche Haltung ihr gegenüber, er möchte von ihr bewundert werden und zeigt die Vorläufer männlichen Verhaltens. Die sexuell erotischen Regungen sind verbunden mit dieser seiner aktiven Haltung. Die Aktivität, wie sie bisher schon bestanden hatte, wird verstärkt und bekommt einen anderen Akzent. Wir können sagen, daß eine Fusion von libidinösen und aggressiven Impulsen stattfindet. Das ist ein Stück Theorie, das uns helfen kann, beobachtbare Tatsachen zu erklären. Manchmal kommt allerdings diese Fusion nur unzureichend zustande: Wir alle kennen Männer, die im Hinblick auf die Frau nur eine ungenügende aktive Haltung einnehmen können, und wenn sie auch fähig sind, heterosexuelle Beziehungen zu haben, so doch nur dann, wenn sie dabei die passive Rolle einnehmen können. Zusammenfassend können wir sagen, die erogene Zone ist jetzt der Phallus geworden, und der kleine Junge nimmt eine aktiv erobernde Haltung ein.

Wir wenden uns nun den Objektbeziehungen zu. Wenn man Schilderungen der ödipalen Beziehung und des Verhältnisses des Kindes seinen Eltern gegenüber liest, stößt man oft auf zu sehr vereinfachende Formulierungen. Das Kind hat eine aktiv sexuelle Einstellung seiner Mutter gegenüber, so wird gesagt, und haßt seinen Vater. Das ist gemeint, wenn man vom Kind als einem kleinen Ödipus spricht. Ödipus hatte seinen Vater ermordet und seine Mutter geheiratet. Wir dürfen, wenn wir derartige Begriffe wie ödipale Phase oder Ödipus-Komplex verwenden, nicht vergessen, daß diese Situation besonders kompliziert und differenziert ist. Es wurde schon gesagt, daß aktive und passive Triebregungen nebeneinander bestehen bleiben. So bestehen auch verschiedene Gefühle gegenüber der Mutter. Das Kind hat ein stark erotisch-sexuell getöntes Interesse für die Mutter, interessiert sich besonders auch für ihren Körper, es ist neugierig, möchte möglichst viel von ihrem Körper zu sehen bekommen und hat den Wunsch nach körperlicher Zärtlichkeit. Aber die Beziehung zur Mutter ist nicht nur «positiv», um der Einfachheit halber einmal diesen Jargon zu benutzen, die Mutter muß ja auch immer ihren kleinen Jungen enttäuschen, denn sie kann nur zum Teil auf seine Wünsche eingehen. Wenn der kleine Sohn zu ihr sagt: ich will immer bei dir bleiben, dann kann sie ihm als Antwort darauf liebevoll begegnen, aber die wichtigste Person in ihrem Leben ist eben doch ihr Mann, gewiß auch in den Augen ihres kleinen Jungen. Er hat sein eigenes Zimmer, während die Mutter mit dem Vater zusammen schläft, sogar vielleicht mit ihm in einem Bett, und selbst wenn das nicht so ist, stehen die Betten doch immerhin dicht beieinander. Der kleine Junge wird aus dem Zimmer geschickt, wenn die Mutter sich wäscht, und er merkt natürlich, daß dem Vater so etwas nicht passiert; im Gegenteil, er schnappt Geräusche auf, die darauf hinweisen, daß sich allerlei Dinge zwischen den Eltern abspielen. Verständlicherweise ist der kleine Junge deswegen böse auf die Mutter. Wir können dann von einer ambivalenten Beziehung sprechen, was nicht viel sagt, wenn wir uns nicht darüber klar werden, wie diese Ambivalenz aussieht, und was die Motive dieser ambivalenten Gefühle sind. Wir können über den kleinen Jungen in der ödipalen Phase viel mehr in Erfahrung bringen, als vom Säugling, weil er uns merken läßt, was er fühlt, und wenn er verständnisvoll erzogen wird, erzählt er uns auch von seinem inneren Erleben. Wir können also sagen: Die Gefühle der Mutter gegenüber sind ambivalent. Ein starkes Verlangen droht dadurch verstimmt zu werden, daß der Sohn die Mutter mit jemand anderem teilen muß und sich durch sie enttäuscht fühlt. Wie aber steht nun der kleine Junge gegenüber seinem Vater? Ist es nicht der Standpunkt der Psychoanalyse, daß er seinen Vater haßt und ihm den Tod wünscht? Nein, so einfach ist es nicht. Der kleine Junge ist ganz versessen auf seinen Vater, der fährt mit ihm Auto, geht mit ihm Fische fangen für sein Aquarium, spielt mit ihm Fußball und findet mit ihm zusammen allerlei interessante Dinge. Der Vater weiß so viel, er kann so viel erzählen, er hat so viele schöne Hobbies; die Arbeit, die er tagsüber verrichtet, ist etwas sehr Wichtiges. Was sollte die Familie ohne den Vater anfangen? Der kleine Junge ist sich über die Bedeutung der Anwesenheit des Vaters völlig klar und er liebt ihn auch, aber außerdem ist noch ein anderer Gefühlskomplex da: «Stell dir vor, was wäre, wenn Vater einmal nicht nach Hause käme?» Nun, dann könnte der kleine Junge doch für seine Mutter sorgen. Gewiß, jetzt noch nicht gleich, aber doch, wenn noch eine Zeitlang vergangen ist. Das kleine Kind hat noch kein gut entwickeltes Zeitgefühl, und die Mutter sagt ihm doch so oft: «Du bist Mutters großer Junge.»

Auch hier also ambivalente Gefühle, die eine schwierige Situation für den Jungen bedeuten. Vielerlei Faktoren können Gefühle der Enttäuschung und der Feindseligkeit erwecken; die geheimen Todeswünsche gegenüber dem Vater können durch einen scheinbar kleinen Anlaß heftig aufflackern, und das Kind kann dadurch in große innere Konflikte kommen. Ganz bestimmt wird es mit Schuldgefühlen reagieren. Zu den Problemen, die das Kind während dieser Periode seiner Entwicklung hat, kommt noch eine ganz bestimmte Angst hinzu, durch die sein Gleichgewicht gestört wird, und die wichtige Folgen für seine Entwicklung haben kann.

Wenn der Junge anfängt, Interesse für sein Geschlechtsorgan zu zeigen, wenn er stolz darauf ist, daß er im großen Bogen urinieren kann, dann gibt es Eltern, die auf Grund ihrer eigenen Ängste, ihrer eigenen neurotischen Haltung sehr heftig mit Drohungen darauf reagieren. «Wenn du damit spielst, wird es dir abfallen», «Paß auf, gleich kommt der Schneider mit der Schere und schneidet es dir ab.» In diesem Zusammenhang sei an den Struwwelpeter erinnert und an das Bild, auf dem der Junge mit abgeschnittenen Daumen dasteht. Nun, wenn der Daumen abgeschnitten werden kann, warum dann nicht auch das Zeichen seiner Männlichkeit, auf das der kleine Kerl so stolz ist?

Der kleine Junge entwickelt die Angst, kastriert zu werden, denn natürlich hat er entdeckt, daß die Mutter das nicht hat, was er hat, und wenn es auch keine Gelegenheit gab, die es ihm ermöglicht hätte, die Mutter zu beobachten, dann gab es ein Schwesterchen, eine kleine Freundin oder eine Cousine, die zu Besuch war und die er sich betrachten konnte. Es gibt noch eine dritte Quelle für die Kastrationsangst. Der kleine Junge mußte schon lernen, auf Triebbefriedigungen zu verzichten. Die Brust der Mutter, die zwar nicht zu seinem Körper gehörte, die er aber doch als ihm gehörig erlebt hat, war ihm weggenommen worden; zu Beginn seines Lebens hat er ja den Körper der Mutter noch nicht von seinem eigenen unterscheiden können, genau so wenig wie seine Vorstellungen und Phantasien von der Realität. Später, während der analen Phase, machte er die Entdeckung, daß etwas, was in seinem Körper gewesen ist, herausgekommen und abgefallen ist. Wenn die Mutter ihm ein Klistier gab, wurde er sehr handgreiflich von etwas beraubt, das zu seinem Körper gehörte. Wenn ihm etwa die Mandeln entfernt worden sind – eine Operation, die noch immer viel zu häufig ausgeführt wird, ohne daß man dabei bedenkt, welche psychischen Folgen sie haben kann –, dann ist die Idee, daß ihm sein Geschlechtsorgan weggenommen werden kann, gar nicht so von der Hand zu weisen. So gibt es also verschiedene Motive, die die Kastrationsangst berechtigt erscheinen lassen. Zu stark entwickelte Kastrationsangst stört die Entwicklung. Wenn die Feindseligkeit gegenüber dem Vater zu groß und die Kastrationsangst zu heftig ist, kann er seine Gefühle und seine Ängste nicht beherrschen, und dann ist die Möglichkeit groß, daß er an diese Phase fixiert bleibt und sich nicht zu einem psychisch erwachsenen Mann entwickeln kann.

Die Konstellation, die wir beschrieben haben, wird im allgemeinen als der positive Ödipus-Komplex bezeichnet. Auch vom negativen Ödipus-Komplex wird gesprochen. Man kann diesen Terminus als häßlich ablehnen, aber da er nun einmal existiert, wollen wir uns fragen, was man unter diesem Begriff versteht. Der negative Ödipus-Komplex wird erst verständlich im Zusammenhang mit der Gesamtentwicklung des Knaben. Wir haben bereits darauf hingewiesen, daß der Knabe im Hinblick auf seine beiden Eltern triebhafte Regungen mit einem passiven Ziel hat, die durch die Mutter, aber ganz sicherlich auch durch den Vater befriedigt werden. Wenn gesunde Familienverhältnisse herrschen, dann ermutigt auch der Vater die Aktivität seines Sohnes. Aber das geschieht nicht immer. In autoritären Familien wird viel verboten und wenig ermuntert. Wir sagten bereits, daß das Kind leicht Schuldgefühle entwickelt, und ein bedrohlicher Vater wird ganz sicher Kastrationsangst erwecken. Der kleine Junge kann so ängstlich werden und so sehr unter den Druck seines Schuldgefühls geraten, daß er seine positive ödipale Einstellung aufgibt. Dann ist er nicht mehr der Mutter gegenüber der kleine Ritter, nicht mehr das Kerlchen, das, so klein es auch ist, seine Kräfte an denen des Vaters mißt. Er wird seine aktiven Regungen aufgeben und sie mit einer passiven Haltung überdecken. Statt mit dem Vater zu konkurrieren, unterwirft er sich ihm und sucht Befriedigung durch das Empfangen von Liebesbeweisen des Vaters. Die Mutter wird dann für ihn zur Konkurrentin. Dann sagt man zutreffend, daß es zu einer femininen Identifikation kommt. Wir können dies auch am Verhalten beobachten. Der kleine Junge wird mädchenhaft, er kann die Neigung entwickeln, mit Puppen zu spielen, sich dabei einer Mädchengruppe anschließen; er wird sein Verhalten danach einrichten, wie es anderen gefällt – denn es ist ihm vor allem darum zu tun, Liebe, Wertschätzung und Aufmerksamkeit zu erhalten und jedes Kräftemessen zu vermeiden. Ich habe schon darauf hingewiesen, daß die Eifersucht auf die Mutter in der analen Phase vorbereitet sein kann. Die Mutter kann ein Baby kriegen, was er selber machen kann, wird weggespült. In der negativ ödipalen Konstellation wird die Mutter also zur Konkurrentin, und vom Vater wird Liebe erwartet. Diese Konstellation ist es, aus der sich die passive Homosexualität entwickeln kann: Es findet eine Regression zur analen Phase statt, die Reizung der Analschleimhaut und die damit einhergehenden Sensationen werden wieder bedeutungsvoll. Wir können den negativen Ödipus-Komplex den homosexuellen, den positiven Ödipus-Komplex den heterosexuellen nennen. Das Wort Homosexualität ist jedoch mit Vorsicht zu gebrauchen. Eine bisexuelle Einstellung ist immer vorhandeln. Im Grunde hat jeder Junge für die Geschlechtsorgane des Vaters Interesse, und sexuelles Interesse am eigenen Geschlecht ist während der Entwicklung nicht pathologisch, sondern nur dann, wenn diese passiv feminine Einstellung dem Aufkommen männlicher Gefühlsregungen im Wege steht. Man kann also sagen, der negative Ödipus-Komplex ist immer auch vorhanden, und nur eine starke Sexualisierung dieser Gefühle, die als Abwehr gegenüber der heterosexuellen Einstellung verwendet wird, ist pathologisch.

Sehr häufig wird die passiv-feminine Haltung durch Strafbedürfnisse beeinflußt. Wenn das Über-Ich sie verurteilt und Strafen auferlegt, nimmt die passiv-feminine Haltung eine provozierende Form an, auf die der Vater reagiert, er schlägt, schimpft oder ergreift andere Strafmaßnahmen. Auf diese Weise erfährt das Kind Bemühung und Aufmerksamkeit, wenn auch mit negativem Vorzeichen; es erreicht Interesse und Strafe gleichzeitig. Eine solche Haltung bezeichnen wir als masochistisch, und wir werden auf die Bedeutung dieses Ausdrucks später noch zurückkommen.

Manche Kinder, die einen sehr aggressiven Eindruck machen und in der Tat mit Recht als lästig bezeichnet werden, sind in Wahrheit masochistisch: es geht ihnen um Strafe als einer Form der Zuwendung, ihre Ungezogenheit ist keine Äußerung eines gesunden aggressiven Trieblebens, darum ist sie auch so quälend.

Verläuft die Entwicklung günstig, dann werden Triebregungen mit passivem Triebziel, sofern sie sich auf das eigene Geschlecht richten, sublimiert. Angepaßte Befriedigungsformen der passiven Bedürfnisse werden gefunden, wie etwa in einer gesunden Fähigkeit, etwas bewundern zu können, von anderen etwas annehmen zu können oder einem Ideal zu dienen. Unsublimierte, passive Bedürfnisse können als solche in einer heterosexuellen Beziehung befriedigt werden.

Fühlt sich das Kind den Schwierigkeiten der ödipalen Phase gewachsen, dann finden diese Probleme einen vorläufigen Abschluß. Während der Schulzeit liegt der Akzent vornehmlich auf der Ich-Entwicklung, und die Welt erweitert sich für das Kind beträchtlich. Das Kind entdeckt in sich und außerhalb neue Möglichkeiten. Bei der Entfaltung dieser Möglichkeiten wird ihm durch ein gesundes Ideal-Ich der Weg gewiesen, durch ein Ideal-Ich, das erfüllbare Forderungen stellt und das nicht zu sehr gehemmt ist durch Gebote und Verbote eines übermäßig strengen Über-Ichs im engeren Sinn. Seine Bindung an die Mutter bereitet eine gesunde Haltung gegenüber dem anderen Geschlecht vor, es hat gelernt, zu kämpfen, und hat sich mit seinem Vater identifiziert. Es ist fähig zu ehrlichem Wettstreit, Schuldgefühle und Kastrationsangst bleiben in erträglichen Grenzen und treiben es nicht in die Passivität. Dies alles wird das Kind in der Pubertätszeit befähigen, seine Gefühle auf einen heterosexuellen Partner zu richten; doch bevor wir uns den Problemen der Pubertät zuwenden, haben wir noch die Entwicklung des Mädchens zu besprechen.

Auch die ödipale Phase des Mädchens wird durch all das bestimmt, was es während der früheren Entwicklungsphasen erlebt hat. Oft wird im Hinblick auf einen neurotischen Patienten gefragt: ist die Ursache der Neurose in der präödipalen oder der ödipalen Phase zu suchen? Die Antwort darauf muß lauten, die unaufgelösten Schwierigkeiten der ganzen frühkindlichen Entwicklung haben die Entfaltung der Persönlichkeit geschädigt. Die Art und Weise, wie die ödipale Phase durchlaufen wird, ist durch all das, was ihr voranging, mitbestimmt. Es ist von großer Bedeutung, ob die Eltern dem noch ganz jungen Mädchen gezeigt haben, daß sie froh über ihr Töchterchen sind. Der Auffassung, daß die Differenzierung hinsichtlich des Bewußtseins über das eigene Geschlecht erst in der ödipalen Periode beginnt, müssen wir mit Nachdruck entgegentreten. Wer Kleinkinder beobachtet, der wird merken, daß er es mit typischen kleinen Mädchen oder Buben zu tun hat, aber die ödipale Phase impliziert einen der definitiven Schritte in der sexuellen Entwicklung, auch hinsichtlich der Identifikation mit dem eigenen Geschlecht, dem sich Vertrautfühlen mit dem Frau- oder Mannsein. Die durch biologische Faktoren bestimmte Reifung impliziert ein erhöhtes Interesse für die Geschlechtsteile, und dem Mädchen widerfährt dabei eine schmerzliche Entdeckung. Es wird mit dem anatomischen Geschlechtsunterschied konfrontiert. Darauf kann es in verschiedener Weise reagieren, aber immer ist dabei ein Gefühl von Enttäuschung, zu kurz gekommen zu sein, woran sie ihrer Mutter die Schuld gibt, weil diese nun einmal die Hauptrolle in ihrem Leben spielt. Wenn man die psychoanalytische Theorie im Hinblick auf die Entwicklung des Mädchens darlegt, wird darauf manchmal mit Empörung, manchmal mit Gelächter geantwortet, und es besteht die Neigung, diese Auffassung als reine Phantasie der Psychiater abzulehnen. Oft werden aber auch in einer solchen Gruppe Stimmen laut, die sagen: Sie können ruhig darüber lachen, aber ich habe es mit eigenen Augen gesehen, wie mein Töchterchen probierte, im Stehen zu urinieren, und daß sie sehr traurig darüber war, es ihrem Brüderchen nicht gleichtun zu können. Das kleine Mädchen ist unverkennbar fasziniert davon, was dieser vorzeigen kann. Eine Studentin berichtete eine merkwürdige Erfahrung mit einem ihrer Kinder; sie hatte beobachtet, wie ihre kleine Tochter mit interessiertem, aber auch zugleich besorgtem Blick zugesehen hatte, wie der kleine Nachbarjunge auf der Straße urinierte. In der Nacht darauf wurde sie lautweinend nach einem Traum wach und erzählte: «Mami, ich hatte eine Gießkanne, eine sehr schöne Gießkanne, und als ich sie benutzen wollte, um den Blumen Wasser zu geben, war sie kaputt.» Die Mutter machte ihr klar, daß sie nicht kaputt war, tröstete sie und erzählte ihr, wie froh Vater und Mutter über ihr Töchterchen seien. Tags darauf hörte sie ihr Kind ein selbstgemachtes Lied singen: Wir haben es nicht, wir kriegen es nicht, wir bleiben so wie wir sind.

Die Besprechung dieses Themas könnte zu Heiterkeit verführen, wenn aber die Eltern dem Mädchen nicht über diese Schwierigkeiten hinweghelfen können, dann sind die Folgen alles andere als heiter. Die spätere Entwicklung kann dadurch gehörig geschädigt werden, und bei der Behandlung der speziellen Neurosenlehre werden wir sehen, welche Symptombildungen und Charakterdeformierungen durch den Kastrationskomplex zum Schaden für das Mädchen selbst und für andere veranlaßt werden.

Eine Reaktion auf Enttäuschung, Wut auf die Mutter, Eifersucht auf diejenigen, die besser ausgestattet sind, wird es bei jedem Kind geben. Ihre Verarbeitung wird durch die Situation bestimmt, und in dieser Situation spielen die Eltern die Hauptrolle. In der Enttäuschung durch die Mutter sehen wir einen wichtigen Faktor für das Stärkerwerden der Gefühlsbeziehung zum Vater; die Tatsache als solche, daß der Vater ein Mann ist, übt auf das kleine Mädchen in der phallischen Phase auch eine große Anziehung aus. So kommt es auch in eine ödipale Situation, die derjenigen des Jungen vergleichbar ist. Es liebt seine Mutter, aber die ist zugleich seine Konkurrentin. Es ist fasziniert durch den Vater, aber auch von ihm enttäuscht. Akzeptiert der Vater sein Töchterchen nur ungenügend als «Frau», werden ihm durch die Mutter zu große Schuldgefühle geweckt, dann besteht die Möglichkeit, daß der negative Ödipus-Komplex die Herrschaft bekommt und die weitere Entwicklung bestimmt. Dann wird das Kind etwa trotzig an der Phantasie festhalten, daß es wohl auch noch kriegen wird, was der Junge hat; es fällt zurück in die alte Gefühlsbeziehung mit der Mutter in der präödipalen Entwicklungsperiode, gibt sein Interesse für den Vater wieder auf und verdrängt es. Zumeist sehen wir die beiden Formen des Ödipus-Komplexes nebeneinander, genau so wie beim Jungen. Beim Mädchen genau so wie beim Jungen können übermäßige Schuldgefühle und der Kastrationskomplex dem Akzeptieren der eigenen Geschlechtsrolle im Wege stehen. Vollzieht sich die Entwicklung in gesunden Bahnen, dann wird das Kind die eigene Geschlechtsrolle akzeptieren können und später auch das Erwachsensein. Bei einer gestörten Entwicklung wird der Mann durch seinen negativen Ödipus-Komplex behindert, das Mädchen durch seinen Penisneid; zugleich wird sich eine Regressionsneigung bemerkbar machen: Das Kind, das die Probleme der ödipalen Periode nicht ertragen kann, wird leicht in die infantile Position zurückfliehen. Entwickelt sich das Mädchen gut, dann wird es sich mit der Mutter identifizieren. Wer ein Mädchen mit seinen Puppen spielen sieht, der merkt, daß es in der Phantasie bereits eine kleine Mutter ist. Der Vater spielt im Gefühlsleben der Frau eine große Rolle, er wird in ihrem späteren Leben durch den Mann ihrer Wahl ersetzt. Für die gesunde Frau behält die Beziehung zum Vater auch im bewußten Erleben eine große Bedeutung. Wenn es ihr gelungen ist, das eigene Frausein zu akzeptieren, dann entwickelt sich eine warme Beziehung zur Mutter, die nicht durch die früheren Spannungen beeinträchtigt ist. Die neurotische Frau ist gekennzeichnet durch eine bleibende, manchmal offene, manchmal abgewehrte Feindseligkeit gegenüber ihrer Mutter. Verbittert habe ich eine neurotische Patientin, als sie über ihre Mutter sprach, sagen hören: «Sie ist ein Aas, ein Luder.» Sieht man das so beschriebene Objekt ihres Hasses mit eigenen Augen, dann scheint es eine Frau zu sein, die nicht schlechter ist als viele andere Mütter. Die infantile Wut auf Grund der Eifersucht darüber, daß der Vater der Mutter gehörte, und der rasende Zorn über das Zu-kurz-gekommen-Sein sind in voller Kraft erhalten geblieben. FREUD hat darauf hingewiesen, daß der Ehepartner manchmal der Erbe der feindseligen Gefühle gegenüber der Mutter ist, anstatt der Erbe der Liebe zum Vater, was sicherlich nicht zum Gelingen einer Ehe beiträgt.

Das Erwachsensein kann vielen Frauen eine wertvolle Kompensation für die Enttäuschungen in ihrer Jugend bieten, nämlich eine gesunde sexuelle Beziehung. Wenn der Mann im Sexualleben weder kärglich noch zu viel verlangend ist und wenn er auf die Bedürfnisse seiner Partnerin eingehen kann, dann wird sie sein Genitalorgan als etwas erleben, was ihnen gemeinsam gehört – und das eigene Kind bringt dann die Erfüllung. Nicht immer vollzieht sich diese Entwicklung optimal. Wenn aber genügend gesunde Anpassungsfähigkeit da ist, dann können die Narben der alten seelischen Wunden das Lebensglück nicht beeinträchtigen. Hier geht es um Quantitäten, um die Intensität im Spiel der Kräfte, deshalb ist die Situation, wie sie sich im späteren Leben entwickelt, so bedeutsam. Oftmals bestimmen diese Objektbeziehungen darüber, ob eine gesunde Anpassung möglich sein wird, oder ob eine Neurose entsteht.

Während der Latenzzeit schlummern die Probleme, die das Triebleben mit sich bringt. Bei einer gesunden Entwicklung ist der Ödipus-Komplex einigermaßen aufgelöst, die ehedem an ihn gebundene Energie wird für die Ich-Entwicklung frei, die Welt erweitert sich, und das Kind macht Gebrauch von seinen Möglichkeiten, in dieser Welt seinen Platz zu finden. Die neuen Entdeckungen, die das Kind macht, sind sehr bewegend, die Gefühlsbeziehungen mit den Schulkameraden gewinnen an Tiefe und Differenzierung. Neurosen äußern sich in dieser Zeit durch das Unvermögen, etwas mit sich anzufangen, durch Lustlosigkeit, unnötige Autoritätskonflikte, die Neigung, sich zu isolieren, und in übermäßigem sexuellen Interesse. Verdrängte Wut äußert sich im Nägelbeißen, Kopfschmerzen und anderen psychosomatischen Beschwerden. Bettnässen ist ein Hinweis auf Kastrationsangst und frustrierende Allmachtsphantasien.

Wir haben nun den Ödipus-Komplex beim Jungen und beim Mädchen beschrieben und haben versucht, zu zeigen, was das Kind erlebt. Wir wollen vor allem aus didaktischen Gründen eine mehr schematische Darstellung folgen lassen.

Der positive Ödipus-Komplex beim Jungen enthält eine erotisch sexuell gefärbte Haltung gegenüber der Mutter, die Enttäuschungen zur Folge hat, Bewunderung für den Vater, gepaart mit Eifersucht. Der negative Ödipus-Komplex beruht auf einer passiv-femininen Einstellung gegenüber dem Vater, wobei die Mutter als Konkurrentin betrachtet wird. Diese letztere Einstellung ist auch immer vorhanden. Wenn ihre Intensität besonders hoch ist, dann bekommt der negative Ödipus-Komplex eine stark sexualisierte oder masochistische Form, dann entwickelt er eine pathologische Bedeutung. Kastrationsangst spielt dabei die entscheidende Rolle. Die pathologische Verarbeitung des negativen Ödipus-Komplexes, dessen Wurzeln in der Kastrationsangst liegen, hat eine wesentliche Bedeutung für die Entstehung der Neurosen beim Mann.

Beim Mädchen spielt der Kastrationskomplex eine Rolle in Form des Penisneides, auch bei ihm unterscheiden wir die beiden Formen des positiven und negativen Ödipus-Komplexes. Das Mädchen hat eine starke Bindung an die Mutter, die oft durch die Entdeckung des Geschlechtsunterschiedes gestört wird, dann wendet es sich dem Vater zu. Mißglückt die Bildung des positiven Ödipus-Komplexes, dann kann es zurückfallen auf die Beziehung zur Mutter und in ein konkurrierendes Verhältnis mit dem Vater geraten: Der negative Ödipus-Komplex hat dann die Überhand gewonnen. Die gleiche Rolle, die die passiv-feminine Haltung für die Neurosenentstehung des Mannes spielt, spielt der Penisneid bei der Frau. Sie kann dann den Wunsch, das zu haben, was der Mann hat, nicht aufgeben, ebenso wenig wie neurotische Männer auf die Befriedigung unsublimierter, passiver Wünschen verzichten können.

Bei der Betrachtung der weiblichen Entwicklung dürfen wir nicht vergessen, daß das Mädchen ein Liebesobjekt wählen muß, dessen Geschlecht sich von dem seines ursprünglichen Liebesobjektes unterscheidet. Die Wünsche, die es ursprünglich auf die Mutter, durch die es gestillt und versorgt wurde, gerichtet hatte, muß es lernen dem Vater zuzuwenden. Der kleine Junge kann vorläufig seiner Mutter treu bleiben, aber er muß seine Einstellung zu ihr verändern. An Stelle des ursprünglichen passiven Empfangens muß er eine aktiv-erobernde Haltung entwickeln.

Die Aussage, die Frau ist passiv, der Mann ist aktiv oder sollte es doch sein, ist in dieser simplen Formulierung falsch. Auch die Frau muß zu einer aktiven Meisterung fähig sein, der Weg dazu wird ihr durch die Identifikation mit der Mutter gezeigt. Gewiß liefert auch die Sublimierung ihrer männlichen Strebungen einen Beitrag. Der Junge soll, wenn er sich gesund entwickelt, seine passiv-feminine Einstellung sublimieren können, seine heterosexuell gerichteten passiven Bedürfnissse können in einer Liebesbeziehung befriedigt werden.

Auch wenn die Entwicklung, so lange der Mensch nicht erstarrt, immer weiter geht, so ist doch die Pubertät die Phase, in der der Charakter seine definitive Form erhält. Wir sehen in ihr die ödipalen Probleme wieder aufleben, und es kommt zu einer zweiten Phase der sexuellen Entwicklung. Dabei ist das Hauptproblem die Masturbation. In dem Maße, in dem das Über-Ich intolerant geworden ist, wird der Kampf gegen sie mühsamer sein. Auch hier wieder geht die Entwicklung vor sich in dauernder Interaktion mit der Umwelt. Ungesunde Strenge der Eltern wird die Entwicklung erschweren, Offenheit und Verständnis für das Natürliche der sexuellen Reifung wird die Entwicklung begünstigen.

Wenn das Über-Ich streng ist, dann sehen wir depressive Reaktionen, manchmal endet der Konflikt mit der durch ANNA FREUD so klar beschriebenen Pubertätsaskese. Das Ich-Ideal wird das eines Asketen, der keine Triebbefriedigung braucht, und mit dieser Haltung sind verständlicherweise strenge Verbote und Gebote verbunden. Wenn die Angst vor Strafe groß ist, dann kann sich eine hypochondrische Haltung entwickeln etwa in Form von Grübeleien über Geschlechtskrankheiten oder ähnliches. Die Selbstverurteilung kann projiziert werden und Anlaß geben zu paranoiden Verarbeitungsformen. Manchmal wird auf die strenge Moral mit Entmutigung reagiert: Das Gefühl, ich bin doch ein sehr schlechter Mensch; ernste Störungen, Psychopathisierung können die Folge sein. Wenn es nicht gelingt, heterosexuelle Beziehungen in der Phantasie und in der Realität herzustellen, dann kann sich eine homosexuelle Haltung entwickeln, die jedoch in der Pubertätszeit noch überwunden werden kann. Gegen diesen dunklen Hintergrund bildet die gesunde Entwicklung einen leuchtenden Kontrast. Der einigermaßen gesunde Junge und das gesunde Mädchen entdecken die Welt und sich selbst, was natürlich auch neue Probleme und Schwierigkeiten mit sich bringt, aber dann sind es die Schwierigkeiten und Konflikte des gesunden Menschen. Spannung und Konflikte sind nicht ungesund, wie oft zu Unrecht geglaubt wird, sie sind unvermeidlich. Beim gesunden Kind fördern Schwierigkeiten das weitere Wachstum, sie sind bewußt und können dann auch so gut als möglich bewältigt werden.

Man hat den Eindruck, daß die heutige Jugend dazu neigt, mit heterosexuellen Beziehungen zu experimentieren und dabei Erfahrungen zu

sammeln auf dem Gebiete der Sexualität. Eine Reihe dieser Experimente wird durch sexuelle Neugier, Oppositionstendenzen und Angst vor der Masturbation veranlaßt. Wir können noch nicht recht beurteilen, welche Folgen die veränderten sexuellen Verhaltensweisen für die psychische Entwicklung haben. Während der Pubertät lernen Jungen und Mädchen einander kennen, Identifizierungsprozesse bestimmten die spätere Berufswahl, die bei neurotischer Entwicklung so sehr durch unbewußte oder bewußte Oppositionsneigungen eingeschränkt wird. Hobbies, die die Befriedigung durch die Arbeit ergänzen, entwickeln sich, und bei der Zunahme der verfügbaren freien Zeit werden sie stets bedeutsamer für das gesunde Funktionieren der Persönlichkeit. Gesunde Kampflust kann ihre Befriedigung finden im erwachenden Interesse für die Politik, es gibt ja noch so vieles, was zu verbessern ist.
Oft finden wir in der Pubertätszeit ein starkes religiöses Interesse, manchmal aus neurotischen Motiven, manchmal aber auch, weil der Pubertierende Fragen nach dem Grund und dem Sinn aller Dinge stellt. Nur eine engstirnige, veraltet rationalistische Haltung wird ihn bei seinen Bemühungen in dieser Richtung entmutigen wollen. Zusammen mit den Erfahrungen auf erotischem Gebiet bilden sie für den Pubertierenden die bedeutendsten Erfahrungen. Der gesunde Mensch im Pubertätsalter ist genügend vorbereitet, um die Schwelle zum Erwachsensein zu überschreiten. Derjenige, der eine neurotische Entwicklung durchgemacht hat, wird in seiner Freiheit geschwächt sein, die Abwehrprozesse haben Charakterdeformierungen veranlaßt, und die Beziehungen zur Außenwelt sind durch diesen Panzer behindert. Die Kommunikation zwischen den verschiedenen Instanzen seiner Persönlichkeit ist beschränkt, Angst und Depression lauern im Hintergrund. Die Wahrscheinlichkeit ist groß, daß der Druck des täglichen Lebens, daß die unvermeidlichen Enttäuschungen in der Arbeit und in der Ehe die Entwicklung einer floriden Neurose in Gang setzen. Im Kapitel der speziellen Neurosenlehre wird darüber noch im einzelnen gesprochen werden. Unsere Einsicht in die Erlebnisse neurotischer Menschen wird es uns möglich machen, ihnen zu helfen, und unser Wissen wird auf die Dauer auch Präventivmaßnahmen größeren Stils ermöglichen.

4. Die Grundlagen des psychoanalytischen Systems

Bevor wir nun dazu übergehen, die Fragen der speziellen Neurosenlehre zu behandeln, soll noch mit einigen Worten auf den systematischen Aufbau der psychoanalytischen Theorie eingegangen werden. Wir hatten sie in den vorausgehenden Kapiteln schon dauernd verwendet, jetzt wollen wir uns näher mit ihr beschäftigen.
Wenn wir die Unterscheidung bewußt – unbewußt verwenden, dann arbeiten wir mit dem topischen Gesichtspunkt. Dabei stellen wir uns vor, daß das Unbewußte und das Bewußtsein Bereiche der menschlichen Psyche sind. Wir können diese Unterscheidung auch in funktioneller Weise meinen und betrachten sie dann bewußt und unbewußt als Qualitäten psychischer Prozesse. Diese letztere Betrachtungsweise wird immer mehr bevorzugt. Vom strukturellen Gesichtspunkt sprechen wir dann, wenn die Aufmerksamkeit vornehmlich auf die Persönlichkeitsstruktur gerichtet ist, deren Bestandteile Es, Ich, Über-Ich und Ich-Ideal sind. Manche Psychoanalytiker betrachten die Idealbildungen auch als eine Funktion des Über-Ichs. In jedem Fall sind diese beiden Aspekte des Über-Ichs sehr verschieden, und man kann, wenn man das besonders hervorheben will, das Ideal-Ich als eine besondere Instanz betrachten.
Das Ich verfügt über die gnostische Funktion, die Realitätsprüfung, und auch die Abwehrfunktionen werden ihm zugerechnet. Das Ich kann Triebimpulse abwehren, aber auch beherrschen, dann sprechen wir von Sublimierung. Geht man von der Triebenergie aus, dann kann man sagen, daß das Ich diese Energie neutralisiert. Über das Es haben wir bereits gesprochen, wir arbeiten mit den beiden als Libido und Aggression bezeichneten Trieben.
Strukturen haben nur Sinn in Verbindung mit Funktionen: Hier sei als dritter Gesichtspunkt der Theorie der dynamische genannt, das Kräftespiel innerhalb der Persönlichkeit. Diese Kräfte können verschiedene Intensität haben, und wir sprechen vom ökonomischen Gesichtspunkt, wenn es um die relative Stärke von Triebimpulsen und Abwehr geht, um die daran gebundenen Gefühlsregungen und die Handlungen, durch welche diese Spannungen zum Ausdruck kommen. Betrachten wir all diese Vorgänge unter ihrem Entwicklungsaspekt, dann sprechen

wir vom genetischen Gesichtspunkt der psychoanalytischen Theorie. Triebregungen und die Art und Weise, wie sie durch das Ich, die Ich-Funktionen, das Über-Ich und Ich-Ideal behandelt werden, haben ihren biologischen Sinn insbesondere für die Anpassung. Die damit zusammenhängenden Probleme stellen den adaptiven Gesichtspunkt der Theorie dar. Der Mensch paßt sich an die soziale Situation, an die Gesellschaft an. E. H. ERIKSON [5] hat diesen Gesichtspunkt an seinem schon der klassischen psychoanalytischen Literatur angehörenden Buch «Kindheit und Gesellschaft» ausführlich erörtert. Die Gesellschaft, die Erziehungsprinzipien und die intrapsychische Struktur und Dynamik müssen in Beziehung zueinander betrachtet werden, nur so können sie verstanden werden. Die Mütter erziehen ihre Kinder so, daß sie sich innerhalb einer bestimmten Gesellschaft zurechtfinden und behaupten können, und diese Gesellschaft wieder schreibt den Müttern die Erziehungsprinzipien vor. Die Einsicht in diese Zusammenhänge könnte viel dazu beitragen, irrationale Erziehungsmaßnahmen und irrationale gesellschaftliche Verhaltensweisen zu überwinden.

Adaptation ist mehr als nur passive Anpassung an die Umstände, Adaptation impliziert, daß der Mensch sich seine Umwelt anpaßt und damit verwandelt.

Die genannten Gesichtspunkte und die Beziehungen, in denen sie untereinander stehen, werden als Metapsychologie bezeichnet. Die Betonung liegt hier auf der Vorsilbe meta insofern, als die Metapsychologie eine Brücke zwischen Biologie und Psychologie zu schlagen sucht; aber die genannten Gesichtspunkte haben auch eine psychologische Bedeutung – die Metapsychologie leistet uns als heuristisches Prinzip hervorragende Dienste. Wir fragen uns bei der Untersuchung eines psychischen Phänomens, wie wir es zu beurteilen haben im Hinblick auf die Adaptation, weiterhin, wie den Über-Ich-Forderungen Rechnung getragen wird, dem Ich-Ideal gedient wird, welchen Abwehrcharakter es hat, welche triebhaften Bedürfnisse befriedigt werden, und wir achten auch auf seine Bedeutung für das Selbstgefühl, auf seine narzißtische Bedeutung.

Ich möchte das noch einmal an einem Beispiel verdeutlichen: Depres-

[5] E. H. ERIKSON (1957): Kindheit und Gesellschaft, 2. erw. Aufl g. Stuttgart (Klett) 1965.

sion ist eine Störung der Anpassung. Schauen wir dabei auf die Triebsituation, dann finden wir frustrierte, passive Strebungen, und die Aggression ist gegen die eigene Person gewendet. Sekundär verhält sich der Depressive auch anderen gegenüber aggressiv durch seine Schwermut, durch sein düsteres Wesen, das es anderen unmöglich macht, zu genießen. Das Über-Ich ist zu streng, das Ideal-Ich zu hochgespannt, depressive Menschen haben sehr oft unbewußte Größenphantasien. Blicken wir auf das Ich, so sehen wir, daß Abwehrmechanismen verwendet werden, daß die Aktivität ebenso wie die gnostischen Funktionen gestört sind und die Motorik gehemmt ist. Dann ergibt sich die Frage, wie ist das alles entstanden, und damit sind wir beim genetischen Gesichtspunkt. Wir werden diesen im Rahmen der speziellen Neurosenlehre ausführlich behandeln.

Diese Ausführungen haben es klar gemacht, daß ein psychisches Phänomen nur dann wirklich verstanden werden kann, wenn wir alle die genannten Gesichtspunkte bei seiner Untersuchung verwenden. Darum möchte ich die oben getroffene Unterscheidung gerne noch einmal wiederholen: *Meta*psychologie will eine Brücke schlagen zwischen Biologie und Psychologie, Meta*psychologie* ist ein bedeutsames heuristisches Prinzip. Es scheint mir wichtig, darauf hinzuweisen, daß die Bedeutung eines Charakters, eines neurotischen Verhaltens, eines Symptoms erst dann klar wird, wenn wir diese Phänomene unter den topographischen, strukturellen, ökonomischen und genetisch-dynamischen Gesichtspunkten betrachtet haben, wenn wir untersucht haben, welche Bedeutung das alles für die Anpassung hat, und wenn wir die Phänomene im Zusammenhang mit Narzißmus, Libido und Aggression studiert haben.

Nach dieser Einführung sind wir meines Erachtens genügend vorbereitet, um uns nun den Fragen der speziellen Neurosenlehre zuzuwenden.

B. SPEZIELLE NEUROSENLEHRE

I. EINLEITUNG

1. Klassifikation und Diagnostik[6]

Der Begriff Neurose umfaßt viele Erscheinungen, die im Gefolge eines Konfliktes zwischen dem Ich und den durch das Ich verdrängten Triebregungen auftreten: Körperliche Beschwerden als Äußerung und Ausdruck psychischer Spannungen und Disharmonien in der Persönlichkeit. Immer wieder auftretende Schwierigkeiten auf dem Gebiet der zwischenmenschlichen Beziehungen, insbesondere im Bereich erotisch-sexueller Beziehungen, außerdem die Vielzahl der Lernhemmungen und Arbeitsstörungen. In keinem anderen Bereich der Psychiatrie treten die Zeichen der Krise, in der sich unsere Wissenschaft befindet, so klar hervor wie auf dem Gebiet der Neurosenlehre.

Nicht selten ist der Einwand zu hören, eine Diagnostik der Neurose analog der sich an KRAEPELIN orientierenden Diagnostik der Psychosen ist unmöglich, und sie würde, falls es sie gäbe, wertlos sein. Was sagt uns denn eine Diagnose? Das Finden eines Namens, die Verwendung eines Etiketts führen uns nicht weiter. Einwände gegen das nosologische Denken überhaupt, gegen das nosologische System KRAEPELINS im besonderen, die schon schwerwiegend genug für das Gebiet der Psychosen sind, scheinen erst recht unvermeidlich für das Gebiet der Neurosen, wo die Übergänge so fließend sind. Was sollte man hier mit Krankheitseinheiten anfangen können! Dazu kommt noch, daß neurotische Zustandsbilder in psychotische übergehen können und daß die Grenze zwischen einem einigermaßen angepaßten Verhalten und neuro-

[6] An dieser Stelle möchte ich allen denen, die an diesem Kapitel mitgearbeitet haben, meinen Dank sagen: Frau Dr. J. LAMPL-DE GROOT, die den Text durchgesehen und eine Reihe von Vorschlägen gemacht hat, die ich, wie ich meine, mit Gewinn aufgegriffen habe. Außerdem den Mitarbeitern an meiner Klinik, Herrn Dr. J. BASTIAANS, Dr. G. A. LADEE, J. H. THIEL und N. TREURNIET, die große Teile des Textes mit mir durchgearbeitet und Verbesserungsvorschläge gemacht haben. Die Einteilung in hysterische und der Hysterie verwandte Neurosen kam in enger Zusammenarbeit mit ihnen zustande. Ihre Erfahrungen, die sie im Unterricht mit Assistenten und Studenten gemacht haben, waren auch für die Darstellungen in diesem Buch fruchtbar.

tischem Reagieren genau so wenig scharf ist. Es scheint wenig fruchtbar, zwischen diese beiden großen Gebiete eine Gruppe «seelische Störungen» einzufügen, das würde die Schwierigkeiten nur verdoppeln, man hätte dann noch mehr Grenzen zu ziehen. Diejenigen, die glauben, man müsse die von KRAEPELIN geschaffene Systematik in der Psychiatrie beseitigen, stehen einer Diagnostik skeptisch gegenüber – zu ihnen gehören viele, die die Neurosen unter dynamisch-genetischem Gesichtspunkt betrachten. Dabei argumentieren sie etwa mit den Worten: «Beschreibe, was du vor dir siehst, welche Prozesse sich vollziehen, welche Spannungen durch die unzweckmäßige Verwendung von Abwehrmechanismen entstehen, aber Klassifizierungen, die interessieren uns nicht.»

Mir scheint, daß wir das Problem der Einteilung der Neurosen und die auf ihr beruhende Diagnostik näher betrachten müssen, wobei wir uns an den folgenden Punkten orientieren wollen:

a) Die Klassifizierung und das Problem der fließenden Übergänge.

b) Die begrenzte Zahl möglicher Diagnosen.

c) Das Sammeln von so viel wie möglichen Fakten kontra Diagnostik.

d) Die klinisch-nosologische und dynamisch-genetische Diagnostik der Neurosen.

ad a): Klassifizierung und das Problem der fließenden Übergänge

Als Argument gegen eine Klassifizierung wird immer vorgebracht, wie fließend die Übergänge zwischen den verschiedenen neurotischen Zustandsbildern doch seien. Viele Patienten mit einer hysterischen Neurose haben zwanghafte Züge oder leiden an neurotischer Depression. Wenn man ein Klassifikationssystem hat, und es zeigt sich, daß mehr Fälle außerhalb als innerhalb der Grenzen einzelner Rubriken liegen, ist dann ein solches System überhaupt brauchbar? Die Existenz von Übergängen zwischen bestimmten Rubriken ist an sich noch kein genügender Grund, Klassifizierungen überhaupt abzuschaffen, denn wenn wir angeben können, wieviele Züge ein Patient von dem einen und wieviel von einem anderen Krankheitsbild zeigt, wieviele Symptome des einen und wieviele eines anderen Syndroms, dann haben wir genau so viel über ihn gesagt, als wenn wir ihn einreihen in eine Gruppe, mindestens sofern wir die bei der Klassifizierung verwendeten Gruppen nicht als beinahe metaphysische Krankheitseinheiten betrachten. CARP hat bei seiner Beschäftigung mit dem Thema Psychopathie und Neurose darauf hingewiesen, daß fließende Übergänge noch kein Argument sind gegen die Unterscheidungen, die eine Klassifikation ermöglicht. Die gleiche Ansicht hat BURKE so formuliert: «Though now man can draw a stroke between the confines of night and day, yet light and darkness are upon the whole tolerably distinguishable [7].»

ad b) Die begrenzte Anzahl möglicher Diagnosen

«Die Zahl der Diagnosen ist zu gering, darum hat man nichts von der alten Klassifizierung», hört man als ein weiteres kritisches Argument. Wo sollen wir die Arbeitsstörungen einordnen, die so viele unserer Patienten motivieren, bei einem Sozialworker, Psychologen oder Psychiater Hilfe zu suchen? Oft werden die Psychiater von Patienten um Rat gefragt, die beunruhigt sind, weil sie durch homosexuelle Einfälle gequält werden, durch homosexuelle Phantasien und Träume unsicher gemacht werden. Sie gehören nicht in eine der üblichen Gruppen der Neurosen, aber ist das ein Grund, das Klassifikationssystem abzuschaffen? Mir scheint es eher ein Grund dafür, es zu erweitern. Krankheitsbilder verändern sich, sie sind keine starren Größen, sie verändern sich mit der sozio-kulturellen Situation, deren Ausdruck sie häufig sind. Das Ohnmächtigwerden der jungen Mädchen war früher normal, ein Stückchen Hysterie gehörte zum seelischen Rüstzeug der jungen Frau aus besseren Kreisen – gegenwärtig ist die Affektabwehr üblich, und die Liebhaber sind «kühl» geworden. Die große Hysterie, «der große hysterische Anfall», sind für den jungen Arzt zu einer Rarität geworden, aber zahlreich sind die neurotischen Zustandsbilder der Mädchen, die es mit der Welt und mit sich selber so elend schlecht getroffen haben. Man kann diese Bilder nicht mehr mit Hysterie bezeichnen, man muß also neue Krankheitsbilder aufstellen; tatsächlich hat dies K. ABRAHAM [8] in einer berühmt gewordenen Arbeit auch bereits getan, worauf wir noch ausführlich zu sprechen kommen werden.

[7] Zitiert bei C. F. E. SPURGEON: Shakespeares Imagery, Boston 1958, S. 9.

[8] K. ABRAHAM (1921): Äußerungsformen des weiblichen Kastrationskomplexes. Int. Ztschr. Psychoanal., Bd. VII (1921), S. 422.

ad c): Das Sammeln von möglichst vielen Fakten kontra Diagnostik

Ein weiteres Argument gegen die Diagnostik lautet so: Eine Diagnose ist immer unvollständig. Was nützt es uns, wenn wir jemanden als einen Zwangsneurotiker bezeichnen? Wir müssen alles über ihn wissen; wir müssen so viel als möglich Fakten über einen Patienten sammeln, um ihn richtig zu verstehen, und wir müssen dazu auch Vertreter von «Hilfswissenschaften» heranziehen, Psychologen, Soziologen, Ethologen, Biochemiker. Eine Diagnose müßte eine vollständige Beschreibung unter Verwendung aller nur möglichen Gesichtspunkte sein. Meines Erachtens ist ein solches Argument der Ausdruck eines gut gemeinten Mißverstehens, denn was sollen wir mit all den bekannt gewordenen Fakten anfangen? Was hilft es uns, wenn wir nur so viel wie möglich Fakten sammeln? Würde etwa ein Film über das ganze Leben eines unserer Patienten dem angestrebten Ziel am besten gerecht werden? Man würde bald entdecken, daß man von diesem vollständigen Material «an sich» noch gar nichts hat. Was wir an Fakten gewinnen, wird erst in einem bestimmten Bezugsrahmen sinnvoll. Alles das, was relevant und nützlich ist, um den Patienten zu verstehen und ihm helfen zu können, ist als Material brauchbar. Unser Ziel ist Einsicht und nicht ein möglichst umfangreiches Material. Einsicht gewinnen wir dadurch, daß wir Begriffe, Theorien und Hypothesen mit dem Material in Beziehung bringen, und dadurch ergibt sich zugleich eine Selektion des Materials. Goethes oft zitierter Ausspruch: «Das Höchste wäre, zu wissen, daß alles Faktische schon Theorie ist», ist bedenkenswert. Was nicht förderlich für die Einsicht in das Leiden des Patienten ist, auf Grund deren wir therapeutisch eingreifen können, das ist in der ärztlichen Situation nicht sachdienlich, es ist überflüssig und oft verwirrend. Man muß wissen, was man fragt, was man wissen will, dieses «Was» ist aber nicht alles. Wir dürfen uns nicht vormachen, daß wir ausreichend über einen Patienten informiert sind, wenn wir ihn als einen Zwangsneurotiker gekennzeichnet haben; aber diese Diagnose kann bedeutsamer sein als ein Haufen ungeordneter Fakten, der durch Psychologen, Soziologen, Sozialworker und Biochemiker fleißig zusammengetragen worden ist. Vertreter von Hilfswissenschaften der Psychiatrie können nur dann etwas Sinnvolles beitragen, wenn sie auf Fragen, die der Kliniker stellt, antworten. Das gilt sowohl für die Klinik als auch für die Forschung. Eine Anläufung von Fakten hat mit Wissen und Erkenntnis nichts zu tun. Eine Diagnose als ein Gegenstück zu dem «alles wissen» zu betrachten und deswegen nicht diagnostizieren zu wollen, beruht auf einem erkenntnistheoretischen Irrtum.

ad d): Klinische Diagnostik versus dynamisch-genetisches Verständnis
Von psychoanalytischer Seite her werden andere Einwände gegen eine nosologische Diagnostik laut. Die Kollegen schließen sich zwar nicht denen an, die an einer blinden Sammelwut leiden, aber sie weisen darauf hin, daß so viele Patienten «etwas Hysterisches», «etwas Zwangsneurotisches» etc. haben. Ihr vordringlichster Einwand ist, daß man noch nicht viel weiß, wenn man die Störung eines Patienten als Hysterie oder Zwangsneurose bezeichnet hat. Es geht, so begründen sie weiter, um die Prozesse, die diesen Zustandsbildern zu Grunde liegen und die das Kräftespiel bilden, das sich in den Symptomen äußert. Man kann diesen Einwänden nur schwer widersprechen. Wenn man nicht mehr tut als etikettieren, Namen geben, dann kehrt man zu dem Punkt zurück, an dem FREUD begonnen hat, ohne, wie er es getan hat, weiterzugehen. Die Diagnose Hysterie und Zwangsneurose gab es damals auch schon, aber FREUD zeigte uns, was in den Patienten vorgeht, welche unbewußten Motive zu ihren Anpassungsstörungen führen, und was könnte uns mehr als das interessieren? Wir wollen doch wissen, wie die Dynamik aussieht, welche Abwehrfunktionen der Patient verwendet, wie sein Über-Ich und Ideal-Ich funktionieren, ob die Ich-Stärke ausreichend ist, wie die Triebentwicklung verlaufen ist, und vieles andere mehr.
Aber impliziert denn unser Interesse in dieser Richtung und die Tatsache, daß wir von der Notwendigkeit dynamisch-genetischer Untersuchungen überzeugt sind, daß eine genaue Beschreibung des Patienten und das Aufstellen von Krankheitsbildern, bestimmter Formen von Neurosen – Syndromen, wenn man so sagen will – wertlos und Anstrengungen in dieser Richtung veraltet sind? Ganz bestimmt nicht. Die deskriptive psychologische Beschreibung – eine Methode, die seit der ersten Ausgabe von JASPERs «Allgemeiner Psychopathologie» den unglücklichen Namen Phänomenologie trägt – ist immer der erste Schritt auf dem Weg zu einer Diagnose. Mit einer Beschreibung muß jede Krankengeschichte anfangen. Selbstverständlich geschieht diese

Beschreibung unter bestimmten Gesichtspunkten, aber es ist doch ein großer Unterschied, ob wir unmittelbar abstrahieren von dem, was der Patient sagt, oder ob wir versuchen, soviel als möglich von dem, was der Patient als sein Erleben schildert, in seinen Worten wiederzugeben. Ebensowenig wie deskriptive Psychologie und dynamisch-genetische Psychologie einander ausschließen, besteht ein Gegensatz zwischen der dynamisch-genetischen Betrachtungsweise, einer Untersuchung des Kräftespiels der Persönlichkeit, der Bedeutung der Lebensgeschichte auf der einen Seite, und der nosologischen Diagnostik, das Arbeiten mit einer Einteilung in neurotische Krankheitsbilder auf der anderen Seite, wenn wir sie in richtiger Weise anwenden. Die Argumente, die ich gegenüber diesem nosologischen Denken erwähnte, erweisen sich bei näherem Hinsehen nicht als stichhaltig.

Wenn einer glaubt, es bei der Klassifikation lassen zu können, wenn er meint, seine diagnostische Arbeit sei getan, nachdem er ein Schlagwort gefunden hat, so als handle es sich um eine Zauberformel, dann wird man gewiß einer Nosologie, einer so gearteten Diagnostik entgegentreten müssen. – Aber was nötigt uns denn, Klassifizierung in dieser Weise mißzuverstehen? Wenn man Diagnostik im weiteren Sinne auffaßt, und darunter die Beschreibung der Symptome versteht, die Bezeichnung eines Syndroms und die Feststellung der ätiologischen Faktoren, die zu der Krankheit geführt haben, dann kann man in diesen Gesamtrahmen die Benennung des Syndroms nicht entbehren, aber genau so wenig darf man es bei einem Schlagwort bewenden lassen. Daß Krankheitseinheiten in dem ursprünglichen KRAEPELINschen Sinn, nämlich Krankheiten mit einer Ursache, einer Verlaufsform, einem Endzustand, einem pathologisch-anatomischen Substrat nicht existieren, ist klar. Man kann jedoch die von KRAEPELIN abgegrenzten Bilder als Syndrome auffassen, als Krankheits*bilder* und dann sind viele von ihnen brauchbar, ja selbst unentbehrlich[9]. Nosologisches Denken als solches braucht nicht veraltet zu sein, weil sich die alte Konzeption von den Krankheitseinheiten als nicht realisierbar erwiesen hat.

[9] M. KROLL: Die neuropathologischen Syndrome, Berlin 1929: «Oft ist das, was uns als ‚Krankheit' imponiert, keine Krankheit, sondern ein Syndrom, welches durch die verschiedenen Bedingungen, durch verschiedene Konstellationen mannigfaltiger Faktoren, durch Faktorenkoppelung hervorgerufen wird.» (S. 4.)

Meines Erachtens sind auch falsche Motive bei der Ablehnung der von KRAEPELIN ausgehenden nosologischen Diagnostik beteiligt: die Neigung, zu schnell zu theoretisieren, aber auch ein ungenügendes Geschick in der klinischen Diagnostik. Man verurteilt dann das, was man nicht beherrscht. Ein endloses Sammeln von Fakten kann auch den Zweck haben, daß Stellen einer Diagnose hinauszuzögern. Die Einheitspsychose wird dankbar aufgegriffen, wenn es an Unterscheidungsvermögen fehlt. Wenn man Beschreibungen von neurotischen und psychopathischen Patienten im Rahmen von nosologisch orientierten Werken liest, ist man oft betroffen durch den Grad an psychologischer Einsicht und Unterscheidungsvermögens. Es würde eine Verarmung bedeuten, so zu tun, als würden diese auf eine Diagnostik gerichteten Bemühungen nicht nötig gewesen sein.
Am Schluß dieser Ausführungen soll noch einmal wiederholt werden, was unter Diagnostik verstanden werden soll. Meines Erachtens gehört zu einer guten Diagnose: 1. Eine Beschreibung der Symptome, 2. eine Bezeichnung des Syndroms im Sinne einer festen oder häufigen Verbindung von Symptomen, unter denen manche größere Bedeutung haben als andere, 3. die Untersuchung der Dynamik, die in den Symptomen zum Ausdruck kommt und 4. die Untersuchung der verschiedenen ätiologischen Faktoren, der psychogenetischen, konstitutionellen und organischen Faktoren, der Einflüsse der engeren und weiteren Umgebung. Dies ist eine Form der Diagnostik, die zu einer integralen Heilkunde gehört, wie QUERIDO mit einem ausgezeichneten Terminus diese Methode bezeichnete, in der der Mensch in den verschiedenen Bereichen seiner Existenz gesehen wird. Von diesem Standpunkt her soll im weiteren die Neurosenlehre behandelt werden, wobei wir den dynamisch genetischen Aspekten im besonderen Maße unsere Aufmerksamkeit zuwenden werden.

2. *Äußerungsformen der Neurosen*

Es ist nicht verwunderlich, daß die Symptome der Neurosen als erste auffallen. Der Patient spürt seine Symptome, und sie bilden das Motiv, sich an den Arzt zu wenden. Der Psychiater diagnostiziert dann neben den Symptomen auch den neurotischen Charakter. So ist auch das historische Vorgehen gewesen; erst wurden die Symptome untersucht, dann der neurotische Charakter. Der Patient nimmt seine Symptome wahr, er spürt, daß etwas mit ihm geschieht, er erlebt eine Einengung seines subjektiven Freiheitsgefühls etwa durch Angst, Konversionssymptome oder durch eine Arbeitsstörung. Man bezeichnet darum das Symptom auch als ich-fremd. Das Symptom ist etwas, was der Patient nicht als zu sich selbst gehörig erlebt, im Gegensatz zu seinem Charakter, der ist ich-nah, auch wenn ihm die Umwelt manchmal einen anderen Charakter wünschen würde. Zunächst seien einige Beispiele angeführt. Die hysterische Patientin leidet unter ihrer Übelkeit und Schluckbeschwerden, aber ihre Infantilität, die Tatsache, daß sie ihre Mitmenschen nur erleben und verwenden kann als Versorger oder Bewunderer, findet sie nicht ungewöhnlich. So ist eben ihre Auffassung von Liebe, «so bin ich eben» sagt sie zu ihren Freundinnen. Die meisten Menschen reagieren, wenn sie unbefangen sind, im Alltagsleben auf ein Symptom bei jemandem in ihrer Umwelt anders als auf einen neurotischen Charakter. Meistens haben sie mit dem ersteren Mitgefühl und fühlen sich durch letzteren gereizt oder beeinträchtigt. Bei diesem Unterschied spielt die eigene innere Problematik eine Rolle. Diese Unterscheidung zwischen neurotischem Symptom und neurotischem Charakter ist notwendig, um die Neurosenlehre wirklich zu verstehen. Der sehr umstrittene Psychoanalytiker W. REICH, dessen Buch «Charakteranalyse» von vielen, so auch von mir, für eine der bedeutendsten psychoanalytischen Schriften gehalten wird, richtete das Augenmerk besonders auf den neurotischen Charakter. Er sprach zu Recht von einem Charakterpanzer. Der Charakter hat eine Abwehrfunktion, er dient der Abwehr von Triebimpulsen, Schuldgefühl und Angst, aber zugleich hat er eine Einschränkung der psychischen Bewegungsfreiheit zur Folge. Bei den zwangsneurotischen Charakteren mit ihren sogenannten Prinzipien und Gewißheiten ist das deutlich sichtbar. Dieser «Panzer» hat die Aufgabe, ein Sicherheitsgefühl zu verschaffen, aber er beschränkt in vielen Situationen die Bewegungsfreiheit.

Später wurde neben den neurotischen Symptomen und Charaktereigenschaften die Aufmerksamkeit auch auf die neurotischen Beziehungen und neurotischen Manöver gerichtet. Eine neurotische Beziehung ist ein Verhältnis, das mit anderen Menschen eingegangen wird mit dem unbewußten Ziel, in dieser Beziehung einen neurotischen Konflikt auszuleben, zu agieren, wie man auch oft sagt. Man kann es auch anders formulieren: Eine neurotische Beziehung stellt eine Äußerung der Neurose auf dem Gebiet der zwischenmenschlichen Beziehungen dar. FREUD[10] hat schon auf neurotische Beziehungen aufmerksam gemacht so etwa in seiner Arbeit «Über die allgemeinste Erniedrigung des Liebeslebens». Für viele Männer ist es unmöglich, eine sexuell befriedigende Beziehung mit einer Frau zu haben, der gegenüber sie zärtliche und kameradschaftliche Regungen empfinden; die Trias Leidenschaft, Zärtlichkeit und Kameradschaft ist bei ihnen nicht zu einer Einheit integriert. Menschen mit diesen Schwierigkeiten haben sexuelle Beziehungen, die auf «personaler Ebene» unbefriedigend bleiben. Sie können nicht gleichzeitig begehren und lieben, und aus diesem Grunde sind ihre Beziehungen neurotisch.

Ein zweites Beispiel können wir dem Bereich der Autoritätskonflikte entnehmen. Patienten mit Autoritätskonflikten reagieren stark auf Vorgesetzte, die dominierend auftreten, sie leben ihren Konflikt in der aktuellen Situation aus, sie knüpfen zu ihren Vorgesetzten eine neurotische Beziehung an und können dadurch nicht vernünftig mit ihnen umgehen. Sie verstehen es auch, jemanden, der keineswegs eine autoritäre Persönlichkeit ist, so zu reizen, daß er aggressiv wird, und provozieren ihn so, daß seine weniger angenehmen Wesenzüge zum Vorschein kommen. Die Motive dieses unangepaßten Verhaltens bleiben natürlich für den Betreffenden unbewußt. Der andere wird so in eine bestimmte Haltung gezwungen, in eine Rolle kann man auch sagen, die zu dem Autoritätskonflikt des neurotischen Patienten paßt. In einem solchen Fall sprechen wir auch von einem neurotischen Manöver. Oftmals erstreckt sich ein solches Manöver über eine lange Periode, denn es braucht Zeit, damit sich ein solches Manöver entwickeln kann. Das sei an einem Beispiel illustriert: Eine Frau mit starken unbewußten Neidgefühlen gegenüber dem anderen Geschlecht verliebt sich leidenschaftlich in einen verheirateten Mann ihrer Umgebung, der den Eindruck einer uneinnehmbaren Festung macht. Sobald sie den Mann

[10] S. FREUD (1912): Ges. W., Bd. VIII, S. 78.

erobert hat, und dieser sich dazu entschließt, seine Frau und seine Kinder zu verlassen, um sie zu heiraten, verliebt sie sich am Tag der Ehescheidung in einen anderen Mann und weist den Freund, dessen Ehe zerstört ist, ab. Ihr Triumphgefühl dabei ist unverkennbar. Das bezeichnen wir als ein neurotisches Manöver. Die Frau hat ihren Haß und ihre Feindseligkeit, die in ihrer Eifersucht wurzeln, ausgelebt. Die anfängliche leidenschaftliche Verliebtheit, die Gefühle, die sie so in Beschlag nahmen, die neue Verliebtheit, sobald sie ihrer Eroberung sicher war, das alles gehört zum neurotischen Manöver. Ereignisse wie Mord und Selbstmord, deren Opfer zwei Menschen werden, die in ein solches neurotisches Manöver einbezogen sind, häufig durch die Eifersucht eines der beiden Partner, können das Ende einer solchen Beziehung bilden, wenn starke sadomasochistische Impulse mit im Spiel sind.
Wir können also neurotische Symptome, Charaktere, Beziehungen und Manöver unterscheiden. Die Neurose kann sich in all diesen genannten Weisen äußern: Unbewußte Eifersucht und die Unzufriedenheit damit, als Frau auf der Welt zu sein, kann sich äußern in a) Symptomen wie z. B. Leistungsstörungen und depressiven Verstimmungen, b) in Charakterzügen wie z. B. Unechtheit, c) in neurotischen Beziehungen wie z. B. sexuelle Beziehungen mit immer wieder anderen Männern und d) in neurotischen Manövern. Die Einsicht in neurotische Beziehungen und Manöver ist für die Psychopathologie der Beziehungen zwischen den Geschlechtern unentbehrlich.
E. BERGLER[11], der in seiner Arbeit «Unhappy marriage and divorce» auf diese Beziehungen hinweist, vergleicht das Verhalten des Neurotikers mit jemand, der eine Grammophonplatte spielen will. Er sucht einen Plattenspieler und immer wieder einen anderen, doch stets erklingt dieselbe Melodie, immer wieder kommt dasselbe dabei heraus. Tatsächlich ist es auffallend, daß alle diese Beziehungen nichts Neues bringen, nicht einmal Variationen über ein Thema sind, sondern stets die Wiederholung der gleichen Melodie, während in einer echten menschlichen Beziehung sich etwas Neues entwickelt, die Partner in ihrer Beziehung neue Möglichkeiten in sich entdecken, sich entfalten, während sie doch ihrem Selbst treu bleiben.

[11] E. BERGLER: Unhappy marriage and divorce; a study of neurotic choice of marriage partners, New York 1946.

Die Neurosendiagnostik, wenn sie nur auf Symptome und Charakterzüge gerichtet ist, bleibt unvollständig – auch die neurotischen Beziehungen und Manöver müssen untersucht werden. Die Beziehungen zur Umgebung sind häufig das Spiegelbild der intrapsychischen Verhältnisse z. B. zwischen Gewissen und Ich – wie etwa bei den Autoritätskonflikten – oder zwischen Ich und Es, was bei den ausschließlich auf sexuelle Befriedigung gerichteten Beziehungen der Fall ist. Es scheint mir, daß bestimmte Manöver für neurotische Krankheitsbilder kennzeichnend sind, genau so wie die Symptome oder Charakterzüge. Das wird im folgenden Kapitel noch näher behandelt werden.

Man kann bei der Neurosendiagnostik darauf bedacht sein, die Dynamik und die Genese so ausführlich wie möglich festzustellen, und es dabei belassen. Wir hatten schon für die der Nosologie entlehnte Diagnostik, für das Aufstellen bestimmter Typen und Syndrome, eine Lanze gebrochen. Das Motiv dazu war nicht der Wunsch, denjenigen entgegenzukommen, die mit psychoanalytischen Kategorien wenig anzufangen wissen, sondern die Überzeugung, daß es nützlich ist, bestimmte Kombinationen von Symptomen zu kennen und zu erkennen. Ich kann mich des Eindrucks nicht erwehren, daß diese Kombinationen nicht nur bestimmte mögliche Typen bilden, sondern tatsächlich vorkommen und uns immer wieder begegnen.

Carp hat in seinem von mir schon zitierten Werk solche Typen behandelt, z. B. den hysterischen Schwindler, den Verleumder, und beim Lesen dieser Beschreibungen stößt man auf lebendige Menschen, die man wiedererkennt. Wenn der Student, der angehende Psychiater, der Psychologe und Sozialworker diese Typen erkennen gelernt hat, dann stellt sich ihm notgedrungen die Frage nach den unbewußten Motiven für das Verhalten, das diese Patienten zeigen, und so kommt er ganz von selbst in den Bereich der dynamisch-genetischen Diagnostik. Wenn man «klinische Bilder» verwenden will, dann ist es sicher nützlich, auch auf die Abgrenzung der Neurose gegenüber der Psychopathie, und der Neurose gegenüber der Psychose zu achten. Hierzu sollen nun einige Bemerkungen folgen. Wir behandeln zunächst die Unterschiede zwischen Neurose und Psychopathie und verbinden dies mit einigen Hinweisen auf deren Beziehung zu den Psychosen und Perversionen.

3. Psychopathie – Neurose – Psychose – Perversion

Sehen wir uns zunächst an, was wir unter psychopathisch zu verstehen haben. Psychopathische Patienten geraten auf Grund ihrer unharmonischen Persönlichkeit und ihres abnormen unangepaßten Verhaltens häufig in ernste Konflikte mit ihrer Umwelt, der sie im allgemeinen die Schuld an ihrer Misere zuschreiben. Ich will es nicht verschweigen, daß ich an dem Wert des Psychopathie-Begriffs oft gezweifelt habe. Auch psychopathisches Verhalten kann stets als Folge neurotischer Konflikte und mit ihnen zusammenhängender Entwicklungsstörungen betrachtet werden; doch stößt man in der klinischen Arbeit auf Zustandsbilder, denen man Gewalt antun würde, wenn man sie als Neurosen diagnostizierte. Vorläufige Schlußfolgerungen, Fragen und Vorschläge werden jetzt folgen, wobei ich besonderen Nachdruck auf einige terminologische Erhellungen legen will. Es ist immer wieder auffallend und enttäuschend, wieviel Zeit mit Diskussionen vertan wird, ohne daß man vorher die verwendeten Begriffe einigermaßen abgegrenzt hat. Wird es aber versäumt, sich darüber abzusprechen, in welcher Weise die jeweiligen Begriffe verwendet werden, dann wird ein Gespräch zu einer rein rhetorischen Angelegenheit, ohne noch Beziehungen zur klinischen Wirklichkeit zu haben.

a) Die meiste Verwirrung stiftet der Psychopathie-Begriff, wenn ein bestimmtes Zustandsbild, dessen Kernsymptom in dissozialem Verhalten und Affektarmut besteht, mit einer Auffassung über die Ätiologie verbunden wird, nämlich mit der Ansicht, daß Psychopathie ausschließlich konstitutionell bestimmt ist. Diese Auffassung ist zumeist verbunden mit einem offenen oder geheimen therapeutischen Nihilismus, nicht selten auch mit Äußerungen aggressiver Regungen gegenüber dieser Art Patienten. – Ganz entsprechend etwa dem Gefühl: Diese Nichtsnutze sind nun einmal so und bleiben so. Die Neigung, ein Krankheitsbild an eine bestimmte Ursache zu koppeln, ist ein leidiges Erbe aus der Zeit KRAEPELINS. Gemeinsam mit der Unterschätzung psychogener Faktoren hat dies der Entwicklung von Einsicht in den psychopathischen Patienten im Wege gestanden. Wer die Psychopathie ausschließlich der Konstitution, die Neurose aber ausschließlich den psychischen Faktoren während der Entwicklung zuschreibt, der wählt einen unfruchtbaren Standpunkt. Jeder Neurotiker, bei dem man eine Konstitutionsstörung vermuten kann, wird dann nämlich zum Psychopathen, und es scheint mir eine nutzlose Aktivität zu sein, einen Patienten nur von der einen in die andere Gruppe zu verschieben.

b) Durch die Arbeit von genetisch denkenden Forschern, wie z. B. J. BOWLBY, ANNA FREUD, HART DE RUYTER und anderen konnte erwiesen werden, daß Psychopathie auf Grund frühkindlicher Verwahrlosung entstehen kann. Die sozialen und psychogenen Faktoren dürfen nicht unterschätzt werden. J. LAMPL-DE GROOT hat darauf hingewiesen, daß bestimmte Gewissenskonflikte, die durch Milieueinflüsse entstanden sind, gerade bei psychopathischen Patienten eine große Rolle spielen. Hierdurch wurde die monokausale Auffassung[12], daß die Psychopathie lediglich eine Folge von Anlagestörungen ist, widerlegt. Man kann den Terminus psychopathisch auch für ein *Krankheitsbild,* eine Verhaltensform verwenden. K. EISLER[13] verwendete die schon von FREUD benutzte Einteilung in auto- und alloplastische Reaktionsformen für die Unterscheidung zwischen Neurose und Psychopathie. Der Neurotiker leidet vor allem selbst unter seinen Spannungen, der Psychopath läßt vor allem seine Umwelt leiden. Einige Beispiele sollen das verdeutlichen: Ein Mann mit neurotisch motivierter Untreue ist sich darüber klar, daß er sich nicht binden kann. Er wird sich keiner Frau anzunähern suchen und leidet unter seiner Einsamkeit. – Ein zweiter Patient erobert eine Frau nach der anderen, weckt Erwartungen, aber bindet sich an keine von ihnen, und wenn man ihn fragt, warum er sich so verhält, wird er etwa sagen: «Man muß solche Dinge nicht so genau nehmen, jede Frau hat Spaß an einem kleinen Abenteuer.» – Ein anderer Mann mit neurotischer Untreue knüpft Beziehungen an, macht auch Versuche, sich zu binden, dabei leidet er selbst noch mehr als seine enttäuschten Partnerinnen, aber er muß sie doch immer wieder enttäuschen.

12 *Unicausal* wäre vom sprachwissenschaftlichen Standpunkt her richtiger, meist wird aber von *monocausal* gesprochen, auch *polykonditional* oder *polycausal* sind solche aus Latein und Griechisch zusammengesetzten Worte.

13 K. EISLER: Some problems of delinquency, in: Searchlights on delinquency, New York 1949.

Der erste Patient ist am ausgesprochensten neurotisch, den zweiten kann man psychopathisch nennen, der dritte nimmt eine Zwischenstellung ein, bei ihm sind sowohl allo- als auch autoplastische Reaktionsweisen vorhanden. Bei näherem Zusehen stellt sich die folgende Frage: «Leidet der Patient des zweiten Beispiels mit seiner alloplastischen Reaktionsform nicht genau so unter seiner Untreue, überdeckt er nicht vielleicht sein Schuldgefühl mit seiner so leichtfertig klingenden Bemerkung?» Und tut nicht der gehemmte Neurotiker unseres ersten Beispiels seinen Mitmenschen auch dadurch Leid an, daß er nicht lieben kann? Nimmt er einer Frau, die sich nach Liebe sehnt, nicht die Gelegenheit, einen Mann zu bekommen? Gilt nicht für jede Hemmung, für jede autoplastische Reaktionsform, daß auch die Umgebung darunter leidet? Leiden psychopathische Menschen wirklich weniger als neurotische? Der Psychopath, der lustig draufloslebende Spitzbube ist oft mehr ein Produkt der Phantasie, dem Gehirn des etwas gehemmten Psychiaters entsprungen, als ein in der Wirklichkeit lebender Mensch. Was können wir auf all diese Fragen antworten. Es sieht so aus, als bestünde zwischen vielen auto- und alloplastischen Reaktionen nur ein relativer Unterschied. Dieser quantitative relative Unterschied bedeutet aber nicht, daß keine Verschiedenheiten bestünden. Die aggressiven Regungen des psychopathischen Patienten sind viel unmittelbarer auf die Umwelt gerichtet, während bei den neurotischen Reaktionen das Quälen der Umgebung oft mehr ein Nebenprodukt ist. Die Ideal-Ich-Funktion, die beim Neurotiker so ganz anders als beim psychopathischen Patienten beschaffen ist, verhindert ein solches direktes Agieren. Mit dieser Unterscheidung zwischen alloplastischen und autoplastischen Reaktionsformen wird tatsächlich auf einen häufig festzustellenden Unterschied hingewiesen, und es ist daran festzuhalten, daß das Leid, welches der neurotische Patient seiner Umwelt antut, häufig eine Sekundärerscheinung ist, nicht primär beabsichtigt wird, auch nicht im Unbewußten.

Eine große Anzahl Ärzte hat, wie auch der Autor dieses Buches, viele, wenn nicht gar alle Auffassungen über die Psychopathie als Stadien auf seinem Berufsweg als Psychiater durchlaufen, den Autoritäten auf diesem Gebiet Vertrauen schenkend und im Glauben an den alten Psychopathiebegriff. Später mag er dann der Gegenüberstellung autoplastisch–alloplastisch große Bedeutung beigemessen haben, dann wieder eine Zeitlang die Neigung gehabt haben, alle asozialen Äußerungen als neurotisch zu interpretieren. Weitere autobiographische Details sollen dem Leser erspart bleiben, und ich will mich darauf beschränken, meine gegenwärtige Ansicht wiederzugeben.

Alle autoplastischen Reaktionsformen mögen verwandt sein, Neurose und Psychopathie mögen viel Gemeinsames haben – aber jemand, der seine Konflikte auslebt, der triebhafte Handlungen ausführt, der agiert, der Störungen in seinen Ich-Funktionen und eine defiziente Über-Ich-Funktion hat, der unterscheidet sich von einem gehemmten Neurotiker, wieweit auch immer die Konflikte des Neurotikers und des Psychopathen von einem einzigen Standpunkt aus betrachtet werden können. Mir scheint, daß eine Gegenüberstellung, die durch ANNA FREUD[14] eingeführt worden ist, mit Gewinn auf unser schwieriges Problem angewendet werden kann: Es ist die Gegenüberstellung von Defekt und Konflikt.

c) Wenn man die Kliniker fragt, warum sie eine bestimmte Persönlichkeit als psychopathisch bezeichnen, dann kann man ihren Worten oft entnehmen, daß sie im Patienten einen «Defekt» wahrnehmen und ihn auf Grund dessen psychopathisch nennen. Der Defekt kann konstitutionell bedingt oder durch eine organische Krankheit verursacht oder eine Folge infantiler Verwahrlosung sein: in jedem Falle fehlt etwas. G. KRAUS[15] hat darauf hingewiesen, daß psychopathische Zustandsbilder Folge einer Psychose sein können und dann auf einem Defekt beruhen. Auch beim Neurotiker kann vieles fehlen, so scheint der Zwangsneurotiker nichts zu fühlen; aber dieses Nicht-fühlen-Können beruht auf einem Konflikt und ist kein Defekt, höchstens ein Scheindefekt. Man kann alle psychopathischen Defekte als Folge von Abwehr und Konflikten interpretieren. Mir scheint aber, daß das falsch ist; folgendes sollte nie außer acht gelassen werden: Die Tatsache, daß eine krankhafte Abweichung psychogen ist, durch psychische Einflüsse entstanden, impliziert keineswegs, daß sie reversibel ist. Psy-

[14] A. FREUD: Vortrag auf dem Internationalen psychoanalytischen Kongreß in Kopenhagen 1959.

[15] G. KRAUS: Verworven (postmorbide) Psychopathieën, in: Psychiatrische en neurologische Bladen, Bd. 50 (1947), S. 417–436.

chogene Faktoren führen nicht nur zu unbewußten Konflikten, sondern auch zu Defekten – vor allem dann, wenn sie schon das sehr junge Individuum getroffen haben.

Bedauerlich ist, daß durch das Psychopathie-Neurose-Problem viele Affekte wachgerufen werden. Das Wort Defekt erweckt bei manchen die Vorstellung: nicht behandelbar. Das ist aber unzutreffend, man muß eben nur eine andere Technik verwenden als diejenige, durch die unbewußte Konflikte aufgelöst werden, oder man muß diese Technik verändern. Wenn jemand aus dem Begriff psychopathisch zugleich die Unzulänglichkeit für eine Therapie heraushört, dann wird er auf Grund dieser unzutreffenden Assoziation zu einer Ablehnung dieses Begriffes kommen. Auch eigene affektive Probleme können sich hier störend bemerkbar machen. Abwehrmechanismen, wie etwa die Verleugnung eigener psychopathischer Züge, können dazu führen, daß man das Bestehen eines psychopathischen Defektes beim Patienten übersieht und jede seiner Verhaltensweisen als neurotisch ansieht. Es geschieht auch, daß Psychiater einen Patienten für psychopathisch halten, wenn sie sich durch das aggressive Verhalten eines neurotischen Patienten geängstigt fühlen. Damit können sie die Frage vermeiden, ob sie selber einen Fehler gemacht haben, etwa die Aggressivität des Patienten provoziert haben; auf diese Weise entgehen sie der Kritik und können gleichzeitig eigene aggressive Bedürfnisse befriedigen.

Nachdrücklich möchte ich darauf hinweisen, daß es nicht eine Frage der psychiatrischen Schule oder Richtung, der man selber angehört, ist, ob man von Psychopathie spricht oder nicht. Gewiß mag es so sein, daß an KRAEPELIN orientierte Psychiater oft eine Vorliebe für den konstitutionellen Psychopathiebegriff haben, der so viel Schaden bei den einseitig an der deutschen Psychiatrie orientierten Psychiatern angerichtet hat. Aber es gibt auch viele Analytiker und dynamisch-genetisch orientierte Psychiater, die den Psychopathiebegriff nicht entbehren wollen.

In der praktischen Diagnostik wird es immer darum gehen, Größe und Intensität von Defekt und Konflikt festzustellen. Dabei ist es gut, sich darüber klar zu sein, daß in gewissen Fällen nur die psychoanalytische Untersuchung klären kann, ob man es mit einem Defekt oder mit den Folgen eines Konfliktes zu tun hat. Neurotische Konflikte spielen sich manchmal auf dem Boden eines Defektes ab, und Defekte können es verhindern, daß Konflikte eine gesunde Lösung finden.

Besteht eine Korrelation zwischen der alloplastischen Reaktionsform und Defekten in der Persönlichkeit durch Konstitution, organische Krankheit oder frühinfantile Verwahrlosung? Vieles spricht dafür, daß ein solcher Zusammenhang besteht. Neben den störenden Einflüssen auf das Triebleben äußern sich Defekte zumeist in den Ich-Funktionen; dadurch mißlingen die Regulation und Integration, die reale Welt kann von der phantasierten nicht unterschieden werden, und es kommt zu impulsiven Handlungen. Von Psychopathie wird oft in dem Sinne gesprochen, daß die unter b) und c) genannten Definitionen kombiniert werden, und diese Kombination führt auch zu einem brauchbaren und sinnvollen Psychopathiebegriff.

Von Psychopathie wird in den Fällen gesprochen, wenn ein Patient alloplastische Reaktionsstörungen zeigt, die häufig einen asozialen oder dissozialen Charakter haben, wenn er anderen Menschen Leid zufügt auf Grund eines Defektes, der seine Wurzeln in Entwicklungsstörungen infolge psychogener und/oder organischer und konstitutioneller Faktoren hat. Damit ist ein fruchtbarer Ausgangspunkt für die weitere Untersuchung, deren Richtung durch eine multikausale Auffassung bestimmt wird, gegeben. Muß doch nun gefragt werden, wie groß der Beitrag der verschiedenen Faktoren ist: wieviel ist Konflikt, wieviel ist Defekt? Die gefundene Antwort enthält dann gleichzeitig auch Richtlinien für das therapeutische Vorgehen, dessen Ziel es ist, die körperlichen und insbesondere die zerebralen Funktionen zu bessern, die Ich-Funktionen zu stärken und, sofern es möglich ist, unbewußte Konflikte aufzulösen. Auf die Dynamik und Genese der Psychopathie wird noch näher eingegangen werden, insbesondere auf die Störungen des Ideal-Ichs und Über-Ichs.

Zunächst wollen wir über den Unterschied zwischen den neurotischen und psychopathischen Störungen und den Psychosen sprechen. Während Neurose und Psychopathie Formen einer erschwerten Adaptation auf Grund von Entwicklungsstörungen, Triebkonflikten und bei der Psychopathie auch von Defekten darstellen, können wir die Psychosen als Formen von Desadaptation bezeichnen, ein Begriff, der bei H. SELYE, K. MENNINGER, PRICK und CALON benutzt wird. Diese Desadaptation macht sich vor allem im Bereich der Ich-Funktionen bemerkbar: Störungen der Wahrnehmungsfunktionen und des Bewußtseins bestimmen das Bild bei den Psychosen, oftmals als Folge von Krankheit im organischen Substrat – die Einheit geht verloren, die Anpassung an die Umwelt wird nicht nur erschwert, sondern unmöglich. Unmöglich oftmals in einem Ausmaß, daß der Patient sich in seiner gewohnten Umwelt nicht mehr behaupten kann. Die Funktion der Realitätsprüfung versagt, die Unterscheidung der realen Welt von der inneren Welt, wie sie auf Grund eigener Wünsche und Ängste entworfen wird, gelingt nicht mehr, d. h. Phantasie und Realität werden nur noch ungenügend unterschieden, der Patient halluziniert; Wahnvorstellungen treten an die Stelle der Umweltwahrnehmungen. Viele Neurotiker und Psychopathen verkennen ebenfalls die Realität. Sie haben bei näherem Zusehen das, was LAMPL-DE GROOT einen «Privatwahn» genannt hat. Die Wahnvorstellungen der Psychotiker sind aber mehr bewußt, sie äußern sich im Bereich des bewußten Erlebens, werden oft nicht verborgen gehalten und zeigen einen größeren Verlust des Realitätskontaktes. Störungen des Bewußtseins und der Wahrnehmungsfunktionen, Halluzinationen, verfließende Grenzen zwischen der wirklichen und der phantasierten Welt bilden die Kriterien für eine Psychose.

Schließlich noch einige Bemerkungen über die Abgrenzung von Neurose und Psychopathie gegenüber den Perversionen.

Wir sprechen von Perversion, wenn das vorherrschende Krankheitssymptom in abnormem sexuellem Verhalten besteht, das die normale Triebbefriedigung verhindert. FREUD machte eine Unterscheidung, die es ermöglicht, den Bereich der Perversionen systematisch zu ordnen. Er unterschied Störungen hinsichtlich des Triebobjektes und Störungen hinsichtlich des Triebzieles. «Führen wir zwei Termini ein», schreibt FREUD[16] in der ersten der «Drei Abhandlungen zur Sexualtheorie», «heißen wir die Person, von welcher die geschlechtliche Anziehung aus geht, das *Sexualobjekt,* die Handlung, nach welcher der Trieb drängt, das *Sexualziel.*» Abweichungen hinsichtlich des Triebobjektes sind für den Erwachsenen Personen des gleichen Geschlechts

[16] S. FREUD (1905): Drei Abhandlungen zur Sexualtheorie, Ges. W., Bd. V, S. 34.

(Homosexualität), Kinder, Leichen (Nekrophilie), Tiere (Sodomie) und Kleidungsstücke oder Körperteile (Fetischismus).
Von einer Abweichung hinsichtlich des Triebziels sprechen wir dann, wenn sexuelle Befriedigung nicht gesucht und gefunden wird im Geschlechtsverkehr mit einem Partner des anderen Geschlechtes durch Vereinigung der Genitalorgane, sondern andere Körperteile die Stelle des Genitales einnehmen, wie z. B. der Mund, der After oder andere Organe. FREUD sprach hier von «anatomischen Überschreitungen». Weiterhin sprechen wir von Perversion auch dann, wenn Partialtriebe, das heißt Triebimpulse, die sonst nur mitbeteiligt sind, das sexuelle Geschehen ganz beherrschen. Wenn das Machtlosmachen des Partners oder das Zufügen von Schmerz die vorherrschende Lustbefriedigung darstellen, dann sprechen wir von Sadismus. Der Masochismus bildet das passive Gegenstück. Von Exhibitionismus sprechen wir dann, wenn das Zeigen der Genitalien im Vordergrund steht, während wir von Voyeurismus sprechen, wenn sexuelle Befriedigung vor allem durch das Anschauen von Körperteilen mit sexueller Bedeutung oder durch das Zusehen bei sexuellen Handlungen anderer gefunden wird. Nur dann also sprechen wir von Perversion, wenn Partialtriebe oder Impulse in Richtung auf anatomische Überschreitungen der Befriedigung eines auf normalem Wege erreichbaren Orgasmus im Wege stehen, oder wenn ausschließlich ein anderes als das normale Triebobjekt einen Reiz für das sexuelle Triebverhalten darstellt. FREUD hatte die Verbindung zwischen der infantilen Sexualität und den Perversionen hergestellt und ursprünglich angenommen, daß der Neurotiker alles das abwehrt, was in der Perversion ausgelebt wird; so zum Beispiel das Erröten als Abwehr exhibitionistischer Impulse, die Straßenangst als Abwehr masochistisch gefärbter Prostitutionsphantasien. FREUD formulierte, die Neurose sei das Negativ der Perversion. Inzwischen wissen wir, daß auch die Perversion eine Abwehrfunktion hat: Der homosexuelle Patient wehrt Feindseligkeit gegenüber dem Mann oder neurotische Ängste gegenüber der Frau ab. Anale oder orale Befriedigungen werden zur Vermeidung von Kastrationsangst gesucht, andere Objekte werden begehrt, weil das normale Sexualobjekt tabuiert ist. Partialtriebimpulse bekommen die Oberhand, um damit die erwachsene sexuelle Beziehung zu vermeiden. So betrachtet, ist die Perversion der

Neurose verwandt. Bei beiden sind die pathologischen Erscheinungen ein Ergebnis der Abwehr. Der Psychopathie im Sinne einer Neigung zum acting out stehen die Patienten auch nahe, weil auch sie ihre Triebimpulse ausleben. Klinisch können wir die perversen Patienten in zwei Gruppen unterscheiden. Manche zeigen in jeder Hinsicht Übereinstimmung mit Neurotikern, sie haben ein strenges Über-Ich, ein hochgespanntes Ideal-Ich, in vieler Hinsicht ausreichende Ich-Funktionen, keine starke Neigung zum acting out, die Perversion bleibt manchmal auf Phantasien beschränkt, die vielleicht nur einmal in eine Handlung umgesetzt werden und große Schuldgefühle zur Folge haben. Die Anpassung kann auch in sozialer Hinsicht ausreichend sein. Die Perversion ist in diesen Fällen ganz deutlich wie ein neurotisches Symptom aufgebaut. Bei einer ganzen Anzahl perverser Patienten merkt außer ihnen, ihrer Frau und ihrem Arzt, wenn sie den Weg zu ihm gefunden haben, niemand etwas von ihrer Pathologie. Auch die Begleiterscheinungen sind neurotischer Natur, Exhibitionisten zum Beispiel sind häufig verlegene, gehemmte Menschen.

Die zweite Gruppe Perverser kann man als Psychopathen bezeichnen im Sinne von a) Neigung zum Agieren, b) sie leiden an einem Defekt ihrer Ich-Entwicklung und Störungen im Aufbau ihres Über-Ichs und Ideal-Ichs. Hier kann man, wenn man will, von triebhaften Psychopathen sprechen. Bei der Perversion kann entweder der Befriedigungscharakter oder der Abwehrcharakter überwiegen. Gerade die Abwehrfunktion der Perversion läßt ihren zwingenden Charakter verständlich werden. Erfahrene Kliniker wie z. B. SILLEVIS-SMITT haben darauf hingewiesen, daß perverse Triebimpulse immer stärker als normale sind.

Wir werden auf die Neurosen sehr viel ausführlicher eingehen als auf die Perversionen. Durchschaut man aber die Dynamik und Genese von Neurose und Psychopathie, dann wird man auch von seinem perversen Patienten sehr viel mehr verstehen. Man sollte nie vergessen, daß Perversion eine Flucht darstellt; entweder eine Flucht nach anderen Objekten oder nach früheren Formen libidinöser Befriedigungen – eine Regression also. Die Verwendung des Begriffes «Objekt» in diesem Zusammenhang bedeutet nicht, daß im Gefühlsleben der Perversen alles das fehlt, was wir etwa als «höhere Gefühle» bezeichnen.

Bei Äußerungen von Fixierungen und Regressionen des Aggressionstriebes ohne sexuelle Aktivität spricht man nicht von Perversionen. Patienten, die an Suchterscheinungen leiden, zeigen ebenso wie Perverse manchmal Übereinstimmung mit neurotischen, manchmal mit psychopathischen Patienten. Die spezifischen Aspekte der Süchtigen werden in einem späteren Kapitel gesondert dargestellt. Fürs erste sollen mit diesen Bemerkungen die Unterschiede zwischen Psychose, Neurose, Psychopathie und Perversion in genügender Ausführlichkeit dargestellt sein.

4. Die Abgrenzung und Ordnung der neurotischen Krankheitsbilder

Über die Abgrenzung neurotischer Störungen gegenüber den Psychosen und der Psychopathie wurde gerade schon gesprochen. Wir müssen uns nun die Einteilung der Neurosen selbst vornehmen. Das ist eine schwierige Angelegenheit. Wir können keine Einteilung bieten, die so schön wie das periodische System der Elemente ist, nicht einmal eine so übersichtliche Gruppierung, wie wir sie sonst in der beschreibenden Biologie kennen. Wenn wir auch keine schöne Einteilung liefern können, so doch eine brauchbare, dann nämlich, wenn wir das klinisch deskriptive Material mit der dynamisch-genetischen Betrachtungsweise verbinden.
Es ist naheliegend, daß wir in der psychoanalytischen Literatur auf eine Einteilung stoßen, die sich an den Stadien der Libidoentwicklung orientiert. Ganz bewußt werde ich in meinen Überlegungen von klinisch-psychiatrischen *und* psychoanalytischen Gesichtspunkten Gebrauch machen. Das ist meines Erachtens die fruchtbarste Methode, seitdem die Psychoanalyse das Ich, das Über-Ich und Ideal-Ich systematisch im Zusammenhang mit dem Triebleben untersucht hat. Hier ist mit Nachdruck auf eine drohende Gefahr hinzuweisen. Im psychoanalytischen Sprachgebrauch haben manche Begriffe eine andere Bedeutung bekommen; es ist also gut, sich von vornherein zu einigen, was man unter einem bestimmten Begriff verstanden haben will. Große Verwirrung herrscht zum Beispiel im Hinblick auf den Hysterie-Begriff. Schon lange ist das Krankheitsbild der Hysterie bekannt. FREUD machte die

Entdeckung, daß die Hysterie mit einer Regression auf bzw. einer Fixierung in der phallischen Phase zusammenhängt, weil die Lösung des Ödipus-Komplexes nicht gelungen war. Später stellte man fest, daß bekannte Krankheitsbilder und Charakterdeformierungen in vielerlei Hinsicht mit der Hysterie übereinstimmen; so grenzte man neurotische Bilder ab, der Hysterie ebenso sehr verwandt wie zum Beispiel die durch K. ABRAHAM beschriebenen Charaktere, deren Entwicklung darauf beruhte, daß die Patientinnen ihr Dasein als Frau nicht akzeptieren konnten.

Viele Psychoanalytiker und auch andere Kollegen nennen all diese Bilder Hysterie, wenn sie auch auf den ersten Blick gar nicht dem in der Klinik bekannten Bild der Hysterie ähneln. Werden in der Diagnostik vor allem die unbewußten Prozesse berücksichtigt, die das Bild bestimmen, dann wird man dazu neigen, alle Neurosen, die auf der erwähnten phallischen Problematik beruhen und auf Grund deren es zu Störungen im Liebesleben kommt, Hysterie zu nennen. Diese Verwendung unseres Wissens über unbewußte Prozesse bei der Diagnostik ist für die jungen Kollegen in der Ausbildung nicht leicht. Wem etwas an deskriptiv psychologischen, phänomenologischen Unterscheidungen gelegen ist, der wird diese Erweiterung des Begriffes nicht begrüßen. Es scheint mir ratsam, den Begriff Hysterie für das von alters her so benannte Zustandsbild mit Konversion, Angst, Bewußtseinsstörungen und den Charaktereigenschaften Infantilität, Unechtheit, Geltungsbedürfnis, Egozentrizität zu reservieren. Die übrigen der Hysterie verwandten Neurosen, über die noch im einzelnen gesprochen werden wird, bezeichnen wir als hysterische Neurose oder Neurose mit hysterischen Zügen. Welche Worte man auch verwendet, Verwirrung wird immer leicht entstehen, wenn wir nicht von Anfang an klar genug sagen, was wir mit ihnen meinen.

Meines Erachtens muß man sich sowohl mit den Erscheinungsformen der neurotischen Krankheitsbilder vertraut machen als auch lernen, wie diese Erscheinungen durch die unbewußten Prozesse zu erklären sind. Meistens wird entweder das eine oder das andere getan, aber das «making the best of both worlds» hat auch hier die größte Zukunft.

Auch bei den Neurosen, wo wir eine Regression in prägenitale Stadien finden, bildet der Ödipus-Komplex doch meist das Kernproblem. Dabei zeigt es sich immer deutlicher, daß der Ödipus-Komplex gerade dann zu einer unüberwindlichen Barriere für die Entwicklung wird, wenn die präödipalen Phasen nicht gut durchlaufen wurden. Entwicklungsstörungen in, Fixierungen an und Regressionen zu den verschiedenen Phasen lassen sich in diesen Fällen zeigen. Es gibt auch Neurosen, bei denen die phallischen, analen oder oralen Züge derartig das Bild beherrschen, daß wir sagen können, sie bestimmen jeweils das Bild und die Genese der Neurose. Dies alles wird im weiteren Verlauf der Darstellung noch klarer werden.

Bei der Beurteilung neurotischer Zustandsbilder achten wir nicht nur auf die Fixierungen und Regressionen im Bereich des Trieblebens, sondern auch auf die Störungen der Ich-Funktionen, auf die Verwendung der Abwehrmechanismen. Wenn man wirklich Einsicht in eine Neurose oder eine Perversion bekommen will, dann darf man sich nicht mit der Diagnose Hysterie, Zwangsneurose etc. zufrieden geben, sondern man muß auch versuchen, sich klar zu werden über die Schwere, über den Ernst der Störung. Im einen Fall mögen die Abweichungen nur einen begrenzten Raum einnehmen, in anderen Fällen zerstören sie zum großen Teil oder ganz das Leben. Um schließlich zu einer Indikationsstellung für die Therapie und zu einer Prognose zu gelangen, muß man Antwort auf die folgenden Fragen finden: Über welche Fähigkeiten verfügt dieser Mensch, wie sind seine intellektuellen und sonstigen Begabungen? Was hat er in seinem Leben geleistet, ist er imstande, ordentlich seine Arbeit zu tun, und hat er sinnvolle Hobbies, hat er menschliche Beziehungen, die, wenn sie auch nicht optimal sind, ihn und seine Partner doch befriedigen? Dabei interessieren uns die Intensität und auch der Umfang der Störungen. Und hiermit sind wir wiederum auf das Gebiet der sogenannten Ich-Funktionen zurückgekommen.

Eine ganze Reihe Neurotiker und Perverser hat in mancherlei Hinsicht eine aureichende Anpassung, wenn auch manche ihrer Ich-Funktionen als Folge ihrer neurotischen Konflikte gestört sind. Die Triebkonflikte haben eine Verkennung der Realität zur Folge – der hysterische Patient mit seiner Abwehr durch Verdrängung verkennt die Realität, der Zwangsneurotiker greift auf magische Denkformen zurück und verkennt ebenfalls die Realität. Bei anderen Patienten wiederum ist der

Kontakt mit der Realität auf einen sehr schmalen Bereich beschränkt, und wenn ihre innerlichen Spannungen steigen, dann droht das Chaos. LAMPL-DE GROOT meint, daß das Ich in diesen Fällen auf einem früheren Entwicklungsniveau stehen geblieben ist – es besteht also nicht nur eine Fixierung an infantile Triebbefriedigungen, sondern es war zu einem Stillstand der Ich-Entwicklung gekommen, so daß Realitätsprüfung, Frustrationstoleranz und Integrationsfähigkeit schon bei geringem Druck von innen oder außen versagen. Wir werden hier auch wiederum auf die Unterscheidung Defekt und Konflikt hingewiesen. So ist es nicht verwunderlich, daß wir bei solchen ich-schwachen und schwer gestörten Neurotikern glauben, es mit Psychopathen oder Psychotikern zu tun zu haben. Aber diese psychotischen Episoden klingen auch oft schnell ab, das psychopathische Verhalten verschwindet, und dann haben wir wieder einen Patienten vor uns, den wir mit Recht neurotisch nennen. Patienten dieser Art werden gerne als Borderline-Fälle bezeichnet. Wir diagnostizieren also nicht nur Hysterie, Perversion usw., sondern wir suchen festzustellen: mit was für einem Menschen haben wir es zu tun, wie sind seine Ich-Funktionen, welches Gebiet seines Lebens ist relativ wenig beeinträchtigt? Auch ist es notwendig, darauf zu achten, ob die neurotischen Konflikte zu Erfolgen oder zum Versagen geführt haben. Manche Neurotiker können gar nicht lernen, andere lernen aus Ehrgeiz exzessiv, aber es ist doch von großer Bedeutung, ob jemand fähig ist, sich anzustrengen, sich durchzusetzen, ob er seine inneren Spannungen in Erfolg oder Versagen umsetzt. Vorhandene Begabungen machen die Sublimierung von Spannungen leichter, die Art des Charakters und der Neurose müssen in ihrer Beziehung zueinander betrachtet werden. Natürlich hat die Neurose einen großen Einfluß darauf, was jemand mit seinen Begabungen tut, aber die Begabungen spielen eine große Rolle für die Frage, was jemand mit seiner Neurose tut. Im Hinblick darauf sei an dieser Stelle an die Arbeit von Dr. FRIJLING-SCHREUDER über Balzac erinnert [17].
Große Bedeutung hat weiterhin die Einstellung des Patienten seinen Krankheitssymptomen gegenüber; ganz gewiß im Hinblick auf die In-

[17] E. C. M. FRIJLING-SCHREUDER: Honoré de Balzac, ein gestörter Junge, der nicht behandelt wurde, Psyche, Bd. XVIII (1964/65), S. 606.

dikation für unser therapeutisches Eingreifen. Wenn wir auch besonderes Gewicht auf den Schweregrad der Neurose legen, eine Einteilung ist doch unentbehrlich, eine Einteilung, bei der wir klinisch deskriptive und dynamisch-genetische Gesichtspunkte verbinden.

Wir werden uns mit dem klassischen Krankheitsbild der Hysterie beschäftigen und mit den der Hysterie verwandten Neurosen bei der Frau, mit dem sogenannten gehemmten Typ und den durch ABRAHAM beschriebenen Charakteren, die durch eine neurotische Verarbeitung des Geschlechtsunterschiedes bedingt sind. Der klassische hysterische Charakter kommt auch beim Mann vor, ebenso wie der gehemmte Typ. Weiterhin kennen wir neurotische Symptome und Charakterbildungen, die mit der passiv femininen Haltung zusammenhängen: den sogenannten phallisch-narzißtischen Typ, den Don Giovanni, auch den Don Giovanni des Erfolges, die Charakterbildungen, bei denen Autoritäts- und Arbeitsstörungen im Mittelpunkt stehen. Auch die passive Homosexualität wird in diesem Zusammenhang besprochen werden, wenn sie auch eigentlich in den Bereich der Perversionen gehört. Verwandt mit diesen Neurosenformen sind die masochistischen Charakterstörungen.

Anschließend an diese Krankheitsbilder werden die Angstneurosen, Phobien, Derealisations- und Depersonalisationsneurosen behandelt. Im Rahmen der Zwangsneurosen wird auch die psychasthenische Persönlichkeit besprochen.

Die dynamisch-genetische Betrachtungsweise hat uns nicht nur die neurotischen Symptome verständlich gemacht, sondern auch viel Einblick in die neurotischen Charakterbildungen ermöglicht. Viele Charakterbilder wurden erst mit Hilfe dieser Methode entdeckt wie auch die Tatsache, daß sie deutlich als Abwehrformen gegenüber Triebimpulsen fungieren. Es braucht keine näheren Beweise dafür, daß diese Charakterbilder sich einigermaßen in ein System einfügen lassen, das sich an den Phasen der Libidoentwicklung orientiert. Später hat sich dann auch gezeigt, daß die verschiedenen Entwicklungsphasen an der Ausprägung einer bestimmten Charakterdeformierung beteiligt sind.

Wir werden bei unserer Einteilung der Neurosen auch die Beschreibung von Charakterbildern verwenden, die mit Hilfe der klinisch deskriptiven oder einer anderen nicht psychoanalytischen Betrachtungsweise herausgearbeitet wurden. Wir nehmen diese Charakterbildungen in unsere Darstellung auf, weil sie in der Praxis von Bedeutung sind. Handelt es sich dabei um einen auf die Praxis ausgerichteten Eklektizismus? Keineswegs. Es ist ein auf die Praxis ausgerichteter Versuch, systematisch vorzugehen. Es soll versucht werden, eine dynamisch-genetische Interpretation von wichtigen, in der psychiatrischen Klinik bekannten Charakterbildungen zu geben, darunter den neurasthenischen und den sensitiven Charakter.

Zum Schluß sei noch einmal wiederholt: die Untersuchung der klinischen Erscheinungsformen muß mit der Einsicht in die unbewußten Prozesse verbunden werden. Hier kann man an ein Wort von KANT erinnern: Deskription ohne die Berücksichtigung der dynamisch-genetischen Vorgänge ist blind. Eine Neurosenlehre, die die Untersuchung des Menschen in der Vielfältigkeit seiner Aspekte vernachlässigt, die nur Mechanismen sieht, kann kein brauchbares Instrument sein.

II. DIE HYSTERIE UND DIE MIT IHR VERWANDTEN NEUROSEN

Die Hysterie ist wohl das bekannteste unter den neurotischen Krankheitsbildern. Der Terminus ist in Mißkredit geraten durch seine Verwendung als Schimpfwort. Im Volksmund wird das Wort auch gebraucht als Hinweis auf Hypersexualität. Für andere wiederum ist Hysterie identisch mit Anstellerei oder Simulation. Im wissenschaftlichen Sprachgebrauch bedeutet Hysterie weder das eine noch das andere.

Anfänglich wurde der Terminus Hysterie für ein bestimmtes Krankheitsbild verwendet, dessen Hauptsymptome Konversionserscheinungen und Bewußtseinsstörungen waren. FREUD hat entdeckt, daß die Fixierung in und die Regression auf die phallische Phase, bedingt durch einen ungelösten Ödipuskomplex, für das Entstehen der Hysterie einen wichtigen ursächlichen Faktor darstellen. Das hat dazu geführt, Neurosen, die ebenfalls bedingt sind durch eine unbewältigte ödipale Problematik und eine Fixierung resp. Regression auf das phallische Stadium, auch hysterisch zu nennen. Vielerlei Symptombilder und Charakterdeformierungen wurden dann als hysterisch bezeichnet, Zustände, die mit der ursprünglichen klinisch-psychiatrischen Erkrankung Hysterie nicht mehr viel gemeinsam hatten. Namengebungen beruhen ja vielfach auf Konvention. Mir und meinen Mitarbeitern erscheint es nicht wünschenswert, den Begriff Hysterie so zu erweitern, dagegen erscheint uns die folgende Einteilung klinisch brauchbar und aus theoretischen Gründen gerechtfertigt.

Bei dem klassischen Krankheitsbild der Hysterie finden wir die folgenden Symptome: Konversionserscheinungen und Bewußtseinsstörungen als Kern des Syndroms; diese können von allerlei weniger spezifischen Symptomen begleitet sein, etwa von Angst, Störungen der Sexualfunktion wie z. B. Frigidität und Impotenz, Minderwertigkeitsgefühle und anderes.

Wir sprechen von einem hysterischen Charakter, wenn wir die folgenden Eigenschaften finden: theatralisches Verhalten, Unechtheit, Infantilität und Egozentrizität, meist wird hier auch noch das Geltungsbedürfnis genannt. Wir werden im weiteren Verlauf der Darstellung die folgenden Themen behandeln: Konversionssymptome, Bewußtseinsstörungen, sexuelle Funktionsstörungen, Angst, Bemerkungen über den hysterischen Charakter und tiefenpsychologische Betrachtungen über die hysterischen Neurosen. Danach folgt die neurotische Verarbeitung des Kastrationskomplexes bei der Frau. Insbesondere werden die bei den hysterischen Neurosen so wichtigen Vergewaltigungs- und Prostitutionsphantasien, Schuld- und Insuffizienzgefühle, Derealisation und Depersonalisation besprochen. Vieles, was über die Hysterie bei der Frau gesagt wird, gilt auch für die hysterischen Neurosen des Mannes, von denen einige typische Formen behandelt werden.

Ein deskriptives Merkmal – wenn man so will das phänomenologisch Gemeinsame – aller Hysterien und vieler der Hysterie verwandten Charaktere ist, sie wollen mehr sein, erleben und äußern, als sie können, sie müssen alles, an ihre Mitmenschen appellierend, übertreiben. KLAGES hat auf dieses Spannungsverhältnis zwischen innerer Ohnmacht und übertriebenem Ausdrucksbedürfnis hingewiesen.

Dieser Zug der Hysterie äußert sich in der Art und Weise, wie die Patienten sprechen. Sie verwenden gerne und häufig Superlative; Worte wie unsagbar, entsetzlich, unbeschreiblich werden gerne von ihnen benutzt, besonders beliebt ist der Ausdruck phantastisch.

Wir halten es für richtig, nur das von alters her bekannte Krankheitsbild der Hysterie als solches zu bezeichnen, von einem hysterischen Charakter nur dann zu sprechen, wenn die oben genannten Verhaltenszüge vorhanden sind. Wir werden auch eine Reihe von hysterischen Neurosen und Charakterneurosen mit hysterischen Zügen besprechen. Dazu gehören der sogenannte gehemmte Typ, der Patient mit den übertriebenen Hemmungen, hinter denen sich all das verbirgt, was der klassische hysterische Patient auslebt. Im Verlauf einer psychotherapeuten Behandlung, in bestimmten Fällen auch spontan, sehen wir Hemmungen abwechseln mit theatralisch-infantilem, unechtem Verhalten. Weiterhin unterscheiden wir in der Gruppe der hysterischen Neurosen die durch ABRAHAM beschriebenen Typen, die ausführlich besprochen werden: den Wunscherfüllungstyp und den Rachetyp, wobei wir als weiteren Typ die Frau anführen, die sich auf Grund ihres Frauseins als wertlos, machtlos und insuffizient erlebt.

Beim Mann unterscheiden wir ebenso den klassischen hysterischen Charakter, «den gehemmten Typ», die Charakterneurosen mit hysterischen Zügen wie z. B. folgende neurotische Typen: den sogenannten phallisch-narzißtischen Typus, den Don Giovanni des Erfolges, den Neurotiker mit Autoritätskonflikten und Arbeitsstörungen sowie den masochistischen Charakter. All diese neurotischen Bilder würden ohne die Behandlung der passiv-femininen Einstellung und der Homosexualität nicht verständlich werden. Das ist auch der Grund, weshalb wir die Homosexualität im Rahmen dieses Kapitels behandeln, wenn sie eigentlich auch in den Rahmen der Perversionen gehört. Anschließend an die Besprechung der Hysterie werden dann noch die dynamisch-genetischen Einsichten hinsichtlich einiger allgemein neurotischer Erscheinungen angeführt wie z. B. Erschöpfung, Labilität, Insuffizienzgefühle. Diesen allgemein neurotischen Symptomen und Charakterbildungen begegnet man oft im Zusammenhang mit der Hysterie.

1. *Konversionssymptome*

Zunächst betrachten wir die manchmal so spektakulären Erscheinungen der Konversionssymptomatik, die den Arzt, der in einer mit materialistischen Vorurteilen durchsetzten Heilkunde groß geworden ist, ärgern, weil seine Patienten zwar klagen, ihnen aber eigentlich nichts fehlt. Was dieses «eigentlich nichts» und «Fehlen» in diesem Zusammenhang bedeuten, wäre einer besonderen Betrachtung wert – in jedem Fall ist mit dieser Formulierung die irrige Auffassung verknüpft, Krankheit bedeute körperliches Kranksein, während doch der moderne Krankheitsbegriff mehr in die Richtung der Adaptationsstörungen geht. Ein Konversionssymptom ist nicht weniger quälend als die Äußerung eines organischen Krankheitsprozesses, und die Krankheit, die dem Konversionssymptom zugrunde liegt, die Hysterie, ist häufig ernster und schwieriger zu behandeln als viele körperliche Leiden.
Doch zunächst soll beschrieben werden, was wir unter dem Begriff Konversionssymptom verstehen. Ein Konversionssymptom stellt den Ausdruck eines psychischen Konfliktes in einer körperlichen Funktionsstörung, Schmerzen oder unangenehmen Sensationen dar. Ob man viele

oder wenige Patienten mit Konversionssymptomen sieht, hängt sehr von der Art der ärztlichen Praxis ab. Intellektuelle Patienten kommen meist mit anderen Krankheitserscheinungen als mit Konversionssymptomen, auch wenn ihre Neurose in den Diagnosebereich der Hysterie gehört. Ein Mensch mit einem einfach strukturierten Gemüt hat es gegenwärtig scheinbar leichter, Konversionssymptome zu produzieren – gewiß aber nur leichter, denn diese Symptome fehlen niemals bei den immer klagenden, differenzierten Naturen, die sich im Leben nicht zurechtfinden.

Es ist ratsam, den Begriff der Konversion gegenüber funktionellen, hypochondrischen und psychosomatischen Symptomen abzugrenzen. «Funktionell» ist der weitergefaßte Begriff; viele Konversionssymptome sind funktioneller Natur, aber nicht jede funktionelle Störung braucht ein Konversionssymptom zu sein. Funktionell bedeutet, daß es sich um die Äußerung einer gestörten Funktion handelt, der kein organischer Krankheitsprozeß zugrunde liegt. Funktionelle Kopfschmerzen zum Beispiel müssen kein Konversionssymptom sein, ebenso kann man aber durch Kopfschmerzen zum Ausdruck bringen, «mein Kopf platzt mir davon». Ähnlich wie etwa durch hysterisches Erbrechen die Mitteilung gemeint sein kann: «Mir wird schlecht davon, ich kann das nicht mehr vertragen, es liegt mir zu schwer im Magen.»

Die Konversion muß auch von der Hypochondrie unterschieden werden. Bei der hypochondrischen Haltung handelt es sich um eine bewußte Präokkupation durch das Körperliche, ein krankhaftes Fasziniert-Sein[18], das sich in verschiedenen psychischen Funktionen äußern kann. Der hypochondrische Patient hat fremdartige körperliche Wahrnehmungen, er glaubt, eine Krankheit zu haben, und macht sich deswegen Sorgen. Man könnte natürlich fragen, ob nicht jede Konversionssymptomatik auch zu hypochondrischen Überlegungen führt. Viele Patienten stehen mit einer gewissen Gleichgültigkeit ihren Konversionssymptomen gegenüber, mindestens im Bereich des bewußten Erlebens: dann sprechen wir von der «belle indifférence» der hysterischen Patienten. Manchmal scheint das Konversionssymptom mehr

[18] Siehe zum Thema der Hypochondrie: G. A. LADEE, Hypochondrische Syndromen, Habilitationsschrift, Amsterdam 1961.

oder minder abgespalten von der übrigen Persönlichkeit; aber gewiß gibt es auch Konversionssymptome, die mit hypochondrischen Gefühlen gepaart sind. Wenn die Hypochondrie stark im Vordergrund steht, dann verliert das Konversionssymptom viel von seiner Bedeutung für die Diagnose, und unsere Überlegungen gehen in andere Richtung. Außerdem muß die Konversion abgegrenzt werden von organ-neurotischen Symptomen, denn diese lassen den Ausdruckscharakter der Konversionssymptome vermissen. Sie stellen Begleiterscheinungen psychischer Spannung dar, zum Beispiel Begleiterscheinungen der Angst. Der rasche Puls, die Sensationen in der Herzgegend sind Angstäquivalente. In vielen Fällen kann man über den Unterschied streiten. Bestimmt ist es aber ratsam, auf den Unterschied zwischen Konversion und psychosomatischen Krankheitserscheinungen zu achten. Bei den letzteren haben die psychischen Spannungen zu objektiv sichtbaren Folgen von Funktionsstörungen und zu morphologischen Veränderungen geführt: das Magengeschwür ist hierfür ein bekanntes Beispiel. Zwar können Symptome den Charakter eines psychosomatischen Geschehens und zugleich eines Konversionssymptoms haben – das macht ihre Unterscheidung nicht entbehrlich. Wir können darauf verzichten, alle Konversionssymptome in ihrer Bedeutung aufzuzählen [19]. Ihre Bedeutung ist zweifellos abhängig von dem Zusammenhang, in dem sie auftreten, so wie es ja auch bei den Traumsymbolen der Fall ist, es gibt kein Wörterbuch der Organsprache. Die bekannte Astasie und Abasie der hysterischen Patienten bringt oft zum Ausdruck: «Ohne Hilfe kann ich nicht auf eigenen Füßen stehen, ohne Hilfe kann ich meinen Lebensweg nicht gehen.» Was ein fauler oder bitterer Geschmack im Mund bedeutet, ist zumeist klar erkennbar. Die Rückenschmerzen teilen uns mit, daß die Last, die zu tragen ist, zu schwer ist; sie weisen auch oft auf sexuelle Konflikte hin, dasselbe gilt für die häufig vorkommenden Bauchschmerzen. Bei Erörterungen über Konversionssymptome wird immer darauf hingewiesen, daß auch die Patienten mit hysterischen Herzbeschwerden eine Coronarthrombose, diejenigen mit Bauchschmerzen eine Appendizitis kriegen und auch daran sterben

[19] Es handelt sich bei ihnen immer um Kompromißbildungen zwischen einer Triebregung und der gegen sie gerichteten Abwehr.

können, ein Faktum übrigens, das von niemand bezweifelt wird, wohl aber Grund genug, nicht zu voreilig den Konversionscharakter eines Symptoms anzunehmen, und ganz sicher nicht auf Grund des negativen Ergebnisses einer körperlichen Untersuchung. Die Diagnose Konversionssymptom bei der hysterischen Neurose muß auf Grund positiver Kriterien gestellt werden. Hysterie ist eine psychiatrische Diagnose, die niemals auf Grund der Tatsache festgestellt werden sollte, daß keine somatischen Abweichungen von der Norm, die die Funktionsstörungen oder Schmerzen erklären würden, festgestellt werden konnten.

Wir können hier davon absehen, die Konversionssymptomatik zu ausführlich zu besprechen, weil diese Thematik in dem Kapitel über psychosomatische Krankheitsbilder noch einmal zur Sprache kommen wird. Einige Gruppen von Konversionssymptomen seien noch aufgezählt. Schmerzen als Konversionssymptom: Kopfschmerzen, Magenschmerzen, Bauchschmerzen, Rückenschmerzen. Magenschmerzen bringen oft zum Ausdruck: «Ich kann das, was mir zustößt, nicht verdauen.» Leibschmerzen stehen oft in Beziehung zu den sexuellen Funktionsstörungen und Rückenschmerzen mit dem Gefühl: «Die Last, die das Leben mir auferlegt, ist zu schwer für mich.» Ferner sind die bekannten hysterischen Lähmungen meistens ein symbolischer Ausdruck von Strafe und dem Wunsch, geholfen zu bekommen. Der hysterische Schwindel kann die Angst zu fallen zum Ausdruck bringen – «fallen» in seiner symbolischen Bedeutung der gefallenen Frau. Die hysterische Blindheit ist ein bekanntes Konversionssymptom, ebenso gibt es viele Symptome im Bereich des vegetativen Nervensystems wie z. B. Übelkeit, Erbrechen, Herzklopfen mit oder ohne die begleitende Angst zu sterben. Die Reihe der möglichen konversionshysterischen Zustandsbilder ließe sich noch fortsetzen.

Zu häufig wird bei der Entstehung eines Konversionssymptoms an Simulation gedacht. Bei Simulation handelt es sich jedoch um das Vortäuschen einer Funktionsstörung, ein Konversionssymptom dagegen ist eine echte Funktionsstörung. Richtiger ist es, an ein in der Augenheilkunde geläufiges Symptom zu denken, nämlich die Amblyopie. Von Amblyopie wird dann gesprochen, wenn trotz eines vorhandenen intakten Sehapparates das Bild nicht wahrgenommen wird. Beim

Schielen zum Beispiel wird dasjenige Bild, das störend wirken würde, wenn es bewußt perzipiert würde, unterdrückt. Die Übereinstimmung mit der Verdrängung ist darum so auffallend, weil auch hier eine Unterdrückung im Zusammenhang mit einem Konflikt stattfindet. So wird oft auch von einem Konflikt zwischen den beiden Netzhautbildern gesprochen. Bei der Amblyopie haben wir also den Ausfall einer Funktion vor uns; es handelt sich um ein tatsächliches Nicht-sehen-Können trotz des Vorhandenseins eines anatomisch intakten Organs[20]. In dieser Weise müssen auch die Konversionssymptome betrachtet werden und nicht etwa als Simulation, als Anstellerei.

2. *Bewußtseinsstörungen*

Als zweite Symptomgruppe kommen nun die Bewußtseinsstörungen an die Reihe, deren zwar meist auffallendster aber nicht bedeutendster Ausdruck der hysterische Anfall bildet. Die Störungen des Ich-Bewußtseins wie z. B. Depersonalisation und damit einhergehende Derealisationssymptome sind häufiger und erstrecken sich obendrein über längere Zeit.

Der hysterische Anfall kann manchmal dem epileptischen sehr ähnlich erscheinen – hinsichtlich der Differentialdiagnose muß ich hier auf die Lehrbücher der Neurologie verweisen. Man kann sagen, daß in einem hysterischen Anfall immer ein Konflikt dargestellt oder eine Wunscherfüllung agiert wird. Ein gewisser Kontakt mit der Umwelt, das heißt mit einer für den Patienten relevanten Person oder Personen, bleibt bestehen, und die Amnesie für das Ereignis kann oftmals aufgehoben werden. Ebenfalls der hysterische Dämmerzustand kann uns vor differentialdiagnostische Probleme im Hinblick auf den epileptischen Dämmerzustand stellen. Die Beobachtung, daß epileptische Dämmerzustände durch Affekte verursacht werden können, macht ihre Unterscheidung noch schwieriger. Für diejenigen, die noch niemals einen hysterischen Dämmerzustand gesehen haben, möchte ich darauf

[20] Prof. Dr. A. HAGEDORN verdanke ich den Hinweis darauf, daß die Amblyopie einen Anknüpfungspunkt für das Studium der Konversionssymptomatik bilden kann.

hinweisen, daß die im Film dargestellten, gespielten Psychosen eine auffällige Ähnlichkeit mit hysterischen Dämmerzuständen zeigen; eine Ähnlichkeit, an die man interessante Spekulationen anknüpfen kann. Wir können das an dieser Stelle nicht tun, aber mit Nachdruck sei darauf hingewiesen, wie wichtig es ist, bei Dämmerzuständen an eine organische Störung zu denken, ebenso wie bei Anfällen, die mit Bewußtseinsstörungen einhergehen. Die oft wiederholten Erzählungen, man habe bei angeblich hysterischen Patienten faustgroße Tumoren im Gehirn gefunden, mögen vielfach in den Bereich des klinischen Jägerlateins und des Stammtischgeredes gehören. Diese Feststellung darf aber keineswegs von der zwingenden Notwendigkeit wegführen, den Patienten mit allen Mitteln zu untersuchen. Viele hysterische Patienten erwecken manchmal den Eindruck, daß sie an leichten Bewußtseinsstörungen leiden. So berichtet etwa eine Krankenschwester, die die Patienten bei der Arbeitstherapie beobachtet: «Es sieht ganz so aus, als ob sie mit ihren Gedanken nicht wirklich dabei sind.» Dabei kann man feststellen, daß diese scheinbare stumpfe Abwesenheit unmittelbar verschwinden kann, wenn durch irgend etwas ein starker Appell an den Kranken gerichtet wird. Dieser Eindruck von Stumpfheit wird dadurch hervorgerufen, daß die Aufmerksamkeit des Patienten durch manchmal nur undeutlich bewußte Tagträume und Phantasien beansprucht wird. Im allgemeinen können neurotische Patienten nur schwer den Augenblick, das Hier und Jetzt im Leben, erleben – sie leben entweder in der Erinnerung oder in der Zukunft.

3. Sexuelle Funktionsstörungen

Eines der Symptome, durch die eine pathologische sexuelle Problematik sichtbar wird, ist die Impotenz bzw. die Frigidität. Man kann sexuelle Funktionsstörungen zu den Konversionssymptomen rechnen, aber es wäre unrichtig zu behaupten, daß man sexuelle Funktionsstörungen außerhalb des Rahmens der klassischen Hysterie nicht finden würde; das Gegenteil ist der Fall. Sie gehören zu den gewöhnlich vorkommenden Symptomen vieler Neurosenformen. Der Vaginismus, ein Krampf der Adduktorenmuskeln und der Muskulatur des weiblichen

Genitalorgans bringt deutlich zum Ausdruck: ich möchte keinen sexuellen Verkehr haben, ich möchte nicht, daß der Mann zu mir kommt. Häufig machen Impotenz und Frigidität den Eindruck von Ausfallserscheinungen, und wir können sagen, daß hier die Verbote des Über-Ichs zu dem Ausfall einer Funktion führen. Diese Symptome sind sehr häufig. Vor allem sehen wir die Frigidität fast immer als ein Symptom im Bereich der klinischen Hysterie. Die Feststellung, Frigidität sei ein häufig vorkommendes hysterisches Symptom, impliziert jedoch nicht, daß es keine Fälle von Hysterie ohne Störung der Orgasmusfähigkeit gibt.

W. REICH folgend, werden sexuelle Potenz und Orgasmusfähigkeit häufig als eines der wichtigsten Merkmale der Gesundheit angesehen. Impotenz ist tatsächlich ein wesentliches neurotisches Symptom – eine ungestörte Potenz dagegen noch kein Beweis für Gesundheit. Schwere Neurosen können ohne Potenz- bzw. Orgasmusstörungen verlaufen. H. HARTMANN stimmt mit mir in dieser Auffassung überein (persönliche Mitteilung). Es gibt Krankheitsbilder, die der Hysterie verwandt sind, bei denen die Frigidität als Symptom fehlt, die Sexualität aber keineswegs integriert worden ist. Die Aufspaltung in Sexualität auf der einen Seite, Zärtlichkeit und Kameradschaft auf der anderen – diese allgemeinste Erniedrigung des Liebeslebens kommt nicht nur bei Männern vor, wie man glauben könnte. Auch bei der Frau bedeutet orgasmusfähig sein noch keineswegs lieben können. Beim klinischen Bild der klassischen Hysterie finden wir das Symptom der Frigidität immer bei Fällen von «phallischer Hysterie».

Bei den Potenzstörungen des Mannes unterscheiden wir die Impotentia erigendi und ejaculandi, das heißt, entweder kommt es nicht zu einer Erektion, oder aber die Ejakulation tritt nicht ein. Außerdem kennen wir die Ejaculatio praecox, eine zu schnell auftretende Ejakulation, die eintritt, wenn das Glied entweder noch gar nicht oder nur einen kurzen Augenblick mit dem Körper der Partnerin in Berührung gekommen ist.

Es ist sowohl für die Neurosendiagnostik als auch für die Menschenkenntnis im allgemeinen von grundlegender Bedeutung, die sexuellen Funktionen und ihre Störungen nicht isoliert zu betrachten, sondern unter Berücksichtigung der Gesamtperson und ihrer Beziehungen zu den Mitmenschen. Der neurotische Mensch mag orgasmusfähig sein, liebesfähig ist er häufig nicht; wenigstens nicht im vollen Sinn des Wortes. Das Wort Liebe ist irreführend. A. HUXLEY hat darauf hingewiesen, daß man sagen kann: «I love this flower», aber auch: «I love ice-cream.» Die Liebe für eine Blume impliziert, daß wir ihre Entfaltung bewundern und bemüht sind, sie zu erhalten; das Eis dagegen essen wir auf. Man sagt so oft, ich habe ihn oder sie lieb, und meint eigentlich, daß man Triebbefriedigung erwartet. Die Persönlichkeit des anderen und seine wesentlichen Interessen spielen dabei keine große Rolle. Das ist dann eine deutliche «Ice-cream-love». Sich bei jemandem geborgen fühlen, bei jemandem Befriedigung triebhafter Bedürfnisse finden, alles dies können, aber brauchen nicht Aspekte von Liebe zu sein, wenigstens nicht im vollen Sinn des Wortes. Diese Wünsche und Bedürfnisse können für den anderen sogar destruktiv sein, insofern er oder sie lediglich als Lieferant von Triebbefriedigungen gebraucht bzw. mißbraucht wird.

Bei den Störungen der Liebesfähigkeit wird es so besonders deutlich, wie sehr unaufgelöste Probleme aus allen Stadien der Entwicklung daran beteiligt sind. Hemmungen und Verdrängung, falsche Scham, das Unvermögen zu geben, übermäßige Abhängigkeit, eine Haltung, die die Angelsachsen so treffend mit «dependend and demanding» bezeichnen; das alles kann der Bildung einer erwachsenen Liebesbeziehung im Wege stehen. Auch bei den sexuellen Störungen im engeren Sinne können sich Faktoren geltend machen, die mit den verschiedenen Phasen der Libido-Entwicklung zusammenhängen.

Frigidität kann als Folge unbewußter Schuldgefühle durch unaufgelöste Onanieprobleme aus der Pubertätszeit auftreten, sie kann eine Hemmung sein. Die verbotenen inzestuösen Gefühle für den Vater aus der ödipalen Periode müssen dadurch abgewehrt werden. Frigidität kann aber auch bedeuten: «Ich mag an den Ausscheidungsorganen keine Lust erleben» und damit den Zusammenhang mit Konflikten aus der analen Phase zeigen, schließlich aber auch zum Ausdruck bringen: «Ich will den anderen nicht mit den Äußerungen meiner Liebe füttern und will ihm keine Sicherheit geben.» Dann handelt es sich um ein Derivat von Problemen aus der frühinfantilen sogenannten oralen Periode. BERGLER hält diese oralen Konflikte für die Hauptursache der Impotenz. Das mag in bestimmten Fällen so sein, meist jedoch begeht man einen Fehler, wenn man einen Faktor für den alles beherrschenden hält. Hieran sehen wir nebenbei, wie manche Untersucher dazu neigen, ein Element der psychoanalytischen Theorie zu isolieren und alles übrige unbedenklich außer acht zu lassen. Der eine starrt blind auf die präödipale Periode, der andere spricht nur noch über Insuffizienzgefühle und deren Folgen. Solche Art der Betrachtung ist immer zu einseitig und verkennt die Kompliziertheit der Probleme, vor die wir durch das Leben gestellt werden.

Was hier in bezug auf die Frigidität gesagt wurde, gilt übrigens auch für jedes andere neurotische Symptom, in dem sich Probleme aus verschiedenen Phasen der Entwicklung äußern. So kann etwa das Unvermögen, zu arbeiten, auf der Angst, ausgelacht zu werden, beruhen, weil Lob und Erfolg niemals als ausreichend erlebt werden; es kann mit exhibitionistischen Problemen zusammenhängen, weiterhin mit dem Unvermögen, richtig zuzuhören, wenn ein Auftrag gegeben wird, weil man Gehorsam für ein Zeichen von Schwachheit hält, oder aber auf einem trotzigen Widerstand gegen Befehle, der aus der analen Periode herrührt; schließlich auch auf dem Unvermögen, einen Liebesbeweis zu geben, weil man Rache nehmen muß an der Mutter, die einen als Kind hat «hungern» lassen. Häufig ist es notwendig, all diese Determinanten eines Symptoms aufzuspüren und durchzuarbeiten, wenn man es zum Verschwinden bringen will.

Das Vorangehende mag deutlich gemacht haben, daß die Störungen im erotisch-sexuellen Bereich bei der Untersuchung des Patienten nicht isoliert betrachtet werden dürfen. Das sexuelle Triebleben umfaßt die gesamte Persönlichkeit, ohne daß diese darin ganz aufgeht. Die Frage, ob Störungen der sexuellen Potenz bestehen, sollte darum auch erweitert werden in die Richtung, ob der Betreffende Freundschaftsgefühle, Zärtlichkeit und Liebe für eine Person haben kann in einer Beziehung, die sich über einen längeren Zeitraum erstreckt. Die Neurosenlehre führt hier zu sozio-kulturellen und anthropologischen Fragen. Ist es normal, daß sich jemand unglücklich fühlt, wenn er nicht in einer befriedigenden Liebesbeziehung lebt, oder muß etwa Aktivität im Beruf und in anderen Lebensgebieten diesen Mangel ausgleichen können? Erwartet der moderne Mensch in einer erotisch-sexuellen Beziehung nicht vieles von dem, was früher in der Religion gefunden wurde, wie z. B. die Erfahrung, daß das Leben sinnvoll ist, und das Ertragenkönnen der Endlichkeit und des Todes? Wird nicht von den sexuellen Befriedigungen zu viel erwartet, nämlich nicht allein Befriedigung, sondern innerer Frieden? Die Antworten, die hier oft gegeben werden, beruhen mehr auf Welt- und Lebensanschauungen und/oder Wunschdenken, als auf den Resultaten empirischer Untersuchung. Man darf nie vergessen, daß starke sexuelle Bedürfnisse dazu dienen können, andere Impulse und Gefühle abzuwehren. So kann das Fehlen sexueller Befriedigungen neurotisch motiviert sein, genau so aber auch eine bestehende Hypersexualität. Von gesund sprechen wir dann, wenn der Mensch als ein einigermaßen integriertes Wesen funktioniert, und alles im Leben seine richtige, aber auch seine relative Bedeutung hat.

4. Die Angst

Wir haben bisher von Konversionssymptomen, Bewußtseinsstörungen und sexuellen Funktionsstörungen gesprochen. Bevor wir nun auf den hysterischen Charakter eingehen, müssen wir unsere Aufmerksamkeit dem Thema der Angst zuwenden. Was Angst ist, weiß jeder Leser – es ist das Erwarten eines unbekannten Unheils, eine Bedrohung, die sich nicht auf irgend etwas Bestimmtes in der Außenwelt richtet, sondern auf die Welt insgesamt. Bei der Phobie allerdings ist die Angst gebunden an eine bestimmte Situation, oftmals ist jedoch diese Angst ganz diffus, irrational und wenig geeignet im Sinne einer angepaßten Verteidigung. Die anthropologisch orientierten Psychiater haben mit ihren Beschreibungen dieses Phänomens eine bedeutende Arbeit geleistet. So wie wir auch beim Schuldgefühl unterscheiden müssen zwischen neurotischem und «angepaßtem» Schuldgefühl, so müssen wir das auch bei der Angst tun. Handelt es sich doch darum, wie wir mit unserer Angst umgehen. Mir will es scheinen, daß die Differenzierung gesunder Angst von neurotischer Angst noch schwieriger ist als die zwischen gesundem und neurotischem Schuldgefühl. Es muß davor gewarnt werden, mit abstrakten Normen von Gesundheit zu arbeiten, Normen, die nicht an einer empirischen Wissenschaft orientiert sind,

sondern, ohne daß wir uns recht darüber im klaren sind, auf Grund eines ganz persönlichen Menschenbildes mit oder ohne Einfluß eigener Ängste durch Angstabwehr und Wunschdenken entstanden sind.
Wissenschaft und Lebensanschauungen mögen, ja müssen sich gegenseitig befruchten, aber dabei dürfen doch die Grenzen nicht aus den Augen verloren werden. Mir scheint, daß in vielen modernen existentialistischen Menschenbildern eine chronisch-neurotische Angst zur Norm erhoben wird[21]. Dabei scheint man jedes Mal einem anderen neurotischen Symptom metaphysisches Gewicht beizumessen, sexueller Hemmung, Aggressionshemmung, Angst, Depersonalisation, Gefühlsabwehr. Wie dem auch immer sei, wenn Angst desintegrierend wirkt, die innere Synthese lähmt, die Anpassung unmöglich macht, das Wachstum verhindert dadurch, daß wir Situationen vermeiden, die wir lernen müssen und in denen wir unsere Kräfte anspannen müssen, um innerlich reifen zu können, dann muß eine solche Angst neurotisch genannt werden.
Es gibt übrigens auch ein krankhaftes Fehlen von Angst. CLECKLEY[22] weist darauf hin, daß Psychopathen in Situationen, in denen jeder gesund denkende und gesund fühlende Mensch Angst erleben würde, merkwürdig wenig Angst haben – oder zeigen, so kann man sich natürlich fragen. Es gibt keinen Grund, neurotische Angst mit einer metaphysischen Gloriole zu versehen, genau so wenig sinnvoll ist es aber, die Unfähigkeit, Angst zu erleben, als das neue Ideal zu proklamieren.
Bei allen unseren Patienten spielt Angst, sei es bewußt oder unbewußt, eine große Rolle. Manchmal können wir die Angst als solche feststellen, manchmal sehen wir als Ergebnisse der Anstrengungen, die das Ich gemacht hat, um die Angst abzuwehren, Symptombildungen und Charakterdeformierungen.
Wir unterscheiden zwischen Realangst, Gewissensangst und Triebangst; Angst in einer überwältigen Gefahrsituation, Angst, wenn wir gegen unser Gewissen handeln, und Angst vor Triebregungen. Mir scheint, daß die Angst, von der das kleine Kind überwältigt ist, wenn es sich selber überlassen wird, die primäre Angst ist, in der alle Angst wurzelt.

[21] Siehe hierzu P. HÜHNERFELD: In Sachen Heidegger, Hamburg 1959.
[22] H. CLECKLEY: The mask of sanity, Saint-Louis 1955, und derselbe: Psychopathic States, in: American handbook of Psychiatry, New York 1959.

Wenn abgewehrte Triebimpulse, die sich in Handlungen umsetzen wollen, welche durch unsere Eltern und deren spätere Repräsentanz – unser Gewissen – verboten sind, ins Bewußtsein vorzudringen suchen, dann tritt Angst auf; Angst, die das Kind ursprünglich erfahren hat, wenn es seine Eltern oder deren Liebe, auf die es angewiesen ist, zu verlieren drohte. Bei allen neurotischen Krankheitsbildern spielt die Angst in der Genese und der Dynamik eine sehr bedeutsame Rolle. – Dabei braucht die Angst als solche nicht einmal erlebt zu werden. Bei manchen neurotischen Zustandsbildern ist die Angst das hervorstechendste Symptom. Wenn die Angst diffus ist – wir sprechen dann auch von frei flottierender Angst – dann handelt es sich um eine Angstneurose. Bei der Angstneurose manifestiert sich eine allgemeine innere Spannung als konstante, frei flottierende Angst oder Angstbereitschaft.
FREUD rechnete die Angstneurosen zu den Aktualneurosen und schrieb unter anderem dem Coitus interruptus eine bedeutende Rolle bei ihrer Entstehung zu. Mir ist aufgefallen, daß man tatsächlich in Situationen plötzlicher sexueller Enthaltung Angstzustände auftreten sieht; das ist aber dann nicht die einzige Ursache, sondern es muß außerdem eine neurotische Disposition bestehen. Wir können den Begriff Angstneurose am besten verwenden für die Bezeichnung solcher Zustände, bei denen die Angst das im Vordergrund der Neurose stehende Symptom ist.

Bei den meisten Neurosen hat die Angst Charakterdeformierungen und ausgedehnte Abwehrsysteme zur Folge gehabt. Manchmal sieht man während einer psychoanalytischen Behandlung die ursprüngliche Angst wieder zum Vorschein kommen, wenn die Abwehr weniger intensiv geworden ist. Der Prozeß der Neurosenentstehung verläuft dann in umgekehrter Richtung. Die Neurose wird dann wieder in eine Angstneurose verwandelt, deren Behandlung die letzte Phase der Analyse darstellt. Häufig sieht man Angst aufkommen beim Wiedererinnern traumatischer Situationen, die für die Entstehung der Neurose große Bedeutung gehabt haben. Einer meiner Patienten, bei dessen Neurose die Kastrationsangst den vorherrschenden pathogenen Faktor bildete, manchte vor seiner Heilung eine Periode durch, in der er heftige Angst vor der Farbe rot, vor der Farbe von Blut, entwickelte. Seine Frau durfte keine roten Kleider tragen und ihre Lippen nicht schminken. Ein anderer Patient entwickelte das typische Bild einer Angstneurose, bevor er die sexuellen Gefühle, die er für seinen Bruder empfunden hatte, wieder erinnerte. Er hatte in dieser Periode das starke Verlangen, jemanden, der ihn verstehen konnte, immer bei sich zu haben. Es sei noch einmal daran erinnert, daß Angst entsetzlich quälend sein kann, oftmals schlimmer als Schmerzen ist, und daß wir alles daran setzen müssen, einen Patienten von seiner Angst zu befreien. Wenn Angst im Verlaufe einer «aufdeckenden» Therapie auftritt, dann muß man dem Patienten dazu raten, seine Angst auszuhalten, denn wenn man die Angst zum Verschwinden bringt, dann kann das den Heilungsprozeß verzögern. Wenn die Vertrauensbeziehung gut ist, kann jemand intensive Ängste ertragen, vor allem, wenn er weiß, daß wir seinen Angstzustand beenden können, falls er unerträglich wird. Wenn man weiß, wie quälend, ja beinahe unerträglich das Angsterlebnis sein kann, dann wird es verständlich, daß sich eine Angst vor der Angst entwickeln kann. Patienten mit starken Ängsten zeigen häufig ein hilfesuchendes und anlehnungsbedürftiges Verhalten, das als Zeichen einer partiellen Regression aufzufassen ist. Sie wollen ständig jemanden bei sich haben, bitten, daß man ihre Hand festhält und sich nah zu ihnen an das Bett setzt.

Wenn Angst das hervorragendste Symptom einer hysterischen Neurose ist, dann kann man auch von Angsthysterie sprechen. Wenn FENICHEL sagt: «In anxiety hysteria, however, the anxiety is specifically connected with a special situation, which represents the dangersituation», dann bezeichnet er als Angsthysterie die Neurose, die von anderen Autoren als Phobie bezeichnet wird – bei den Phobien ist die Angst an sehr spezifische Situationen gebunden, und es gibt viele Arten von Phobien: Straßenangst, Platzangst, Höhenangst, Examensangst, die irrationale Angst zu sprechen. Man darf aus dem Namen Angsthysterie nicht darauf schließen, daß das Gefühl der Angst unecht ist.

Eine andere Gruppe der Phobien wird mit Erwartungsangst bezeichnet: die Angst davor, in bestimmten Situationen zu erröten, die Angst, ohnmächtig zu werden, die Angst, einen schlechten Eindruck in Gesellschaft zu machen. Außerdem kennen wir Phobien, die an bestimmte Gegenstände, Flüssigkeiten gebunden sind, an Dinge, die einen starken symbolischen Charakter haben und mit der Erregung von Triebimpulsen in Beziehung stehen: Angst vor Blut, vor Messern, vor Beschmutzung, vor Dreck, vor kleinen und großen Tieren. Berühmt geworden ist die Phobie des kleinen Hans vor einem Pferd, die durch FREUD beschrieben worden ist[23]. Hysterische Patienten haben häufig eine übertriebene Angst vor kleinen Tieren, angefangen bei Schlangen und Mäusen über Katzen, Hunde, Spinnen, Frösche bis hin zu Pferden und Kühen.

Die Phobie steht zwischen Angst und Zwang, zwanghaftes Vermeiden kann den Zweck haben, eine Phobie abzuwehren. So ist es kein Wunder, daß man Phobien im Bereich der Neurosen begegnet, die mit der Hysterie, aber auch mit der Zwangsneurose vieles gemein haben.

Wenn Angst ein gewisses Maß erreicht, dann geht sie mit körperlichen Begleiterscheinungen einher, mit Schwitzen, Tachykardie, Zittern, manchmal auch mit Diarrhoe. Diese Sensationen können die Angst wiederum verstärken. Angst kann auch hypochondrisch verarbeitet werden. Starke Schuldgefühle sind häufig die Ursache von Herzneurosen, die Patienten fürchten, daß das Todesurteil vollstreckt wird. Zum Schluß will ich noch einmal auf die Bedeutung der Angst für die neurotische Symptombildung, Charakterdeformierungen, neurotische Manöver und Beziehungen hinweisen. Sie alle werden dazu benutzt, um Angst abzuwehren, die in Erfahrungen aus der Kinderzeit wurzelt.

5. *Schuld- und Minderwertigkeitsgefühle*

Bei den hysterischen Neurosen spielen Schuldgefühle und Minderwertigkeitsgefühle stets eine große Rolle, darum wollen wir sie an dieser Stelle abhandeln. Das impliziert jedoch nicht, daß diese Erscheinungen bei anderen Neuroseformen fehlen. Wir wollen ausführlich auf diese Phänomene eingehen. FREUD hat entdeckt, daß die Hysterie die Folge der unaufgelösten ödipalen Problematik ist. So ist es nicht verwunderlich, daß neurotische Schuldgefühle niemals fehlen, auch wenn sie nicht bewußt sind. Schuldgefühl führt in vielen Fällen zu einem

[23] S. FREUD (1909): Analyse der Phobie eines fünfjährigen Knaben, Ges. W., Bd. VII.

starken Strafbedürfnis. Um das Erleben großer Ängste zu vermeiden, muß für die verbotenen Phantasien und deren drohende Erfüllung Buße getan werden. Das neurotische Schuldgefühl ist gekennzeichnet durch seine die Anpassung lähmende Funktion. Während ein gesundes Schuldgefühl einen Ansporn darstellt, angerichteten Schaden wieder gut zu machen und die Wiederholung unerwünschter Handlungen zu vermeiden, führt neurotisches Schuldgefühl zur Fortsetzung des unangepaßten Verhaltens, zu einer weiteren Störung der Beziehungen, und es lähmt die innere Synthese, die Vereinheitlichung in der Persönlichkeit. Ein Beispiel soll dies näher erläutern:

Eine gesunde junge Frau, die sich in ein sinnloses sexuelles Abenteuer mit einem Mann eingelassen hat, den sie eigentlich nicht liebt, und die sich deswegen schuldig fühlt, wird die Kraft aufbringen, diese Affäre zu beendigen und auf eine Beziehung zu warten, in der Sexualität, Zärtlichkeit und Kameradschaft voll integriert werden können.

Ein junger Mann, der unter großen Schuldgefühlen wegen seiner Onanie leidet, wird gerade durch seine von dem Schuldgefühl mit verursachte depressive Verstimmung immer wieder in diese Art seiner körperlichen Befriedigung flüchten. Die Sexualität kann auf diese Weise nicht aufgenommen werden in das Gesamt seiner Persönlichkeit; die zwischenmenschlichen Beziehungen werden durch Angst vor Strafe und durch Mißtrauen gestört.

Diese die Integration lähmende Rolle spielen die Schuldgefühle bei den hysterischen Neurosen. Schuldgefühle kommen aber nicht nur bei ihnen vor, sondern auch bei Charakteren, die man häufig nicht zum hysterischen Charakter rechnen kann, so etwa bei den neurasthenischen und sensitiven Persönlichkeiten, ebenso aber auch bei Zwangsneurosen, Perversionen, Suchten und Psychopathie. Wir werden bei der Behandlung dieser Krankheitsbilder darauf zurückkommen.

Das strenge unzweckmäßig funktionierende Über-Ich verurteilt, und das zu hochgespannte Ideal-Ich führt zu Minderwertigkeitsgefühlen. Das Wahrnehmen der eigenen unzweckmäßigen Handlungen und des eigenen Versagens verstärkt das neurotische Minderwertigkeitsgefühl. So gesellt sich zum Minderwertigkeitsgefühl die Erfahrung, insuffizient zu sein. Die Ansicht, die ich einmal über einen Neurotiker äußern hörte: «Das ist nicht ein Minderwertigfühlen, das ist ein Minderwertigsein», braucht in ihrer Unbarmherzigkeit nicht falsch zu sein. Die Neurose verhindert nun eben einmal, daß ein Mensch seine Möglichkeiten realisieren kann. Sich insuffizient fühlen, ist kein Zeichen von gesunder Bescheidenheit, sondern eher das neurotische Gegenteil, denn unbewußte oder nur andeutungsweise bewußte Größenphantasien werden bei näherer Untersuchung stets zu finden sein. Wer sich selbst erniedrigt, hat sich schon längst erhöht. NIETZSCHE hat es treffend formuliert: «Wenn der Mensch sich selbst verachtet, so liebt er sich immer noch als Verächter.»

Das Problem der neurotischen Schuld- und Insuffizienzgefühle führt uns zu der narzißtischen[24] Problematik der hysterischen Patienten. Narzißtisch bedeutet: sich selbst lieben. Wir müssen hier verweilen, um dieses Thema näher zu betrachten. Unser Selbstgefühl wird aus mehreren Quellen gespeist. Wir schöpfen unser Selbstgefühl aus den guten Beziehungen mit unseren Mitmenschen, aus der Liebe, die andere für uns fühlen, aber auch aus unseren Erfolgen bei der Arbeit, aus erotisch-sexuellen Befriedigungen, aus der Tatsache, daß wir über eine angepaßte erwachsene Aggressivität verfügen, so daß wir uns nicht vor jeder Kleinigkeit fürchten, aber abgesehen von all dem insbesondere auch aus einer guten Beziehung mit unserem Gewissen, einem optimalen Verhältnis zwischen Ich und Ich-Ideal. Diese innere Harmonie, dieser «piece of mind» macht uns in hohem Maße von Lob und Tadel aus der Außenwelt unabhängig und befähigt uns, ohne paranoides Opponieren auf die zu uns passende Weise das große Wort zu wiederholen: Hier stehe ich, ich kann nicht anders. Auf die Bedeutung dieser inneren Harmonie möchte ich mit großem Nachdruck hinweisen, nicht etwa auf Grund von moralischen oder weltanschaulichen Überlegungen, sondern auf Grund von empirischen Fakten. Sowohl die übermäßige Abhängigkeit von der Umgebung als auch ein quälendes Verlangen nach Sicherheit, ein zwanghaftes Bedürfnis nach sexuellen Befriedigungen, die Jagd nach den Erfolgen wurzeln darin, daß die verschiedenen Regionen unserer Persönlichkeit nicht integriert sind und wir nicht in Frieden mit uns selber leben.

[24] C. VAN DER WAALS: Narcistische Problematiek van het Narcisme, Psychiatrische en neurologische Bladen, Bd. 44 (1940), S. 537.

Bei den hysterisch-neurotischen Patienten fließen die Quellen des Selbstgefühls nicht. Die Beziehungen zu den Mitmenschen werden durch Insuffizienzgefühle, Projektion von Schuldgefühl und Mißtrauen gestört, obendrein drohen sie zugleich mit verdrängter Sexualität durchsetzt zu werden. Der Aggressionstrieb hat sich oft nicht weiter entwickelt als zu Zänkischkeit und Lästigfallen, wirkliche sexuell-erotische Befriedigungen sind nicht vorhanden, und es besteht ein unaufhörlicher Gewissenskonflikt. All dies verhindert die Entwicklung von normaler Selbstliebe und Selbstwertgefühl, dadurch wird der Patient dazu gezwungen, sein Selbstgefühl auf andere Weise aufzubauen. Hierzu dienen dann Phantasien, ein verlogenes Selbstkonzept und ein Mißbrauchen der zwischenmenschlichen Beziehungen für narzißtische Zwecke. Diese letzte Formulierung muß näher ausgeführt werden. Wir haben schon darauf hingewiesen, daß die mitmenschlichen Beziehungen immer auch der narzißtischen Befriedigung dienen, also dem Aufbau unseres Selbstgefühls. Während der infantilen Periode ist dies die einzige Quelle, denn das Ich schöpft sein ganzes Selbstvertrauen aus der Liebe und Wertschätzung durch seine Eltern. Später wird durch die Über-Ich-Bildung das Selbstgefühl unabhängiger von den Eltern und anderen Menschen; die Eltern sind dann zu einem Teil der eigenen Persönlichkeit geworden. Bei neurotischen Patienten vollzieht sich dieser Prozeß nicht, sie bleiben im Hinblick auf ihr Selbstgefühl zu abhängig von der Liebe anderer Menschen. Neurotische Patienten verwenden die mitmenschlichen Beziehungen sogar vornehmlich zum Aufbau ihres Selbstgefühls. Beim Mann äußert sich dies in einem abnormen Bedürfnis, für seine Leistungen bewundert zu werden, in Erfolgsjägerei, in Streberei, im Unbedingt-glänzen-Müssen. Daß es diesen Menschen nicht um die Beziehung als solche geht, erweist sich daran, daß sie den Partner fallen lassen, sobald sie eine Frustration durch ihn einstecken müssen oder einen anderen finden, bei dem sie mehr Ruhm ernten können, wie es CARP so treffend für den hysterischen Verführer beschrieben hat[25]. Diese Menschen, die so freundlich scheinen und sich so herzlich benehmen, wenn es darum geht, jemanden zu erobern, enttäuschen dadurch, daß sie die Belange ihrer Mitmenschen schnell und

[25] E. A. D. E. CARP: De Neurosen, 3. Aufl. 1947, S. 292.

in unnötiger Weise den eigenen Belangen opfern, während man gerade aus ihrem Mund so viele ethische Argumentationen hört. Sie schaffen sich bittere Feinde und lassen selbst den Arzt leicht vergessen, daß ihr Verhalten der Ausdruck einer hysterischen Neurose und ihr Gefühlsleben tief gestört ist. Bei Frauen äußern sich die narzißtischen Störungen wieder anders. Während für den Mann der Jagdbereich für narzißtische Gratifikationen hauptsächlich der Beruf ist, stellen die erotisch-sexuellen Beziehungen für weibliche Patienten das gefährliche Gebiet dar. Es wird dem Leser nicht entgangen sein, daß wir von der Besprechung der neurotischen Symptome nun zu derjenigen des neurotischen Charakters übergegangen sind, wobei auch bereits von neurotischen Beziehungen und neurotischen Manövern die Rede war.

Strafbedürfnis und Schuldgefühl, vor allem dann, wenn sie unbewußt sind, beeinflussen ungemein die mitmenschlichen Beziehungen, so daß man die Art und Weise, wie der durch ein starkes Schuldgefühl gequälte neurotische Mensch mit seinen Mitmenschen umgeht, zu den neurotischen Beziehungen und Manövern rechnen kann; besonders wenn man dauernd Beschuldigungen ausgesetzt ist und die Forderungen des Ideal-Ichs nicht erfüllen kann, möchte man sich durch seine Mitmenschen von Schuld freisprechen lassen, möchte ihr Lob erhalten als ein Mittel gegen die Selbstverurteilung. Dies spielt vor allem bei dem sensitiven Charakter eine große Rolle, worauf wir später zu sprechen kommen.

Die Verletzlichkeit der Sensitiven mag zum Teil konstitutionell bedingt sein, ihre Überempfindlichkeit wird mit dadurch bestimmt, daß sie schon die geringsten Zeichen von Ablehnung durch ihre Mitmenschen als einen Beweis für ihren geringen Wert auffassen. Die Abweisung, gleichgültig, ob nur vermutet oder nicht, wird als Frustration erlebt, die Betreffenden werden böse, aber sie können auf Grund ihrer Aggressionshemmung ihr Bösesein weder erleben noch äußern; dadurch fühlen sie sich dann noch schuldiger und verlangen noch intensiver nach dem Freispruch durch die Außenwelt. Die Empfindlichkeit gegenüber Frustrationen wird immer dann stärker sein, wenn die Beziehungen zu den Mitmenschen zugleich in großem Umfang der Befriedigung von mehr oder minder sublimierten passiven libidinösen Bedürfnissen dienen müssen, etwa dem Verlangen nach Zuwendung,

Sicherheit und Wertschätzung. Mögen diese Mechanismen bei den Sensitiven auch besonders stark ausgesprochen sein, so spielen sie doch auch bei den hysterischen Neurosen im klassischen Sinn des Wortes eine Rolle. So kann ein übermäßiges Schuldgefühl uns übermäßig abhängig von den Liebesbeweisen durch die Umgebung machen. Es gibt aber auch noch andere Arten der Verarbeitung. Menschen mit starkem unbewußtem Schuldgefühl können ihre Mitmenschen gegen sich aufbringen, um auf diese Weise die Strafe zu provozieren, die sie glauben zu verdienen; man spricht in diesen Fällen von moralischem Masochismus.
Die Gegenüberstellung von Symptom und Charakter ist nur relativ. Das Minderwertigkeitsgefühl kann als Symptom und auch als Äußerung einer Charakteranomalie betrachtet werden, das Kriterium «ich-nah» oder «ich-fremd» bringt auch hier die Entscheidung. Manche hysterisch-neurotischen Patienten leiden unter ihren Schuld- und Minderwertigkeitsgefühlen, bei anderen sieht man nur deren Verarbeitung, während das Gefühl als solches nicht bewußt ist.

6. *Derealisation und Depersonalisation*

Das, was wir über neurotische Schuld- und Minderwertigkeitsgefühle gesagt haben, gilt auch für die Depersonalisationserscheinungen. Bedeutsamer für die tägliche Arbeit des Arztes als die groben und durch andere leicht zu konstatierenden Bewußtseinsstörungen sind die quälenden Störungen des Ich-Bewußtseins und des Realitätsbewußtseins[26], die als solche dem Untersucher nicht auffallen, deren Bestehen ihm aber von den Patienten mitgeteilt wird, die an Derealisations- oder Depersonalisationssymptomen leiden. Eine Reihe von Untersuchern vertritt die Auffassung, daß sogar jeder neurotische Patient depersonalisiert ist. Sie klagen dann über eine innerliche Leere, ein Gefühl, nichts zu fühlen, die Erfahrung, daß alles, was geschieht, an der eigenen Person vorbeigeht. Man unterschätze dieses Leid nicht. Denjenigen, der die Dynamik der neurotisch-hysterischen Prozesse kennt, wird es am wenigsten verwundern, daß die Patienten gerade das nicht erleben, was

[26] Beim zwangsneurotischen Charakter kommt dieses Symptom auch vor.

sie so gerne erleben möchten, und gerade das nicht genießen können, nach dem sie sich so sehr gesehnt haben. Der Erfolg beim Examen kann ihm kein Stolzgefühl vermitteln, an einem Fest nimmt er als ein unbeteiligter Zuschauer teil; nur das quälende Gefühl, keine Freude erleben zu können, erinnert ihn daran, daß eigentlich Grund zur Freude da ist. Die neurotische Frau, die jahrelang von einem starken Liebesverlangen gequält wurde, hat in den Armen ihres Geliebten nur das eine verzweifelte Gefühl: «Ich fühle nichts», und ihren Orgasmus nimmt sie wahr, als ob ein Mechanismus abläuft. Solche Phänomene verlieren ihre Rätselhaftigkeit, wenn wir die Derealisation und Depersonalisation als die innere Wahrnehmung des Resultates der Verdrängung betrachten: die adäquaten Affekte wurden aus dem Bewußtsein entfernt und das Fehlen dieser «existentiellen» Begleitung der Erlebnisse wird schmerzlich wahrgenommen. Diese Darstellung läßt erkennen, daß Depersonalisation und Derealisation zu den Bewußtseinsstörungen, aber auch zu den Affektstörungen gerechnet werden können. Sie sind nicht spezifisch für die hysterischen Neurosen, sondern der Bezugsrahmen, in dem sie vorkommen, entscheidet über die Diagnose. Stehen diese Störungen im Mittelpunkt, dann ist es gerechtfertigt, von einem Depersonalisationssyndrom zu sprechen. Die Differentialdiagnose ist oft schwierig, beginnende Schizophrenien, exogene und organische Zustandsbilder, vor allem die Wochenbettpsychosen und die Depressionen, können unter diesem Bild verlaufen.
Die Störungen des Ich-Bewußtseins sind in vielen Fällen die Folge einer starken Abwehr aggressiver Impulse. Es sei darauf hingewiesen, daß man im allgemeinen bei den hysterischen Neurosen die pathologische sexuelle Problematik nicht als einzige Ursache annehmen darf, die Konflikte, die mit dem Selbsterleben und mit Aggression zusammenhängen, sind nicht weniger bedeutsam.

7. *Der hysterische Charakter*

Nach der Darstellung der hysterischen Symptome gehen wir nun zur Besprechung des sogenannten hysterischen Charakters über, zu dessen Erscheinungsbild wir übertriebene Geltungssucht, Egozentrik, Infantilität und Unechtheit rechnen. Gegenüber dieser Formulierung gibt es einige Einwände. Der bedeutendste von ihnen ist, daß diese Charakterzüge nicht immer die am meisten im Vordergrund stehenden sind. Patienten mit deutlich hysterischer Symptomatik gehören oft zu denjenigen, die in der Menninger-Klinik als «the inhibited type» bezeichnet werden.

Wer kennt nicht den Typus des verlegenen, folgsamen Mädchens, das für viele Männer so erregend und begehrenswert ist, weil es durch seine Rätselhaftigkeit, das Verhalten einer Sphinx, imstande ist, als Schirm für die verschiedenartigsten Projektionen zu dienen, so daß, in ihrem Wesen verborgen, gerade das zu schlummern scheint, was der andere so heiß begehrt. Der gehemmte Patient entspricht genau diesem etwas obsolet gewordenen Ideal. Gewiß waren sozio-kulturelle Einflüsse für das Entstehen dieser Haltung von großem Einfluß; man erwartete eben, daß eine Frau still ihren Weg ging und bescheiden ihre Aufgabe erfüllt. Hinter dieser Gehemmtheit verbergen sich nicht selten wilde sexuelle und aggressive Phantasien, gerade das Gegenteil der gehemmten Haltung, die dadurch mehr oder minder verdeckt wird. Auch bei diesen gehemmten Patienten fehlt die oben erwähnte Trias Unechtheit, Egozentrik und Infantilität meistens nicht.

Diese Trias übernehme ich nicht mit voller Überzeugung, mindestens nicht in dieser Formulierung. Egozentrik hat einen zu moralisierenden Beiklang, Infantilität sagt nur sehr wenig aus, und mit der «Unechtheit» ist die falsche Theorie einer konstitutionellen Ursache verknüpft.

Zuerst einige Bemerkungen über das Thema der Infantilität. Jeder Neurotiker ist in gewisser Weise infantil, der Zwangsneurotiker mit seinem starren Weltbild, der Alkoholiker nicht weniger als der hysterische Patient. Das Infantile im Verhalten der hysterischen Patienten ist aus verschiedenen Komponenten zusammengesetzt. Vom deskriptiv psychologischen Standpunkt aus können wir sagen, daß der hysterische Patient Verhaltensweisen zeigt, die wir beim Kind als normal empfinden, beim Erwachsenen jedoch als unangepaßt, wie zum Beispiel schmollen, zanken, sich zurückgesetzt fühlen, übertrieben reagieren, starke Affekte entwickeln auf Grund von nur geringfügigen Frustrationen. Es ist nicht selten, daß eine hysterische Patientin sich verletzt und gekränkt in ihr Schlafzimmer zurückzieht, sich beleidigt ins Bett legt in einer Situation, die vom gesunden Menschen ruhig in die Hand genommen und aufgelöst wird. Nicht selten hört man den Einwand, dieses kindische Verhalten zeigen die Hysteriker nur deshalb, damit sie ihren Willen kriegen. Wer so argumentiert, begeht zwei Fehler: Er verwechselt a) bewußte und unbewußte Bedeutung und b) primären und sekundären Krankheitsgewinn.

Die primäre Bedeutung von Symptombildung und Charakterdeformierung ist stets die Abwehr von Triebimpulsen. In einem Symptom kommt es zu einem unzureichenden Kompromiß zwischen Abwehr und Impuls. Auf dieses Symptom reagieren dann die Mitmenschen: der Mann der hysterischen Patientin bekommt Mitleid und macht alle Anstrengungen, sich mit seiner mißmutigen Frau wieder zu vertragen, die dadurch gekränkt wurde, daß ihr Mann ihrer Freundin ein Kompliment machte. Aber das bedeutet in keiner Weise, daß der Wunsch, in dieser Situation die Aufmerksamkeit auf sich zu lenken, das eigentliche Motiv ihrer Haltung ist. Durch das infantile Verhalten der hysterischen Patientin gegenüber ihrer Umgebung wird oft die alte Gefühlsbeziehung mit der Mutter wiederholt. FREUD hat darauf hingewiesen, daß der Mann die Gefühle des Mädchens ihrem Vater gegenüber zu erben hofft, dann aber entdecken muß, daß von ihm eine versorgende, verwöhnende Mutterrolle erwartet wird.

Ein zweiter Aspekt der Infantilität hängt mit der Egozentrik zusammen. Wenn sich eine Charakterdeformierung gebildet hat, werden die Mitmenschen lediglich als Lieferanten von Befriedigungen gebraucht – sich einstellen auf andere, mitfühlen, sich identifizieren, ist dann unmöglich. Neurotisch-hysterische Menschen fügen durch ihre infantile Egozentrik, dadurch, daß sie die Bedürfnisse der anderen Menschen nicht ausreichend berücksichtigen, ihren Mitmenschen viel Leid zu. Oft können wir bei diesen Patienten die Kombination von Sentimentalität und Rücksichtslosigkeit beobachten. Ich kenne zum Beispiel Patienten, die sich die halbe Urlaubszeit mit der Trauer über eine totgefahrene Taube verderben, aber gar nichts dabei finden, daß sie in ihrem Leben eine ganze Reihe von Menschen unglücklich gemacht haben. Der hysterische Patient läßt sich gerne verwöhnen, wird gerne geschont und wie eine Gewächshausblume behandelt; sein Gebundensein an die Menschen, die ihn in dieser Weise behandeln, hält er für Liebe, und auf Grund von all dem können wir ihn mit Recht als egozentrisch bezeichnen. Vielleicht könnte man hier auch von Egoismus sprechen, aber dieses Wort hat einen zu moralisierenden Klang. Von der Infantilität sind wir nun zum Thema der Egozentrik gekommen. Egozentrisch bedeutet oft auch: sich selbst in den Mittelpunkt der Aufmerksamkeit stellen. Diesen Zug teilt der hysterische Patient mit vielen Neurotikern, die, bedingt durch die Hemmung ihrer Triebäußerungen und ihr hochgespanntes Ich-Ideal, sich selber fortwährend zum Objekt von Reflexionen und Meditationen machen. Hysterische Patienten haben die Neigung, sich selbst zur Norm zu erheben, und sie sprechen über die Besonderheiten ihres Charakters so, als ob es um welterschütternde Dinge ginge. Nicht was sie *sind und erleben* ist das Wichtigste, sondern daß *sie* es so sehen. Sie betrachten sich selber als ein erstaunliches Phänomen, und sie sind es vor allem für den Psychopathologen. Wer nicht auf Grund seiner eigenen Neurose von diesen Patienten gefesselt wird, der erlebt sie als stereotyp in ihren Reaktionen und deshalb als versagend. So sieht man auch oft diese Patienten durch manche bewundert, während viele ihnen mit Antipathie begegnen. Die Einsicht in die neurotisch-hysterische Persönlichkeit zeigt uns, daß diese Patienten weder zu dem einen noch zum anderen verurteilt sein müssen, aber daß nur die Psychotherapie ihnen helfen kann, wirkliche Gefühle zu entwickeln und sich in andere Menschen hineinversetzen zu können. Es wäre nämlich falsch, anzunehmen, diese Patienten seien unfähig, echte Gefühle anderen gegenüber zu haben, sie können es lernen, sich in ihre Mitmenschen einzufühlen. Immer wieder ist es bewegend, zu erleben, wie im Verlauf einer geglückten psychotherapeutischen Behandlung echtes Mitgefühl mit anderen, tiefgehende, echte Emotionen möglich werden, sobald die neurotischen Probleme einigermaßen aufgelöst sind. Meistens, so auch bei den scheinbar strahlenden hysterischen Patienten, die auf Grund ihrer Gefallsucht auf andere Eindruck machen, ist die Einsicht da, daß keine wirklichen Kontakte existieren – unter der Kruste tun die Wunden doch weh. Eine hysterische Patientin drückte dies vor dem Beginn ihrer Behandlung wiederholt gegenüber ihrem Vater und ihrem Freund mit den folgenden Worten aus: «Ich habe einen Mistcharakter, ich bin ein leerer, hysterischer Psychopath.» Wer sich intensiv um den hysterisch-neurotischen Patienten kümmert, ist dann auch immer wieder betroffen von dem Leid, das diese erleben, und viele neigen dann auch dazu, darauf mehr zu achten als auf das Leid, das diese Patienten anderen Menschen antun.

Wie man auf hysterische Patienten reagiert, wird sehr stark von der Art der Beziehung bestimmt: Im Alltagsleben wird man mit ihrem Verhalten und den Folgen ihres Verhaltens rechnen müssen und nicht verleugnen, wie sehr diese Patienten hinsichtlich ihrer Gefühle und ihrer Gefühlsäußerungen ihren Mitmenschen gegenüber versagen. Als Arzt jedoch, als Psychologe kommt es darauf an, sich um die unbewußten Konflikte zu kümmern, durch die das Verhalten der Patienten bestimmt ist.

Von der erwähnten Trias Infantilität, Egozentrik und Unechtheit müssen wir nun noch die letztere besprechen[27]. Unechtheit bezieht sich auf Gefühlsäußerungen, aber auch Gefühle selbst können unecht sein. Es wurde angenommen, daß Unechtheit die Folge einer organischen zerebralen Störung ist, lokalisiert in den Hirnabschnitten, die mit dem Gefühlsleben zu tun haben. Bei gründlicher phänomenologischer Untersuchung wird jedoch diese Auffassung unhaltbar. Der unechte Patient wird auf Grund unbewußter Motive veranlaßt, eine bestimmte Haltung anzunehmen, die er für akzeptabel durch seine Mitmenschen und sein eigenes Gewissen hält. Das wesentlichste Motiv dabei ist die Angst, abgewiesen zu werden, verurteilt zu werden und im Zusammenhang damit die Angst vor den eigenen Triebimpulsen, weil deren Bewußtwerden oder deren Äußerung unerträgliche Schuldgefühle hervorruft. Wenn wir oben sagten, er wird gezwungen, eine bestimmte Haltung anzunehmen, dann ist es notwendig, auf zwei Punkte noch näher einzugehen, nämlich «eine bestimmte Haltung annehmen» und «gezwungen werden».

Die Unechtheit scheint in solchem Maße ein Teil der eigenen Persönlichkeit zu sein, daß man zögern könnte, von ihrem Annehmen zu sprechen. Ist diese Haltung nicht doch die Folge einer bestimmten konstitutionellen Charaktereigenschaft? Unsere Haltung ist ja nicht nur etwas Äußerliches, nicht nur auf die Außenwelt gerichtet. Über die

[27] P. C. KUIPER: Onechtheid een neurotisch symptoom, Ned. tijdschr. v. Geneesk, Jhg. 102 (1958).

«innere Haltung» hat ZUTT[28] eine bedeutende Arbeit geschrieben. Darin hat er dargestellt, wie wesentlich das Annehmen einer inneren Haltung für den Ausdruck von Gefühlen ist. Stellen wir uns die folgende Situation vor: Jemand ist von einem Leid getroffen, das er verbergen will. Dazu braucht er nicht in jedem Augenblick neu zu entscheiden, wie er sich verhalten muß. In bestimmten Situationen wird er seinen Kummer nicht äußern; er wird so tun, als sei es nichts, er wird eine innere Haltung einnehmen wie jemand, der ganz normal seiner täglichen Arbeit nachgeht, wie jemand, bei dem nichts Besonderes los ist. Wenn er aber mit einem Freund zusammen ist, dann kann er eine Haltung einnehmen, die seinem Kummer entspricht. Die «innere Haltung» bestimmt über das Ausdrücken von Emotionen.
Bei der Suche nach einer Antwort auf die Frage, wie diese Unechtheit psychologisch zu erklären sei, fiel mir auf, daß manche Menschen nur in bestimmten Situationen unecht sind: zum Beispiel eine Frau, die, mit einem Künstler verheiratet, von sich selber fordert, nicht nur die Sprache der Künstler zu sprechen, sondern auch deren Gefühle zu zeigen und zu haben. Sie glaubt, daß man das von ihr erwartet; sie nimmt eine «innere Haltung» an, und zwar die Haltung des Künstlers. Diese Haltung aber, so wie sie sie sich vorstellt, paßt nicht ganz zu ihrem eigenen Erleben. Wenn eine solche Frau später merkt, daß sie den Freunden ihres Mannes lieb und wert ist, auch ohne daß sie tiefsinnige Bemerkungen über gegenständliche oder abstrakte Bilder macht, daß sie akzeptiert wird, so wie sie ist, dann verschwindet ihre Unechtheit. Die Unechtheit ist an bestimmte Situationen gebunden, deswegen kann man von situativer Unechtheit sprechen, dann nämlich, wenn die Angst aufkommt, abgewiesen zu werden. Wenn es aber nun nicht nur um die Angst vor dem Abgewiesenwerden durch die Mitmenschen in einer aktuellen Situation geht, sondern wenn der Mensch in sich selber eine Instanz hat, die nur eine ganz bestimmte Haltung gutheißt, dann entwickelt sich eine habituelle Unechtheit. Diese Instanzen, Über-Ich und Ideal-Ich, bilden sich auf Grund der Haltungen der Eltern – sie sind die Eltern, insoweit diese in die eigene Persönlichkeit aufge-

[28] J. ZUTT: Die innere Haltung, eine psychologische Untersuchung und ihre Bedeutung für die Psychopathologie usw., Mtschr. Psychiatr. u. Neurol. 73 (1929), S. 50, 243, 330.

nommen wurden. Eltern fordern von ihren Kindern nicht nur bestimmte Äußerungen, sondern auch bestimmte Gefühle. Nicht Liebes tun ist ausreichend, sondern lieb sein wird gefordert. Wenn diese Forderungen zu hoch sind, so daß das Kind ihnen innerlich nicht gerecht werden kann, nimmt es doch die Haltung an, die die Eltern verlangen: Es tut nicht nur lieb, sondern es tut so, als ob es lieb ist, und möchte sich selbst auch als liebes Kind erleben und die dazu gehörenden Emotionen haben.

ALDOUS HUXLEY hat in der Diskussion im Anschluß an einen in der Menninger-Klinik gehaltenen Vortrag über situative und habituelle Unechtheit darauf hingewiesen, wie sehr diese Unechtheit sozio-kulturell bestimmt ist. – «To be what we are not» wird so oft von uns verlangt. Gerade bei einem besonders strengen Gewissen wird diese Unechtheit oft vorkommen. Wenn infolge einer über das Ziel hinausschießenden Hemmung des erotisch-sexuellen Trieblebens, das sich aber doch einen Weg nach außen zu bahnen sucht, die Möglichkeit fehlt, wirklichen Kontakt herzustellen, dann wird die Annäherung an einen anderen Menschen auf unechte Weise geschehen. Unechte Gefühle gibt es auf allen Gebieten. Es gibt nicht nur unechte «höhere» Gefühle, es gibt auch unechte Äußerungen von Leidenschaft. Eine einzige Bemerkung über den sozio-kulturellen Aspekt möchte ich hier folgen lassen.

Unechtheit entsteht durch nicht gelungene Nachahmung, die durch sozio-kulturellen Druck erfolgte, aber sie beeinflußt auch wiederum die Kultur. Viele scheinen nicht mehr zwischen echten und unechten Emotionen unterscheiden zu können. Ich denke hierbei nicht nur an ein Publikum, das sich im Kino durch eine sentimentale Schnulze rühren läßt, sondern auch an diejenigen, die die Prätention haben, die Spreu vom Weizen trennen zu können. Manche glauben von einem Lied von Schubert oder Brahms bewegt zu werden, während sie sich doch nur durch eine sich auf das Publikum einstellende Primadonna verführen lassen, die deutlich zeigt, daß sie überhaupt nicht fähig ist, zu fühlen, was sie singt. Die Kategorie echt – unecht wird viel zu wenig durch die Kunstkritiker verwendet, obwohl mit ihr doch so vieles verdeutlicht und darüber hinaus das Publikum durch die Anwendung dieser Unterscheidung erzogen werden könnte, was wiederum die Erziehung der Kinder in dieser Hinsicht erleichtern würde. So haben

Begriffe, die aus der Neurosenlehre kommen, für vielerlei Bereiche Bedeutung und bestimmt auch für das Verständnis sozio-kultureller Erscheinungen, die ihrerseits wieder neurosebildend wirken.
Bei den Charaktereigenschaften Infantilität, Egozentrik und Unechtheit waren wir stehen geblieben. Meines Erachtens wird auf einen Zug des hysterischen Charakters in der klinisch-psychiatrischen Literatur nur unzureichend hingewiesen, nämlich auf den oft so ausgesprochenen Masochismus. Masochisms ist einer von den gefährlichen Termini der Psychiatrie, gefährlich, weil sie zu viele Bedeutungen haben und darum eigentlich nichts mehr bedeuten.
Die weiteste Bedeutung von Masochismus ist: das Verlangen, Schmerzen, Leid und Erniedrigung zu erfahren. Dieser Wunschcharakter kann bewußt sein, wie z. B. bei der Perversion, die sexueller Masochismus genannt wird und mit Lust einhergeht. Man spricht aber auch dann von Masochismus, wenn keine bewußt erlebte Lust am Leiden besteht und wenn man sich das Leiden vollständig unbewußt auf den Hals lädt, z. B. um damit Strafbedürfnisse und den Wunsch, Buße zu tun, zu befriedigen. In solchen Fällen wird von «moralischem Masochismus» gesprochen, womit angedeutet ist, daß ein Gewissenskonflikt im Spiel ist: Ein strenges, ja sogar sadistisches Gewissen legt dem Ich Strafe auf, der sich das Ich unterwirft, um von einem unerträglichen Schuldgefühl befreit zu werden. Der hysterische Patient trägt Züge von beiden erwähnten Formen des Masochismus. Das starke Strafbedürfnis, in dem sich ein großes Schuldgefühl äußert, zwingt die Patienten zu ihrem Bußetun. Es sieht dann so aus, als dürften sie kein Vergnügen haben, als müßten sie alle guten Chancen verspielen, als müsse jede Möglichkeit für einen Erfolg in Mißerfolg verwandelt werden. Aber auch die sexuelle Form von Masochismus kommt bei ihnen vor, sei es auch manchmal mehr oder weniger maskiert. Der Wunsch danach, operiert zu werden, ist häufig die Äußerung einer sexuell-masochistischen Phantasie: Der mächtige große Mann erbarmt sich des machtlos gemachten Körpers. Daß gerade eine Bauchoperation so oft im Gefolge hysterischer Beschwerden stattfindet, wird denjenigen nicht verwundern, der die Beziehungen zwischen der Hysterie und den sexuellen Verdrängungen kennt. Die Gefühle der hysterischen Patienten ihrem Arzt gegenüber sind tatsächlich oft «erotisiert». Der Kontakt

mit einem Mann ist nur in dieser Form erlaubt: «Ich brauche ihn zur Behandlung meiner Krankheit.»
Masochistische Züge sind bei der Hysterie häufig, es gibt aber auch neurotische Krankheitsbilder, bei denen der moralische Masochismus eine zentrale Charaktereigenschaft ist: Die schuldgeplagten Charaktere, die Pechvögel, Menschen, die sich immer wieder selber Unglück aufladen oder die gegen das Leid, das über sie gekommen ist, fruchtlos protestieren und so niemals darüber hinwegkommen. Spielt im Erleben eines Patienten der sexuelle Masochismus als solcher eine nennenswerte Rolle, dann sprechen wir von Perversion.

8. Tiefenpsychologische Betrachtungen über die hysterischen Neurosen

Unsere Bemerkungen über die Hysterie führen uns zur tiefenpsychologischen Interpretation der Hysterie und des hysterischen Charakters. Eine Phänomenologie, die sich nicht auf die oberflächliche Beschreibung von oberflächlichen Wahrnehmungen beschränkt, eine Phänomenologie, die nicht in ein Spiel mit gewichtig klingenden und wenig sagenden Worten entartet, wird auf Erscheinungen stoßen und Zusammenhänge zu Tag treten sehen, auf die durch psychoanalytisch orientierte Untersucher aufmerksam gemacht wird. Eine umfassende psychoanalytische Interpretation der hysterischen Neurosen fällt aus dem Rahmen dieses primär klinisch orientierten Kapitels. Hier sei auf die betreffende Fachliteratur verwiesen, auf FREUDS[29] Arbeiten über Hysterie und auf O. FENICHELS[30] «Psychoanalytic theory of neurosis».
Symptome und Charakterdeformierungen stehen in Zusammenhang mit der Hemmung des sexuellen und aggressiven Trieblebens. Die hysterischen Patienten unterliegen einem in unserer Gesellschaft noch sehr oft vorkommenden Druck von gegen das Triebleben gerichteten Verboten. Vielen Menschen gelingt es nicht, ihre sexuellen Bedürfnisse in ihre Gesamtpersönlichkeit zu integrieren.

[29] S. FREUD (1894): Studien über Hysterie, Ges. W., Bd. I. (1916/17): Vorlesungen zur Einführung in die Psychoanalyse, Ges. W., Bd. XI.
[30] O. FENICHEL: The psychoanalytic theory of neurosis, New York (Norton).

Unzweckmäßige Erziehungsmaßnahmen müssen für diese Haltung verantwortlich gemacht werden, und sie sind wiederum auch ihre Folge. Man geht dabei nicht von dem aristotelischen Prinzip aus, daß die Triebe integriert werden können und müssen, sondern sieht in den Trieben eine Folge der Tatsache, daß die Seele im Körper wie in einem Kerker gefangen ist, oder als ein Zeichen des Sündenfalls. Diese Haltung der Erzieher hat zur Folge, daß die Kinder zu sehr frustiert werden, gezwungen werden, auf ihre Triebbefriedigungen zu verzichten; so bleiben die Triebe in einem infantilen Stadium fixiert, und das heranwachsende Kind lernt es nicht, auf vernünftige Weise mit diesen Impulsen umzugehen.

Bei bestimmten konstitutionellen Prädispositionen und bei ungünstigen Milieueinflüssen entwickelt sich in fortwährender Interaktion von Organismus und Umwelt die hysterische Neurose, die gesunden Entwicklungsprozesse stagnieren – der Ödipus-Komplex wird nicht bewältigt, sondern verdrängt. Diese sehr allgemein gehaltenen Bemerkungen geben natürlich kein Bild davon, in welcher Weise die individuelle Entwicklung jeweils gestört wird. Auf eine Darstellung der Interaktionen in der Familie werden wir an späterer Stelle noch zurückkommen; hier nur eine Bemerkung zu diesem Problem. Vielfach wird noch an der Ansicht festgehalten, daß die Psychoanalytiker ein bestimmtes Psycho-Trauma wie etwa eine Verführung des kleinen Jungen durch das Dienstmädchen, das Beobachten des sexuellen Verkehrs zwischen Erwachsenen, sexuelle Spiele etc. als den pathogenen Faktor ansehen. FREUD hat die Entdeckung gemacht, daß viele Berichte über Verführungen auf Phantasien des Kindes beruhen, die eine pathogene Bedeutung bekommen können. Gegenwärtig legt man besonders Gewicht auf solche für das Kind ungünstige Situationen, die man psychotraumatisch nennen kann. In und als Reaktion auf diese Situationen entstehen Phantasien, die dadurch pathogen werden, daß sie nicht offen geäußert werden können, sondern verdrängt werden auf Grund der Verbote der Eltern, der sich entwickelnden Über-Ich-Funktion und der intra-psychischen Konflikte z. B. zwischen Aggression und Libido, zwischen Impulsen mit aktiven und passiven Zielen. Müssen wir dann die Theorie vom Psycho-Trauma als ganz falsch bezeichnen? Das scheint mir nicht so. Es gibt tatsächlich ungünstige Milieuverhältnisse, die das Kind für bestimmte Erfahrungen verletzbar machen, und so kann ein Ereignis, mit dem ein gesundes Kind gut hätte fertig werden können, in bestimmten Situationen eine pathogene Bedeutung bekommen. So wird ein Kind, das zu streng erzogen wurde und Phantasien hat, die zu großen Schuldgefühlen führen, sehr viel stärker auf eine Kastrationsdrohung oder einen starken Impuls aus dem infantilen Triebleben reagieren. Man kann sich die Frage stellen, ob die zu starke erotisch-sexuelle Bindung an die Eltern nicht auch mit das Resultat des Verbietens aller erotisch getönten Annäherung und Interessen für die Altersgenossen ist. So ist ein besonders starker Ödipus-Komplex während der genitalen Periode auch mit eine Folge der vorhergehenden Perioden der Entwicklung. Wenn er sich gebildet hat, dann wird er zu einem ätiologischen Faktor für spätere neurotische Schwierigkeiten.

Bei den an einer hysterischen Neurose leidenden Patienten behalten die Verbote aus der ödipalen Periode während des ganzen späteren Lebens ihre Gültigkeit. In den Konversionssymptomen finden die Triebe ihren Ausdruck und manchmal zum Teil auch Befriedigung. Auf diesem Wege ist die Triebentladung möglich, denn dem Gewissen wird dabei ein ausreichender Zoll bezahlt, dadurch, daß der Lust ein genügendes Maß an Leid beigegeben ist. Daß die verdrängten sexuellen und aggressiven Impulse nebenher auch noch versuchen, zum Bewußtsein vorzudringen, wird aus der Angst sichtbar, die ein bei der Hysterie so häufiges Symptom darstellt. Die Beispiele, die ich an früherer Stelle für das Auftreten von Angst in der psychoanalytischen Behandlung gegeben habe, können zugleich als Beispiele psychotraumatischer Erfahrungen gelten, die zu starker Angstentwicklung geführt haben. In Zuständen gestörten Bewußtseins werden Konflikte oft dramatisiert.

Anfänglich lag bei der Untersuchung der hysterischen Neurosen der Hauptakzent auf dem Triebleben und seinen Störungen. Gegenwärtig widmen wir nicht weniger Aufmerksamkeit der Gewissensfunktion und untersuchen, inwiefern die Ich-Funktionen gestört sind. Es ist nicht zu spekulativ, hier an einen unzweckmäßigen Energieverbrauch zu denken. Die Energie, die für die Abwehr der infantilen Triebimpulse notwendig ist, wird der Anpassung und der integrierenden Funktion des Ichs entzogen.

Frigidität und Impotenz sind Kernsymptome der hysterischen Neurosen. Die Sexualität ist an die infantile Situation gebunden, die alten Verbote sind immer noch gültig, und die sexuellen Funktionsstörungen sind der Ausdruck davon. Die Züge des hysterischen Charakters brauchen nicht als unveränderlich aufgefaßt zu werden, nicht als ausschließlich konstitutionell bedingte Eigenschaft. Die Infantilität des hysterischen Charakters hängt mit der Entwicklungsstörung unmittelbar zusammen. Auf die Egozentrik, auf die Verwendung zwischenmenschlicher Beziehungen für narzißtische Zwecke, auf die übermäßige Reflexion, die geringe Fähigkeit, sich in andere Menschen einzufühlen, wenigstens nicht mit dem Ziel, deren Interessen zu dienen, wurde ausführlich eingegangen.

Es bedarf keiner metaphysischen oder ausschließlich konstitutionellen «Interpretationen», um die Unechtheit verständlich und in hohem Maße erklärbar zu machen. Wenn echte erwachsene Gefühle auf Grund der neurotischen Entwicklungsstörung fehlen, wenn im Triebleben wurzelnde Emotionen nicht da sind, während der Patient sich dazu gezwungen fühlt, bestimmte Affekte zu zeigen, dann können wir nur eine «innere Haltung» annehmen, die nicht zu der übrigen Persönlichkeit paßt. Fassen wir das bisher Behandelte noch einmal sehr kurz zusammen: Der Ödipus-Komplex und die Fixierung des Trieblebens im phallischen Stadium bestimmen das Bild der hysterischen Neurosen. Das Ich verwendet in der Hauptsache Verdrängung und Verleugnung, aber daneben auch noch andere Mechanismen für die Abwehr. Es gibt mehr neurotische und mehr psychopathische Varianten. Die Fixierung im phallischen Stadium der Entwicklung tritt auf Grund von Milieuverhältnissen ein, meistens läßt sich deutlich zeigen, daß das Kind auch schon frühere, unaufgelöste Konflikte hat, durch die die Bewältigung der ödipalen Problematik unmöglich wurde. Auf die masochistischen und oralen Züge haben viele moderne Autoren aufmerksam gemacht.

III. HYSTERISCHE NEUROSEN BEI DER FRAU

1. Die neurotische Verarbeitung des Kastrationskomplexes

Bei den klassischen hysterischen Neurosen steht die Fixierung an die ödipale Phase der Entwicklung im Mittelpunkt der Pathogenese. In einer gewissen Anzahl von Fällen scheinen die Patienten, um den Schwierigkeiten dieses Stadiums zu entgehen, zurück in frühere Stadien der Libido-Entwicklung geflüchtet. Sie haben ihre Probleme durch Regression abgewehrt. Regression führt bei Mädchen und Jungen zu verschiedenen Symptombildungen, die gesondert besprochen werden müssen. Symptome und Charakterdeformierungen haben bei der Frau ihren Ursprung hauptsächlich im Kastrationskomplex, beim Mann dagegen im sogenannten negativen Ödipus-Komplex. Eine klinische Einteilung ohne psychogenetische Überlegungen ist unmöglich, weil die Theorie uns überhaupt erst in Stand gesetzt hat, diese Bilder abzugrenzen und zu verstehen. Ich will jedoch bemüht sein, das Hauptaugenmerk auf den klinisch-deskriptiven Aspekt zu legen. Beginnen wir also mit den zu dieser Gruppe gehörenden Neurosen bei der Frau. Im Rahmen der allgemeinen Neurosenlehre wurde schon besprochen, daß das Mädchen während seiner Entwicklung eine Phase durchmacht, in der es eifersüchtig auf den Jungen ist. Manche Autoren sehen im Penisneid eine normale Erscheinung und halten die quantitativen Unterschiede für entscheidend. Man kann aber auch den Penisneid als solchen als eine pathologische Erscheinung auffassen. Meines Erachtens bedarf es noch breiter empirischer Untersuchungen, um eine Antwort auf diese Frage geben zu können. In der psychoanalytischen Theorie wird dem Penisneid eine veränderte Haltung des Kindes gegenüber den Eltern – auch die hieraus resultierenden Folgen – zugeschrieben. Das Mädchen ist wütend auf die Mutter, die in seiner Phantasie eine allmächtige Figur darstellt, weil sie ihm das vorenthalten hat, was die Jungen besitzen. Es wendet sich emotionell dem Vater zu, der ihr dieses Unrecht nicht angetan hat und darüber hinaus selbst im Besitze dieses so heiß begehrten Organs ist. J. LAMPL-DE GROOT hat als erste darauf aufmerksam gemacht, daß das kleine Mädchen auch eine phallische Phase durchmacht und in ihr viel Übereinstimmung mit dem Jungen zeigt. Damit machte sie eine Entdeckung, die für unsere Einsicht in die Psychologie der Frau von grundlegender Bedeutung ist[31]. FREUD unterstrich in Anlehnung an HELENE DEUTSCH die Feindseligkeitsgefühle gegenüber der Mutter.

Hinsichtlich der Psychopathologie der Neurosen bei der Frau können wir folgendes festhalten:

a) Für die Entwicklung der meisten neurotischen Erkrankungen der Frau spielt die Eifersucht auf den Mann eine entscheidende Rolle.

b) Weibliche neurotische Patienten haben eine zumeist verborgene, manchmal aber auch offen feindselige Haltung gegenüber ihrer Mutter, die ihre Wurzeln im Kastrationskomplex und in der ödipalen Eifersucht hat.

Für die Entwicklung des kleinen Mädchens wirkt es sich katastrophal aus, wenn die Eltern merken lassen, daß sie eigentlich mit einem Sohn gerechnet hatten. Der Penisneid wird hierdurch angestachelt. Anfänglich stört diese Haltung «wir hätten eigentlich gerne einen Sohn gehabt» die Beziehung des Kindes zur Mutter, die sich obendrein oft auch ihrem Mann gegenüber minderwertig fühlt dadurch, daß sie ihm keinen Sohn hat gebären können. Der Ärger darüber wird von ihr in der Beziehung zu ihrer kleinen Tochter ausgelebt. Wenn dann später der Vater das Mädchen ebenfalls abweist, dann hat sich erst recht eine neurotisierende Situation entwickelt. Das Kind fühlt sich dann weder beim einen noch beim anderen Elternteil sicher. Die präödipale und die ödipale Erlebnissituation wirken dann beide pathogen – die Beziehungen zu den Mitmenschen werden im späteren Leben gestört durch Eifersucht, Haß, Minderwertigkeitsgefühle, Unzufriedenheit mit sich selbst und anderen. Darunter aber, häufig sehr tief verborgen, existieren starke Bedürfnisse nach Sicherheit, sich geborgen wissen – eine Sicherheit, die nicht erreicht werden kann, weil die Neurose zu störend gerade in den Beziehungen wirkt, in denen der gesunde Mensch

[31] J. LAMPL-DE GROOT: Zur Entwicklung des Ödipuskomplexes der Frau, Intern. Ztschr. Psychoanal., Bd. XIII (1927), S. 269.
S. FREUD (1931): Über die weibliche Sexualität, Ges. W., Bd. XIV, S. 515.
S. FREUD (1933): Neue Folge der Vorlesungen zur Einführung in die Psychoanalyse, Ges. W., Bd. XV, S. 119.

sich sicher und geborgen weiß, etwa in einer Liebesbeziehung, in einer guten Ehe. Die Beziehung zum Mann wird dadurch gestört, daß in der Neurose eine Regression auf die phallische Phase stattfindet. Heftige Eifersuchtsgefühle sind dann die Folge. Eine Regression auf eine noch frühere Phase, nämlich die orale Phase, bringt diese Patienten in eine starke Abhängigkeitsbeziehung mit unstillbaren Liebesbedürfnissen, wodurch der Ambivalenzkonflikt häufig ins Maßlose gesteigert wird. KARL ABRAHAM[32] hat in seiner klassischen Arbeit «Äußerungsformen des weiblichen Kastrationskomplexes» die beiden Formen der Verarbeitung des Kastrationskomplexes beschrieben. Er nennt sie den «Wunscherfüllungstyp» und den «Rachetyp». So gibt es Frauen, die den Geschlechtsunterschied dadurch leugnen, daß sie die Haltung zeigen: «Ich kann alles besser als der Mann.» Andere wiederum verwenden gerade ihre weiblichen Fähigkeiten und Attribute, um den Mann machtlos zu machen, und rächen sich auf diese Weise.

Ich könnte mir vorstellen, daß der Leser denkt, hier werde auf die dominierende und kastrierende Frau verwiesen. Vor der leichtfertigen Verwendung dieser Begriffe will ich aber warnen, nicht etwa, weil sie als Schimpfwörter benutzt werden – jede Bezeichnung kann als Schimpfwort benutzt werden, dann wählt man einen neuen Begriff, und diesen ereilt das gleiche Schicksal – sondern darum, weil diese Begriffe zu viele Bedeutungen haben und dadurch leicht zu Mißverständnissen führen. Das Laienpublikum hat sich diese aus der Neurosenlehre kommenden Begriffe angeeignet: Der Mann, der sich in einer Diskussion gegen eine Kollegin wendet, die ihn an Klugheit übertrifft, bezeichnet sie als dominierend; der ungeschickte, hypersexuelle Neurotiker, der sich durch eine Frau abgewiesen fühlt, weil sie nicht fortwährend koitieren will, sondern gerne auch Gespräche hat, rächt sich an ihr dadurch, daß er sie als kastrierend bezeichnet. Männliche Mitarbeiter, die sich in ihrem Mannsein nicht so ganz sicher fühlen, sehen überall um sich herum dominierende und kastrierende Frauen und vergessen sich sogar bisweilen. Mitarbeiterinnen, die sich noch nicht so gut wie möglich mit ihrer Rolle als Frau und Mutter

[32] K. ABRAHAM (1921): Äußerungsformen des weiblichen Kastrationskomplexes, Intern. Ztschr. Psychoanal., Bd. VII (1921), S. 422.

haben identifizieren können, machen den analogen Fehler: Das Erste, was sie an einem Mann entdecken, ist sein phallisch-narzißtisches Verhalten oder eine latente Homosexualität, wenn sie sagen, «das ist kein richtiger Mann». Es ist immer gut, zu wissen, wie die eigene psychische Optik funktioniert. Das Erwerben der wissenschaftlichen Grundlagen gehört zur psychiatrischen Ausbildung. Meist ist aber auch eine Ausbildungsanalyse notwendig, um die eigenen blinden Flecken zu verkleinern. Nach diesem warnenden Hinweis hinsichtlich der Diagnostik der dominierenden und kastrierenden Frauen wenden wir uns nun den durch ABRAHAM beschriebenen Typen zu.

Der wunscherfüllende Typus zeigt durch Worte und Verhalten die Einstellung: ich kann alles, was ein Mann kann. Nicht etwa, daß dies geglaubt wird, ist pathologisch. Warum sollte nicht auch eine Frau können, was ein Mann kann? Nur wenige Leistungen liegen tatsächlich nicht im Bereich ihrer Möglichkeiten wie z. B. ein Boxwettkampf in der Schwergewichtsklasse. Sieht man aber auf andere Berufe und Leistungen, dann kann man darüber diskutieren. Wir kennen weibliche Minister, Hochschullehrer und Sportkanonen. Die Proteste, die von Männern erhoben werden, «wo sollte das hinführen, eine Frau muß doch Frau bleiben», sind oft Ausdruck eines männlichen Überlegenheitsgefühls, das sie veranlaßt, an dem «Heimchen-am-Herd-Konzept» festzuhalten. Nicht etwa, daß eine Frau männliche Leistungen vollbringt, ist neurotisch, neurotisch ist vielmehr, wenn dieser Leistungswunsch zur Leistungssucht wird, deren vornehmstes Ziel es ist, es dem Mann gleichzutun, und nicht nur das, sondern ihn kleinzukriegen und zu erniedrigen. Auch der wunscherfüllende Typ hat seine Rachebedürfnisse.

Wie können wir nun zwischen einer normalen Einstellung der Arbeit gegenüber und einem neurotischen Leistungsbedürfnis aus Konkurrenzsucht in einer Zeit unterscheiden, in der unter dem Einfluß sozio-kultureller Faktoren die Frau im Zusammenleben eine Rolle zu spielen beginnt, die so ganz verschieden ist von dem, was wir früher von ihr erwarteten? Bei der neurotischen Frau geht mit der Leistungssucht eine starke Feindseligkeit dem Mann gegenüber einher, sie kann nicht zusammenarbeiten und dem Mann auch nicht den kleinsten Erfolg gönnen. Eine neurotische Rektorin macht ihren Lehrern die Arbeit unmöglich, weil sie dauernd unbillige Kritik übt; die Assistentin, die alles besser weiß, läßt ihren männlichen Kollegen beim Professor hereinfallen und hetzt sie gegeneinander auf. Außerdem können wir sagen, daß eine solche Frau immer dann versagen wird, wenn ein spezifisch weibliches Verhalten von ihr verlangt wird. So kann sie nicht passiv etwas annehmen, sie ist frigide und wird sich immer so einrichten, daß keine Situationen entstehen können, in denen ihre erotisch-sexuelle Unfähigkeit zutage treten würde. Auch in diesem Problembereich sind Phantasien hinsichtlich der Konstitution üppig gewachsen, daß nämlich diese männlichen Züge konstitutionell bedingt sein sollen. Das mag gewiß auch eine Rolle spielen, aber jeder Psychotherapeuth mit etwas mehr Erfahrung kennt die elegante, gut gekleidete, anziehende Frau, die sich aus der wenig eleganten maskulinen Patientin mit den groben Schuhen, dem grauen Kleid und den Zigarettenrauch-gebräunten Fingern entwickelt hat. Manchmal finden wir auch bei dem hier beschriebenen Charakter hysterische Symptome, aber die Charakterneurose und die mit ihr zusammenhängenden Störungen der zwischenmenschlichen Beziehungen stehen doch ganz im Vordergrund.

Ganz besondere Aufmerksamkeit verdienen die neurotischen Beziehungen, die diese Frauen mit ihrem eventuellen Partner eingehen, denn diese Beziehungen bestimmen das Milieu, in dem die Kinder groß werden, meist als Neurotiker, aber manchmal hat es auch schlimmere Folgen. Die neurotische Partnerwahl kann hier nicht in extenso abgehandelt werden, aber einige Bemerkungen zu diesem Thema möchte ich doch bringen. Die Frau mit dem klassisch hysterischen Syndrom sehen wir oft verheiratet mit einem Mann, der Rettungsphantasien hat. Er begegnete dem empfindsamen Mädchen, das sich von dem sanften Mann angezogen fühlte, mit der Erwartung: So ein feinsinniger Mann wird mich nicht mit der schrecklichen Sexualität quälen, er wird sich auf das Notwendigste beschränken, um Kinder zu kriegen, weil das ja nun mal dazu gehört. Mit dem «Wunscherfüllungstyp» einer Frau finden wir oft einen Mann verbunden, der bei einer beherrschenden Mutter groß geworden ist und nun diese Beziehung mit seiner Frau fortsetzt, der sich in allem von ihr abhängig macht; sie trifft die Entscheidungen, bestimmt, in welcher Weise das von ihm verdiente Geld ausgegeben wird und wie die Kinder, deren Zahl sie bestimmt, erzogen werden; seine Ration «sexueller Befriedigung» wird ihm zugeteilt als Belohnung für seine Unterwerfungshaltung. Wenn der Mann sich in seiner Haltung nicht den Erwartungen dieser Frauen fügt, dann bestrafen sie ihn dadurch, daß sie auf seine sexuellen Annäherungen nicht eingehen. In einem solchen Verhalten müssen wir die Äußerung einer Anpassungsstörung, eine Krankheit sehen. Man kann hier zwar von Herrschsüchtigkeit sprechen, der Psychiater muß hier aber auf das Neurotische, auf das Leiden achten, auch wenn es gerade bei diesem Typ sehr verborgen ist. Die dominierende Haltung der Frau wird oft verstärkt durch die Enttäuschung über das unmännliche Verhalten des Partners. Wenn dagegen der Mann sich auch männlich gibt und sich nicht wie ein abhängiges Kind verhält, dann kann sich die Frau auch besser ihren stets vorhandenen Wünschen, als Frau befriedigt zu werden, überlassen. Shakespeare hat uns in «Der Widerspenstigen Zähmung» gezeigt, wie eine lästige, herrschsüchtige Frau passiv gemacht werden kann – in der Regel helfen jedoch die dort angewendeten Maßnahmen nicht, und nur eine Psychotherapie kann zum Besseren führen. Wenn eine neurotische Ehebeziehung zustande gekommen ist, empfinden die Partner meist kein Bedürfnis nach Hilfe. Die Ehepartner leben ihre Neurosen aus und befriedigen die Neigung, zu beherrschen bzw. beherrscht zu werden. Der Kinderpsychiater in den Erziehungsberatungsstellen sieht aber dann diese Mütter, weil ihre Kinder neurotische Störungen zeigen, die wiederum die Grundlage für das Nichtannehmen-Können der eigenen Geschlechtsrolle bieten. Die Jungens wurden abhängig gemacht oder zu unmöglichen Leistungen angetrieben, weil sie die Erfolge erringen mußten, die der Mutter vorenthalten geblieben waren. Manchmal wird die Sexualität unterdrückt. Die Mädchen leiden oft an dem einen oder anderen neurotischen Zustandsbild, dessen Wurzeln im Kastrationskomplex liegen.

Eine andere neurotische Beziehung zwischen einer solchen Frau und ihrem Partner sieht man nicht weniger oft: Der Mann wird benutzt als ein Mittel, um über andere zu dominieren, zu imponieren und zu tyrannisieren. Man kann in diesen Fällen sagen, daß dann der Mann das aggressive männliche Attribut dieser Frauen ist. GLOVER hat das sehr prägnant formuliert: ihr sadistischer Penis. Das «cherchez la femme» ermöglicht es in diesen Situationen, eine Antwort darauf zu bekommen, warum bestimmte Männer so sind, sich so verhalten, warum sie dauernd oder zeitweise ein übertriebenes Machtbedürfnis zeigen, das so gar nicht zu ihrem übrigen Charakter paßt.

In diesem Zusammenhang möchte ich über eine Beobachtung berichten, über einen Unternehmer, der regelmäßig für kurze Zeit seinem Betrieb fern blieb. Nach solchen Perioden des Wegseins zeigte er sich seinen Untergebenen gegenüber besonders streng, alles mußte anders werden, in seinem Betrieb war ein «Schlendrian eingerissen» etc. Die Folgen dieser kurzen Ferienperioden waren so bekannt im Betrieb, daß niemand es riskierte, kurz nach seiner Rückkehr ihn um etwas zu bitten; jeder wartete, und nach Ablauf einer Woche schien er entgegenkommender, auch wenn man damit nicht rechnen oder ihm vertrauen konnte. Er fühlte sich dauernd durch seine Mitarbeiter bedroht, führte jedoch immer große Reden über gute Zusammenarbeit, Kollegialität etc. Das «cherchez la femme» führte in diesem Fall zu der Entdeckung, daß er während seiner Abwesenheit in der Hauptstadt eines benachbarten Landes seine Mätresse besuchte, eine Frau, die selber eine leitende Funktion hatte und bei ihrem Personal gefürchtet war; sie wurde von ihren Mitarbeitern beschrieben als eine Frau, die die Hosen anhat, die Haare auf den Zähnen hat. Der Mann war für sie das Instrument, das sie verwendete, um ihre eigenen aggressiven Phantasien, die von ihrem Kastrationskomplex herrührten, auszuleben. Solche Frauen hetzen ihre Männer auf, sich männlich zu zeigen, dadurch, daß sie ihnen gegenüber Reden führen wie z. B.: laß dir nicht auf dem Kopf herumtanzen, du bist viel zu schlapp, du mußt zeigen, daß du auch jemand bist, du findest es anständig, daß du nicht streng auftrittst, aber ist das nicht einfach Lauheit? Im Familienleben hetzen solche Frauen ihre Männer oft zu einem zu strengen Auftreten gegen ihre Kinder auf. Vorgesetzten, die über einige Erfahrung verfügen, sind derartige Familienverhältnisse durchaus vertraut. Sie wissen, daß die Ehepartnerinnen der Grund für die Schwierigkeiten ihrer Untergebenen sind; diese werden durch ihre Frauen aufgehetzt, ihre Konkurrenzsucht wird angestachelt und es wird ihnen Schlappheit vorgeworfen. Auf diese Weise entsteht das Bild des Pantoffelhelden, der an seinem Arbeitsplatz als übertriebener Polterer oder engstirniger Antreiber bekannt ist. Wir müssen uns hier auf die Erörterungen dieser beiden Formen einer neurotischen Beziehung, nämlich das Kleinhalten des Mannes und den Mißbrauch des Mannes als aggressives Instrument beschränken.

Für den, der erst anfängt, die Neurosen zu studieren, ist es nicht leicht, einen Weg in dem Gebiet der Symptomatologie von Charakterstörungen bei den verschiedenen Formen der Hysterie zu finden, um so mehr als gerade hier strikte Abgrenzungen so schwer durchzuführen sind. Rufen wir uns noch einmal die genannten Züge des hysterischen Charakters in Erinnerung: Infantilität, Egozentrik, Unechtheit, häufig einhergehend mit Masochismus, nicht selten auch allerlei Zeichen von Hemmungen, wie z. B. Nachgiebigkeit, Furchtsamkeit und Verlegenheit. – Den Typus mit den letztgenannten Eigenschaften können wir auch bezeichnen als «the inhibited type».

Du Bœuff hat darauf hingewiesen, daß manche hysterischen Patienten sich aktiv der Umgebung zuwenden, andere dagegen sich zurückziehen. Er sprach von aktiver und passiver Hysterie. Bei den Patienten, die sich ausgesprochen aktiv ihren Mitmenschen zuwenden, finden wir oft die Eigenschaften des Wunscherfüllungstyps, wie wir sie oben beschrieben haben. Schon zu Anfang habe ich dargelegt, daß eine gewisse klinische Gruppierung unentbehrlich ist, daß jedoch auf diesem Gebiet der Neurosen die Übergänge außerordentlich fließend sind. Dynamisch-genetische Überlegungen können hier Klarheit verschaffen, wenn die klinischen Gruppierungen Verwirrung zu stiften drohen. Die klassische Hysterie mit ihren bekannten Symptomen und der hysterische Charakter haben ihre Wurzeln im unaufgelösten Ödipus-Komplex. Die Verarbeitungen des Kastrationskomplexes sind für die Neurosenbildung so bestimmend, daß wir für sie eine besondere Kategorie schaffen können; meistens bekommen wir jedoch zugleich die Folgen des Ödipus-Komplexes wie auch die des Kastrationskomplexes zu sehen. Diejenigen Neurosenformen, deren Wurzeln vornehmlich im Kastrationskomplex, im Penisneid wurzeln, werden als phallische Hysterie bezeichnet. Dieser Begriff ist insofern ein Vorteil, als er die Verwandtschaft mit der klassischen Hysterie deutlich herausstellt. Es gibt auch Übergänge zwischen der klassischen Hysterie und der phallischen Hysterie. Hemmungserscheinungen auf dem Gebiet der Sexualität und Penisneid hängen miteinander zusammen. Für die Beurteilung einer Neurose muß man sich so gut wie möglich ein Bild davon machen,

welche Rolle die Hemmung durch Verbote der heterosexuellen Interessen spielt, und welche Bedeutung der Penisneid im speziellen Fall, der gerade untersucht wird, hat.
Der Verlauf der Hysterie kann ungewöhnlich launisch sein. Mal treten Symptome auf, deren Ursachen in der Verdrängung der Sexualität liegen, dann wieder Erscheinungen, die mit dem Penisneid zusammenhängen. Man darf nie vergessen, daß der Wunsch, ein Mann zu sein, bei der Frau meist sehr tief verdrängt ist – allein bei der aktiven Homosexualität kommt er unverhüllt zum Vorschein. Beim Durchbrechen infantil-sexueller Regungen sprechen wir von Perversion. Seit wir aber wissen, daß auch die Perversionen eine Abwehrfunktion haben, beachten wir mehr die Übereinstimmungen als die Unterschiede zwischen Neurose und Perversion, wie wir schon in der Einleitung dieses Kapitels ausgeführt haben.

2. *Der Rachetyp*

Die Charakterneurose des sogenannten Rachetyps hat gleichfalls ihre Ursachen im Kastrationskomplex. Manche der an ihm leidenden Patientinnen versuchen den Mangel, den sie unbewußt wahrnehmen, durch die Anstrengung auszugleichen, genau so wie der, Mann zu sein etwa auf dem Gebiet intellektueller Leistungen, des Sports und anderer Lebensbereiche, oder ihn in der Arbeit und in der Ehe zu beherrschen. Andere wiederum sind neidisch auf das, was er besitzt, und versuchen, ihn schwach und machtlos zu machen. Diese zwei «Lösungen» des Kastrationskomplexes sind naheliegend. Wenn man den anderen um etwas beneidet, kann man versuchen, es auch zu kriegen, oder versuchen, das, was der andere hat, kaputt zu machen – der letztere Weg ist für manche leichter zu gehen. ABRAHAM nennt die neurotische Frau, die diesen Weg benutzt, den Rachetyp. Sie nimmt Rache am Mann, weil ihr das fehlt, was er hat. Man kann sich dieses Rachenehmen offen und weniger offen, bewußt oder unbewußt vorstellen. Wird dieser Impuls ganz offen ausgelebt, dann kann man von einer alloplastischen Reaktionsform sprechen und diesen Typus psychopathisch nennen; wird dieser Racheimpuls verdrängt, und sieht man nur noch die Folgen dieser Verdrängung, dann ist die Reaktionsform autoplastisch, und man hat es mit einem neurotischen Zustandsbild zu tun.

Der psychopathische Typus ist uns als «Vamp» vertraut. Dieser Charakter äußert sich in einem immer wieder wiederholten Manöver: Ein Mann wird verführt, Versuche werden unternommen, um ihn abhängig zu machen, und dann wird mit ihm gespielt. Die Frau stellt dann stets höhere Forderungen, sie will nicht nur versorgt, sondern auch verwöhnt werden von ihrem Partner. Sobald sie ihn ganz ausgenommen hat, wendet sie sich triumphierend ab, oder macht ihn eifersüchtig durch andere Verehrer. Nicht selten wird ein Mann durch eine solche Frau in den Tod getrieben, indem er aus Verzweiflung Selbstmord begeht, von der Angst überwältigt, im Stich gelassen zu werden. Dieses Gefühl des Verlassenwerdens bedeutet: als Mann nichts mehr leisten können, bedeutet also die Kastration. Gerade dadurch, daß diese Frauen den Mann fortwährend sexuell erregen, ihm auch eine Zeitlang sexuelle Befriedigung geben, ihn aber dann plötzlich abweisen, kommen ihre Opfer in derart gefährliche Situationen. Durch das Wort Vampir wird das sich Festsaugende und Beißende im Verhalten dieser Patientinnen gut gekennzeichnet. Das weibliche Genitale wird verwendet wie ein beißender Mund; in diesem Zusammenhang sei an den Begriff der Vagina dentata erinnert. Die oral sadistische Haltung ist mitbestimmend für diese Form des Kastrationskomplexes. Die Phantasie einer zu diesem Typ gehörenden Patientin ist beispielhaft: Sie stellte sich vor, daß sie den Männern, mit denen sie Geschlechtsverkehr hatte oder haben könnte, ihren Penis wegnimmt und diese dann wie eine Trophäe in ihrem Zimmer auf eine Schnur aufgereiht aufbewahren kann. Literatur, Bühne und Film machen von diesem Frauentyp dankbar Gebrauch. Solange der Partner, oder besser wäre hier gesagt das Opfer, erobert werden muß, wird Liebe vorgetäuscht; zwischen dem Vortäuschen und dem in unechter Weise Fühlen gibt es alle Übergänge.

Bei der neurotischen Form dieser als Rachetyp bezeichneten Frau führen die beschriebenen psychischen Prozesse zu Symptomen, unter denen die neurotische Untreue, das Sich-nicht-binden-Können, eines der wichtigsten ist. Die Rachsucht, die feindselige Einstellung gegenüber dem Mann als solche ist unbewußt, und die Verliebtheit, mit der das Manöver «anfängt», ist nicht vorgetäuscht, oft macht sie nicht einmal einen unechten Eindruck; die Verliebtheit kann sogar ungewöhnlich intensiv sein. Verliebtseinkönnen bedeutet jedoch keineswegs, daß die Voraussetzungen zum Lieben in der Persönlichkeit gegeben sind. Es ist vielmehr ein Verlangen auf Grund der Antizipation von Wunscherfüllungen. Sobald der Partner erobert ist, tritt ein merkwürdiges Phänomen in Erscheinung: Der Mann, der bisher das Ziel sehnsüchtigen Verlangens war, wird nun als weniger interessant erlebt, und die Frau fragt sich: «Ist er tatsächlich der Richtige für mich?» Manchmal wird das Verschwinden des Verliebtheit-Gefühls als ich-fremd erlebt, als ein quälendes Symptom. Der Patientin geht es noch schlechter als Tantalus, der das Wasser, wenn es dicht an seinem Mund war, nicht trinken konnte; für sie ist das Wasser all der Eigenschaften beraubt, mit denen es den Durstigen begeistert. Im gleichen Augenblick, in dem der Mann ihr seine Liebe erklärt, ist ihre Liebe vorbei. Manchmal hat die Untreue auch eine narzißtische Bedeutung: «Ich bin nun einmal eine so komplizierte Person, daß mich in all meinen differenzierten Bedürfnissen kein Mann befriedigen kann.» In solchen Fällen ist das Nicht-lieben-Können nicht so sehr ein Symptom (ich-fremd) als vielmehr ein Charakterzug (ich-nah).

Daß solche Patientinnen ihre Partner unglücklich machen, ist klar geworden. Der Mann wird zuerst erobert, dann abgewiesen und tatsächlich seiner Potenz beraubt, jedenfalls solange er sich innerlich gebunden fühlt, und das bleiben die Partner solcher Frauen oft sehr lange. Wie ist dieses Gebundenbleiben zu erklären? Um sich an einen wirklich psychopathischen Vamp zu binden, muß man ausgesprochen masochistisch sein. Bei der neurotischen Variante dieses Rachetyps ist die Kastrationsneigung oft sehr verborgen und nur für den Fachmann wahrnehmbar. Ist doch die Frau wirklich verliebt gewesen und erlebt das Verschwinden ihres Gefühls selber als Unvermögen zu lieben, worunter sie auch leidet, was wiederum die Gefühle des Partners anregt. Obendrein versichert sie ihm, daß sie stets seine beste Freundin bleiben will, daß er immer einen großen Raum in ihrem Herzen behalten wird. Welcher verliebte Mann würde so etwas nicht gerne hören? Dabei entgeht ihm die Einsicht, daß er gerade dadurch an die Frau gebunden bleibt, daran gehindert wird, seine Liebesregungen auf eine andere Frau zu richten, und auf diese Weise genau die Rolle des unglücklichen Liebhabers spielt, die ihm durch seine kastrierende Geliebte zugedacht wird. Er spürt nur das traurige Resultat, und es ist ihm dabei unbegreiflich, wie ihm geschieht. Man wird bei diesen Manövern, wo die Frauen einem Mann so begegnen, und beim Verhalten von Männern, die sich diesem Griff nicht entziehen können, an die Kopulation der Gottesanbeterin erinnert, in deren Verlauf das Männchen von ihr aufgefressen wird. Manchmal leidet eine solche Frau, die den Mann in dieser Weise quält, auch unter ihrer Untreue und hat deswegen Schuldgefühle. Manchmal jedoch sind ihre Triumpfgefühle nur von einem dünnen Firnis des Mitleids verdeckt – eine dünne Schicht Zucker um eine nicht allein bittere, sondern auch giftige Pille, eine leidschwere Version eines Liebestrankes, den jedoch in diesem Fall, anders als bei Tristan und Isolde, nur einer der Partner zu trinken bekommt. Für diese Frauen ist der Besitz der Sache zugleich das Ende ihres Vergnügens.

Die Rache beschränkt sich oft nicht nur auf das triumphierende Abweisen. Eine noch größere Quälerei für den Mann ist es, wenn er eifersüchtig gemacht wird mit einem anderen Partner, von dem die Frau nun das Heil erwartet. Eine zu diesem Typus gehörende Frau richtete es immer so ein, daß sie den einen Freund rechtzeitig aus ihrem Schlafzimmer und ihrem Haus hinauswarf, um mit einem anderen Freund den übrigen Teil der Nacht zubringen zu können. Sie konnte keine Wahl treffen, sie liebte, wie sie meinte, beide in gleicher Weise. Bisweilen enden solche Manöver mit Mord und Selbstmord. Der Mann ist dann tatsächlich impotent gemacht, und die Frau hat ihre Strafe für ihr Kastrationsbedürfnis. HELENE DEUTSCH hat darauf hingewiesen, daß Carmen eine solche untreue Frau darstellt, die ihre gerechte Strafe erhält. Manchmal flammt die Verliebtheit wieder auf, wenn der Mann Anstrengungen macht, sich zu distanzieren, und derartige Verhältnisse sind dadurch charakterisiert, daß nur immer der eine der beiden Partner sich seiner Liebesgefühle sicher ist, und zwar gerade immer dann, wenn der andere es nicht ist. Männern, die von einem solchen Unglück betroffen sind, kommt das Verhalten ihrer Partnerin sehr geheimnisvoll vor – man hört sie etwa berichten: «Sie war so lieb, sie war eine ideale Frau, verständnisvoll, eine befriedigende sexuelle Partnerin, bei der ich mich so recht als Mann fühlte – später bekam sie einen Widerwillen gegen mich, war nett nur noch zu anderen und hatte für mich nichts mehr übrig.»

Im Zusammenhang mit dem Phänomen: zwar begehren können, aber nicht lieb haben können, sei noch das Folgende angemerkt: Begehren ist immer leichter als lieb haben, in der Phantasie machen wir uns den anderen doch immer so, wie wir ihn haben wollen. Dabei bilden wir uns den anderen nicht so sehr nach unserem Ebenbild und uns ähnlich, das kommt gewiß auch vor, sondern vielmehr in Übereinstimmung mit unseren tiefsten Wünschen. In der Phantasie können wir idealisieren. Die Realität ist immer mehr oder minder frustrierend – um lieben zu können, muß man imstande sein, Frustrationen zu ertragen, andernfalls kann Verliebtheit niemals in Liebe übergehen. Aber bei der kastrierenden Frau ist die Diskrepanz zwischen der Fähigkeit, zu begehren und zu lieben, auch neurotisch verstärkt, weil hier die Kastrationsneigung das Liebesverlangen überwiegt. Manchmal gibt es Situationen, in denen die Anpassung gerade noch glückt, oft jedoch scheitert die Beziehung, weil der Penisneid eine beständige Liebesbeziehung unmöglich macht. Zugleich muß aber darauf aufmerksam gemacht werden, daß die Quantität und die Intensität die entscheidende Rolle spielen. So gibt es Frauen, die den Mann gerne immer wieder neu erobern. «Give me uncertainty», sagte die Patientin von HELENE DEUTSCH, andere wiederum quälen sich vorübergehend mit neurotischen Untreuephantasien. Die ausgesprochenen Vertreterinnen dieses Types weisen immer wieder den Mann ab. Oft heiraten solche Frauen schließlich einen Mann, von dem sie weniger halten als von einem der vorhergehenden Liebhaber. Die Ehe mit dem am wenigsten geliebten Mann ist manchmal die Strafe für die Kastrationsneigung, manchmal ist nur die Ehe mit einem wenig männlichen Mann überhaupt möglich, weil sie einen starken Mann nicht aushalten, so wie es schon ABRAHAM in seiner Arbeit treffend geschildert hat.

Auffallend häufig sind diese neurotischen Frauen gehemmt. Darin ist das Rätselhafte an ihrem Wesen begründet. Sie gehören dann zu dem sogenannten «inhibited type», und gerade dadurch sind sie für viele Männer so besonders anziehend. Es kann dann von den Männern so viel in sie hineinprojiziert werden. So wie der phallisch-narzißtische Mann für einen «Supermann» gehalten wird, so erwecken diese Frauen den Eindruck einer «Superfrau».

Ursprünglich wurde bei der dynamisch-genetischen Interpretation der Hysterie besonderer Nachdruck auf die Triebimpulse und die Verbote, die im Ödipus-Komplex wurzeln, gelegt. Viel Leid, das hysterische Patienten sich selbst und anderen antun, bleibt aber unverstanden, wenn wir nicht auch die Spannungen in der Persönlichkeit berücksichtigen, die mit dem Konflikt zwischen Über-Ich und Ideal-Ich zusammenhängen. Die Untersuchung der Motivgruppen, die wir mit diesen beiden Begriffen angesprochen haben, gibt uns zugleich ein Mittel, um den individuellen Fall genauer zu betrachten. So gibt es Fälle von klassischer Hysterie, bei denen das Ideal-Ich sich dem Verbot von Triebbefriedigungen angeschlossen hat. Frauen dieses Typs zeigen offene Verachtung für alles Triebhafte, das sie nur für Menschen minderwertiger Art passend finden, andere Frauen mit hysterischen Neurosen suchen diese Haltung zu verbergen. Wenn man ihnen diesbezügliche Fragen stellt, bekommt man etwa die Antwort: «Ein Mann hat das nun einmal nötig, Doktor.» Die Geringschätzung gegenüber dem Mann, die in diesem Ausspruch liegt, ist nicht zu verkennen. Aber oft sind die intrapsychischen Konflikte kompliziert, und neben dem verbietenden Über-Ich steht ein Ideal-Ich, welches vorschreibt, eine ideale Hausfrau und ein liebender Ehepartner zu sein. Dann besteht neben dem Konflikt zwischen Über-Ich und Triebimpuls auch ein Konflikt zwischen Über-Ich und Ideal-Ich. Den Triebimpulsen, die zur Erfüllung der Forderungen des Ideal-Ichs notwendig sind, kann dann nicht Genüge getan werden, man kann nun einmal nicht gleichzeitig ein liebevoller Ehepartner und frigide sein, jedenfalls ist das nur in sehr beschränktem Umfang möglich. Daß eine solche erotisch-sexuelle Einstellung, die vom Ideal-Ich gefordert wird, aber zugleich infolge der Triebkonflikte unrealisierbar ist, zu unechten Gefühlen führen muß, wird, nachdem wir die Psychologie der Unechtheit behandelt haben, nicht mehr verwunderlich sein. Eine Patientin erlebte sich in ihren Phantasien als die Frau des Mannes, den sie zugleich an sich band und triumphierend abwies, und als Mutter seiner Kinder. Sie schilderte die Pläne, die sie gemacht hatte, folgendermaßen: «Eine kameradschaftliche Braut sein, dann später eine schöne Familie haben und auf moderne

Weise meine Kinder großziehen.» Sie quälte ihren Freund so sehr, daß er aus Verzweiflung ein anderes Mädchen, das denselben Namen wie sie trug, heiratete. Nicht allein ihre Triebregungen veranlaßten sie zum Anknüpfen erotisch-sexueller Kontakte, das geschah auch in Übereinstimmung mit ihrem Ideal-Ich, doch ihr Kastrationskomplex trieb sie dazu, den Mann dauernd zu erniedrigen. Bei der neurotischen Variante des Rachetyps wird die Beziehung mit dem Mann nicht nur darum angeknüpft, um ihn später abweisen zu können, sondern es besteht wirklich das Bedürfnis, eine gute Verlobte zu sein, das nicht realisiert werden kann, denn das Ausleben des Kastrationswunsches und die Racheneigung sind damit nicht zu vereinbaren. Das Vorhandensein des Wunsches, geliebt zu werden, Mutter sein zu können, macht für den Partner das Umschlagen von der idealen Geliebten in die abweisende, ihren Spott mit ihm treibende, kalte Schönheit um so unbegreiflicher.

Auch auf anderen Lebensgebieten rächt sich die Antinomie, die durch Triebkonflikte motivierte Antinomie zwischen Wollen und Nicht-Können. Das häufige Vorkommen dieser inneren Konflikte ist nicht verwunderlich. Man erwartet in unserer Gesellschaft von den Töchtern, daß sie später liebevolle Frauen sein müssen; aber die Entwicklung eines gesunden Trieblebens, das hierfür die Voraussetzung wäre, wird durch Verbote und Geheimnistuerei, die gleichfalls wie ein Verbot wirkt, verhindert. Eine sinnvolle Erziehung könnte hier einen präventiven Einfluß haben und den Menschen viel Leid ersparen.

Die Richtung, in der sich die Neurosenbildung entwickelt, wird durch die Begabungen der Persönlichkeit in gewiser Weise mitbestimmt. Man darf bei der Untersuchung der gestörten Anpassung, der Beziehungsschwierigkeiten mit der Umwelt nicht nur die Abwehr von Triebimpulsen berücksichtigen, sondern muß auch auf die Begabungen und die Möglichkeiten der Persönlichkeit achten, die im Prinzip zu den autonomen Funktionen des Ichs gehören (H. HARTMANN)[33]. Bei einer ganzen Reihe von Patientinnen des Rachetyps war ich betroffen durch den Mangel an Begabung auf intellektuellem und emotionellem Gebiet.

[33] H. HARTMANN (1939): Ich-Psychologie und Anpassungsproblem, Stuttgart (Klett) 1960.

Ich will nur ein Beispiel nennen: Ein hoher Beamter, dessen Ehe unbefriedigend war, hatte eine Beziehung zu einer Frau, an die er sich erotisch-sexuell sehr gebunden fühlte. Er überlegte sogar, sie zu heiraten. Sie war ihm ab und zu untreu, aber gerade das machte sie in seinen Augen noch begehrenswerter. Eine Frau, die auch von anderen begehrt wird, muß ja begehrenswert sein, so argumentierte er reichlich naiv vor sich selber. Diese Frau war neben ihrer Untreue auch ungewöhnlich ungebildet und interesselos. Ihre Dummheit war nur zum Teil durch ihre Interesselosigkeit zu erklären. Halb spottend, halb enttäuscht schilderte er sie gegenüber einem Freund als «my most stupid mistress». Auf die Dauer jedoch erlebte er ihre Dummheit und Untreue als Last, die durch die sexuelle Befriedigung nicht aufgewogen wurde. Sie wurde zunehmend weniger faszinierend, und so kam es nicht zu einer Hochzeit, sondern die Beziehung fand ihr Ende. Mir scheint, daß die Neurose bei einer Reihe von Vertretern dieses Types durch einen Mangel von Möglichkeiten auf dem einen Gebiet verursacht wird und dafür die Kompensation auf einem anderen Gebiet gesucht wird. Das banale unbewußte, jedoch wichtige Motiv spielt hier eine Rolle: «Wenn ich auch nichts leisten kann, so bin ich doch eine anziehende Frau, und das werde ich benutzen.» Natürlich verursacht ein solcher Begabungsmangel die Neurose nicht, sie hat ihre Wurzeln im Kastrationskomplex, aber sie verstärkt diese Reaktionsform vor allem dann, wenn eine solche Frau tatsächlich infolge ihrer Schönheit auf erotisch-sexuellem Gebiet Chancen hat. Das kommt ihr zum Bewußtsein durch die Haltung der Männer in ihrer Umgebung; eine Erfahrung, die durch jede neue Eroberung bestärkt wird. Die Umstände verführen sie dazu, eine Verführerin zu werden. Daß in dem Phänomen «sex-appeal» das Aussehen und eine Triebkonstellation zusammenwirken, bedarf kaum der Erwähnung. Die Schule, die diese «Begabungen» zur Entwicklung bringt, ist das Kino, die Lehrbücher sind die vielen Zeitschriften mit Fotos von Mannequins und Primadonnen, aus denen ersichtlich ist, welches Ideal die Männer haben.

Mir scheint, daß eine Anzahl der zum Rachetyp gehörenden Frauen auf solche Weise ihren Kastrationskomplex lösen mußten, weil sie nicht begabt genug waren, um mit dem Mann auf intellektuellem oder auf einem anderen Gebiet zu konkurrieren. Auch hier gilt wiederum: Es hängt von den Begabungen ab, was er oder sie mit den neurotischen Problemen anfängt, und es hängt von der neurotischen Problematik ab, was man aus seinen Begabungen machen kann. Die Intelligenz bei dem geschilderten Wunscherfüllungstyp wird dadurch angestachelt, daß diese Funktion auch der neurotischen Anpassung dient.

3. Die liebevoll kastrierende Frau

Zu den häufig und anscheinend gerne von Psychiatern, Psychologen und Sozial-workern verwendeten Begriffen, um das Verhalten einer Frau zu charakterisieren, gehören «liebevoll-dominierend» oder «liebevoll-kastrierend». Diese Bezeichnungen sagen gewiß mehr als Psychopath oder Hysterica, aber es empfiehlt sich doch einige Vorsicht bei ihrer Verwendung. Was wird unter diesen Bezeichnungen verstanden?

Man spricht von einer liebevoll-dominierenden Mutter, wenn diese durch ihr übermäßiges Besorgtsein, ihre übertriebene Zuwendung ihren Kindern nicht die Gelegenheit gibt, erwachsen zu werden. Mit Argumenten wie zum Beispiel: «Deine Mutter weiß schon, was das Beste für dich ist, hör nur gut auf mich», oder «Wir wissen es viel besser, was gut für dich ist, als du selbst es weißt», wird das Selbstvertrauen der Kinder unterminiert und ihr Selbständigwerden erschwert. Diese Mütter «meinen es gut», das heißt, daß sie bewußt für ihre Kinder nur das Beste wollen. Unter diesem «das Beste wollen» versteckt sich jedoch nicht selten auch das Bedürfnis, die Kinder klein zu halten. Aber einer solchen Mutter gegenüber Widerstand leisten, ist sehr schwierig, denn es verursacht Schuldgefühle, gegenüber einer so liebevollen und sich aufopfernden Frau zu opponieren oder ihr etwas zu verweigern. So kann man nicht selten zwar an Jahren erwachsene Männer sehen, die nach den Augen ihrer Mutter gucken wie ein ängstlicher Hund nach seinem Herrn, die aus Angst vor ihr nicht imstande sind, ihren eigenen Weg zu gehen, vor allem aber wegen des eigenen Schuldgefühls nicht, das sofort bei Versuchen, sich zu widersetzen, auftritt: Alle aggressiven Regungen werden auf das eigene Ich gerichtet, denn «die Mutter meint es doch immer so gut».

Es gibt Ehen, in denen die Beziehung zwischen den Ehepartnern sehr viele gemeinsame Züge mit dem Verhältnis einer liebevoll-dominierenden Mutter zu ihrem Sohn hat: Der Mann wird zwar mehr oder weniger verwöhnt, aber die Fürsorge, die er empfängt, muß er mit seiner Freiheit bezahlen. Der Begriff kastrieren kann hier mit einiger Berechtigung verwendet werden, denn dem Mann die Selbständigkeit nehmen, bedeutet so viel wie ihn seines Mann-Seins berauben.

Eine ganz andere Form des Zusammenhanges von liebevoll und kastrierend kommt bei dem neurotischen Typ der Frau vor, die sich zwar verlieben kann, aber nicht sich zu binden imstande ist. Ein Beispiel kann hier rascher klar machen, was in diesen Fällen liebevoll-kastrierend bedeutet, als jede lange theoretische Erklärung: Eine Frau hatte ein Verhältnis mit einem Mann, der sie sehr liebte, den sie aber abgewiesen hatte, als er sich ganz mit ihr verbinden wollte, und nun ist sie mit einem anderen Mann verlobt. Der erste Mann hatte lange die Hoffnung gehegt, daß sie zu ihm zurückkommt, weil sie es doch so schön zusammen hatten und weil der gegenwärtige Verlobte eigentlich weniger zu ihr paßt als er. Nur ganz allmählich kann er sich innerlich von ihr losmachen und sein Interesse wieder anderen Frauen zuwenden. «Das Schiff ist wieder in Fahrt gekommen», sagt er von sich selbst. Dieser Loslösungsprozeß konnte sich entwickeln, weil er die Willenskraft aufbrachte, seine frühere Freundin nicht mehr zu treffen, die Gelegenheiten dazu hätte sie ihm gegeben. Eines schönen Tages kommt sie ihn besuchen und erzählt ihm, daß sie sich am folgenden Tag verheiraten werde: «Ich wollte nicht heiraten, ohne vorher noch einmal mit dir zu sprechen, ich muß dir sagen, daß es doch echt gewesen ist, was ich für dich gefühlt habe, du wirst immer in meinem Herzen einen Platz behalten. Wie schade, daß du morgen nicht in die Kirche kommen kannst. Ob ich je die Gelegenheit haben werde, dir meine Kinder zu zeigen, die dann so schöne braune Augen haben wie X (ihr zukünftiger Mann)?»

Die Frau selbst und auch ihr Freund werden in ihrem Verhalten oft nur die liebevolle Zuwendung erleben, wenn man sich aber das tatsächliche Resultat und die unbewußten Absichten ansieht, dann erkennt man, daß dieses Verhalten liebevoll-kastrierend ist; die Liebesäußerungen dienen auch dazu, den Mann zu binden und ihm den Weg zu einer anderen Frau zu verbauen. Die alte Kastrationsphantasie wird auf die neue Situation übertragen und ausgenützt. Die Frau tut dabei das, was sie als kleines Mädchen so gerne wollte: Das Attribut, dessentwegen sie den kleinen Jungen so glühend beneidet hatte, ergreifen und probieren, es festzuhalten.

Wir haben zwei Formen des «liebevoll-kastrierenden» Verhaltens dargestellt. Im ersten Fall kann man auch von dominierend sprechen. Dem Leser werden die Beziehungen zu den durch ABRAHAM beschriebenen Typen nicht entgangen sein.

4. Vergewaltigungs- und Prostitutionsphantasien

Anlaß für neurotische Erscheinungen wie zum Beispiel die Phobien, übertriebene Bescheidenheit, Gehemmtsein und die Neigung zum Erröten bilden Vergewaltigungsphantasien und Prostitutionsphantasien, die hier im Rahmen der hysterischen Neurosen besprochen werden müssen. Solche Phantasien können mehr oder weniger bewußt und unbewußt sein. Die Vergewaltigungsphantasie ist ein merkwürdiges Phänomen; sie ist ein typisches Beispiel für «Lust ohne Schuld». Die Frau kann sich dabei nämlich mit dem Gefühl beruhigen, ich bin nicht verantwortlich, nicht schuldig, der andere tut es ja, mir wird es angetan. Das Studium der Vergewaltigungsphantasien kann auch einen Beitrag zur Psychologie des Rassenhasses liefern. Die Ablehnung des Mannes einer anderen Rasse rührt häufig von der Ablehnung lustvoller Phantasien hinsichtlich seiner gewaltigen Potenz her, seiner ungewöhnlichen sexuellen Ausstattung und dem Wunsch, durch einen solchen Mann vergewaltigt zu werden.

Vergewaltigungsphantasien haben als gemeinsames Kennzeichen Vorstellungen hinsichtlich grober Annäherung, die Kleider werden vom Leib gerissen, die Beine mit Gewalt gespreizt, das Geschlechtsorgan aufgedeckt; dabei wird die Frau auf der Straße zu Boden gerissen oder im Wald überfallen. Manchmal gehört zur Phantasie, daß andere Männer zusehen und dann der Reihe nach das gleiche tun; manchmal wird phantasiert, daß die Männer sich gegenseitig in die Haare kriegen und versuchen, sich das Glied abzureißen – unschwer erkennen wir hier eine Äußerung des Kastrationskomplexes.

In den Prostitutionsphantasien spielt die Rachelust eine große Rolle. Während Vergewaltigungsphantasien mit ihrem masochistischen «Lust-ohne-Schuld»-Charakter auf Grund von Schuldgefühlen wegen der Sexualität entstehen, einen Kompromiß zwischen Wunsch und Verbot darstellen – der Sexualverkehr findet zwar statt, aber erzwungen und auf schmerzhafte Weise –, sieht man in den Prostitutionsphantasien viel mehr den Wunsch zutage treten, den Mann zu erniedrigen, ihm etwas abzunehmen, aber auch, ihn eifersüchtig zu machen. Manchmal wird phantasiert, daß eine ganze Anzahl Männer sich vor der Türe drängeln, um hereingelassen zu werden, ganze Feldschlachten spielen sich ab um die begehrte Frau. Ein Ziel des Erlebens in derartigen Phantasien könnte man auch mit den Worten beschreiben: «Nicht ich bin abhängig, sondern du, nicht ich bin passiv, sondern du bist es.» Der psychopathische Typ dieser Frauen lebt solche Phantasien aus. Bei der neurotischen Patientin werden diese Phantasien zur Grundlage für Symptombildungen, wie zum Beispiel die Straßen- und Platzangst.

IV. HYSTERISCHE NEUROSEN BEIM MANN

Der Unterschied in der psychologischen, psychosexuellen Entwicklung zwischen Mann und Frau ist so groß, daß wir es für notwendig gehalten haben, eine Reihe von Zustandsbildern der hysterischen Neurosen für Mann und Frau gesondert abzuhandeln.

Zunächst ein Wort über die Einteilung. Wir kennen auch beim Mann den klassischen hysterischen Charakter, dessen psychopathische Variante häufig vorkommt, ebenso wie den «inhibited type». Fernerhin gibt es den phallisch-narzißtischen Typ – den Don Giovanni – und seine schon erwähnte Variante, den Don Giovanni des Erfolges.

Bei einer großen Zahl neurotischer Charaktere spielen die passiv-femininen Bedürfnisse eine hervorragende Rolle; das ist auch der Grund dafür, daß wir die Homosexualität in diesem Kapitel behandeln, obgleich diese Störung zu den Perversionen gerechnet wird. Ohne Einsicht in die Bedeutung der passiv-femininen Bedürfnisse für die Symptomatologie und Charakterdeformierungen tastet man im Dunkeln und kann die Charaktere, die hier beschrieben werden sollen, kaum verstehen: Charaktere, bei denen wir als zentralen Konflikt Arbeitsstörungen und Autoritätskonflikte finden und auch den masochistischen Charakter.

Es wird nicht beabsichtigt, nur eine Aufzählung dieser verschiedenen Charakterbilder zu geben, sondern Einsicht zu vermitteln in das Erleben von Menschen und in das Kräftespiel und die Entwicklung der Persönlichkeit. Natürlich werden die verschiedenen Typen auch besprochen. Solche Einteilungen sind für die Diagnostik nützlich, die jedoch nur dann sinnvoll ist, wenn auch die Mechanismen bekannt sind, die bei diesen Patienten wirksam sind.

Die klassische Hysterie ist auch beim Mann mit den schon besprochenen Symptomen zu beobachten: Konversion, Angst, Bewußtseinsstörungen und ebenso die Charakterzüge Unechtheit, Infantilität, Masochismus. Die Unechtheit sieht allerdings beim Mann anders aus als bei der Frau. Unechte Gefühle erstrecken sich oft auf kulturelles Gebiet; während sich die Egozentrik bei der hysterischen Patientin meistens in einem Streben nach narzißtischen Befriedigungen auf erotisch-sexuellem Gebiet äußert, lebt der hysterische Mann seine Geltungssucht dadurch aus, daß er Differenziertheit, emotionelle Begabung und ein hohes ethisches Interesse vorgaukelt. So kann man erleben, daß ein Hysteriker Stücke schreibt, in denen Worte wie «die tiefste Tragik des Menschseins» regelmäßig vorkommen, und durch die Verwendung von allerlei «Liebgewordenem» und Sentimentalität auf das Gefühl des Lesers einwirkt, dabei ist jedoch offensichtlich, daß ihm wirkliches Einfühlungsvermögen fehlt.

Wenn das Geltungsbedürfnis im gesellschaftlichen Bereich ausgelebt wird, wenn es um Macht und Einfluß geht, dann geht es nicht so sehr um einen offenen und ehrlichen Kampf für Ideale, als vielmehr darum, durch Verleumdung und Intrigen Menschen an sich zu binden, für sich zu gebrauchen und wieder fallen zu lassen. Über derartige Menschen wird zu Recht gesagt: Sie glauben an nichts und niemanden außer an sich selbst. In diesem Kampf wird von unechten Gefühlen reichlich Gebrauch gemacht. Solche Patienten tun anderen Menschen so viel Leid an, daß man zu vergessen droht, daran zu denken, daß man es mit Patienten zu tun hat. Solche unechten Gefühle äußern sich bisweilen auch in einer grundlosen Erregung, in heftiger moralischer Empörung im Zusammenhang mit Ereignissen, die ein normaler Mensch nüchterner und gewiß auch ruhiger ertragen würde. So hat sich zum Beispiel ein hysterischer Patient darüber erregt, daß man ihm für ein Päckchen Natron einen Groschen zu viel abgenommen hat, so als ob es sich um ein großes Verbrechen gehandelt hätte: «Wie können sich Menschen nur so etwas antun?» etc. Viele Snobs, kulturelle Angeber, Menschen, für die das gewöhnliche Alltagsleben keine Bedeutung zu haben scheint, gehören zu dieser Patientengruppe.

Diese Bilder von Hysterie beim Mann beruhen ebenso wie das analoge Krankheitsbild bei der Frau auf einer Hemmung der Heterosexualität und der Frustration des Bedürfnisses, selbständig und erwachsen zu funktionieren. Unsere Kultur bildet einen fruchtbaren Boden für den Hysteriker. Vertreter des psychopathischen Typs der Hysterie sind diejenigen, die an den ödipalen Kampf mit dem Vater fixiert sind und nur einem Ziel in ihrem Leben nachjagen: Ruhm, Ansehen und Macht. So wie das weibliche Gegenbild dieses Typs nur dann glücklich sein kann, wenn sie für die schönste aller Frauen gehalten wird und Schwe-

stern und Müttern den Rang abläuft, so sind diese Männer nur zufrieden, wenn sie auffallen und herrschen können. Ihr Wissen und ihr Verständnis haben die gleiche Funktion wie die Juwelen der Primadonna, nämlich Aufmerksamkeit zu erregen und zu glänzen. Ihre Meinungen wechseln sie dann auch mit dem Geschmack ihres Publikums, Geschicklichkeit und Brutalität bringen sie dahin, wo sie so gerne sind.
Ihr Unvermögen, sich mit ihrem Opfer zu identifizieren, macht es ihnen leicht, andere durch Intrigen aus dem Weg zu räumen. Ihre häufig idealistischen Äußerungen und die Neigung zum Moralisieren vor allem denen gegenüber, die ihnen wehrlos ausgeliefert sind, stellt für den psychologisch Eingeweihten ein Zeichen dafür dar, daß sie ihre aggressiven und sadistischen Regungen vor sich selber kaschieren. Solche Patienten erleben sich selbst als Retter der Menschheit, der Teil der Menschheit jedoch, der mit ihnen in Berührung kommt, denkt sehr viel anders darüber. Aber ohne Leid ist auch das Leben dieser Menschen nicht. Sie fühlen häufig ihre Einsamkeit, sind immer ruhelos auf der Flucht vor ihrer Unlust, ihre infantil gebliebene Sexualität macht sie häufig zum Opfer von Frauen mit einem Kastrationskomplex, von denen sie als Mittel benutzt werden, um deren Geltungssucht auszuleben. Ihr Bedürfnis nach Überlegenheit ist die Fortsetzung des ödipalen Kampfes und macht ihnen unmöglich, zu erkennen, was sie alles verlieren. Wir haben hier die psychopathische Variante dieses Typs beschrieben, die gekennzeichnet ist durch Agieren, Gefühlsarmut, welche durch unechte Gefühle überdeckt wird und die an einen Defekt denken läßt. Dieser Typ ist schon lange in der psychiatrischen Literatur als hysterischer Psychopath bekannt. Menschen, die an sich selber leiden, wird man leichter als Patienten betrachten als solche, die vor allem anderen Leid zufügen. Bei objektiver Betrachtungsweise aber erweisen sich diese Menschen genau so sehr als Patienten wie die mehr gehemmten hysterischen Neurotiker.
Alle Erscheinungen, die wir vorher schon besprochen haben, kommen auch beim Mann vor: Konversionssymptome, Bewußtseinsstörungen, Derealisation und Depersonalisation, Angst und sexuelle Funktionsstörungen. Diejenigen Störungen, die ihre Wurzeln im positiven Ödipus-Komplex haben, zeigen viel Übereinstimmung mit den analogen Symptomen bei der Frau.

1. *Charakterzüge*

Der Charakter, der den Hintergrund für die Symptome bildet, ist entweder der klassische hysterische Charakter oder er ist durch Hemmungserscheinungen bestimmt. Symptome auf Grund von Schuldgefühlen oder von Hemmung der Heterosexualität stehen bei diesen Bildern oft im Vordergrund. Die Schwierigkeiten bei der Partnerwahl und die Hemmung heterosexueller Äußerungen führen häufig zu einem Persistieren der Onanie noch in Lebensperioden, in denen sie normalerweise nur noch als Notbehelf vorkommt. Die Onanie-Problematik wird neurotisch verarbeitet und bildet die Grundlage für Schuldgefühle, die zu depressiven, hypochondrischen und/oder paranoiden Symptombildern führen. Hierfür ein Beispiel: Ein verlobter junger Mann suchte Hilfe beim Psychiater, weil er immer rot wurde, wenn der Dozent auf ein sexuelles Thema kam. Er hatte die Vorstellung, daß seine Kollegen daraus den Schluß ziehen: der onaniert immer noch, dieser verlegene Junge ist nicht fähig, mit seiner Verlobten ins Bett zu gehen. Eine Erythrophobie behinderte ihn in unerträglicher Weise. Ein anderer Patient suchte Rat, weil er das Gefühl hatte, sich niemals richtig äußern zu können, und diese Verlegenheit kostete ihn viel Lebensfreude. Die jungen Mädchen auf dem Büro wagte er nicht anzusprechen, aber in einer Automatengaststätte hatte er ein Mädchen entdeckt, vor dem er sich weniger schämte, weil sie nur ein Dienstmädchen war. Mit ihr hat er eine Beziehung angeknüpft. Die häufigen sexuellen Kontakte befriedigen ihn aber nicht, weil er kaum etwas mit ihr zu reden weiß. Oft werden die hier geschilderten Zustandsbilder kompliziert durch «Passivitätsprobleme», auf die noch ausführlich einzugehen sein wird.

Die nicht gelungene Bearbeitung des Ödipus-Komplexes kann zu den hier geschilderten Bildern führen, es gibt aber auch noch andere «Notlösungen». Eine Notlösung des positiven Ödipus-Komplexes ist die manifeste oder verdrängte aktive Homosexualität. Wenn der kleine Junge eine starke Bindung an seine Mutter hat, aber durch ihre Haltung ängstlich wird gegenüber der Sexualität, dann ist die Folge davon oft die Identifizierung mit der Mutter. Das Kind wird dann später andere Jungens so behandeln, wie es selbst durch die Mutter hätte behandelt werden wollen. Das ist ein ganz allgemeiner psychischer Mechanismus:

Das Kind gibt seiner Puppe, was es selber von der Mutter erwartet, die Frau versorgt ihren kleinen Hund und erlebt dabei zugleich auch das Empfangen liebevoller Fürsorge. In der Pubertät werden meist die entscheidenden Schritte getan, häufig in Richtung von Versuchen zur Anknüpfung heterosexueller Beziehungen. Bei vielen Menschen existiert dieser psychische Mechanismus in sublimierter Form und braucht nicht störend zu sein. Ein Mann, der sich keine fürsorgliche, mütterliche Haltung zubilligen kann, ist eingeengt, aber die sexualisierten Formen dieser Haltung sind in vielerlei Hinsicht gefährlich. Immer wieder einmal wird die Gesellschaft beunruhigt durch Gerüchte über ein homosexuelles Delikt, und immer wieder hört man die Frage: Wie ist es nur möglich, daß ein Mann, der eine Familie hat, eine nette Frau und brave Kinder, solche Sachen macht und seine Position, sein Lebensglück und ebenso das seiner Angehörigen dabei aufs Spiel setzt. Man macht sich nur ungenügend klar, daß neben einer heterosexuellen Einstellung eine homosexuelle bestehen kann, die auf einer «Fehlidentifizierung», auf einer Identifizierung mit der Mutter beruht. Solche homosexuellen Neigungen sind außerordentlich gefährlich für diejenigen, die von berufs wegen intimen Kontakt mit Jugendlichen haben, insbesondere pubertierende Jungen bilden für Männer mit starken homosexuellen Zügen eine große Versuchung. Gerade die Kombination von mädchenhaften und jungenhaften Zügen macht die Pubertierenden für sie so begehrenswert. Nicht selten kommt es vor, daß Jugendleiter, Ärzte, Psychologen und Lehrer der Versuchung, die von einer solchen Situation ausgeht, keinen Widerstand leisten können. Für den Täter und den Verführten sind die Folgen häufig katastrophal. Für den Täter bedeutet es das Ende seiner Laufbahn, für den verführten Jungen einen Schritt, manchmal sogar den definitiven Schritt auf dem Weg in eine homosexuelle Entwicklung.

Man kann sich fragen, warum die Homosexualität gerade in dieser Weise ausgelebt wird. Dafür gibt es verschiedene Ursachen und Motive. Die Homosexualität wird in unserer Gesellschaft sehr verurteilt und bringt so viele innere Konflikte, daß es Menschen mit homosexuellen Zügen oft schwer haben, eine homosexuelle Beziehung einzugehen – man mag hierüber denken, wie man will –, die weniger Schaden zufügt und zu weniger ernsten Konsequenzen führt. Die lange beherrschten und unterdrückten Impulse suchen sich einen Weg nach außen. Vor allem die Untersuchungssituation bedeutet für Ärzte mit homosexuellen Neigungen oft eine große Versuchung. Gerade die Selbstunsicheren sind es, die davon Gebrauch machen, weil sie nicht den Mut haben, sich außerhalb der Berufssituation einen gleichgeschlechtlichen Partner zu suchen. Außerdem aber spielt auch das Strafbedürfnis eine wichtige Rolle. Beschäftigt man sich mit einem Minderjährigen oder einem aus anderen Gründen verbotenen Sexualobjekt, dann provoziert man die Strafe.

Für manche Patienten ist nur das Kind, der Pubertierende anziehend. Die Patienten wollen mit dem Pubertierenden das tun, wonach sie selber als Kind und als Pubertierende Verlangen hatten. Es ist außerordentlich bedauernswert, daß Patienten mit einer solchen Problematik oft erst mit dem, der von dieser Abnormität wirklich etwas versteht, in Berührung kommen, wenn der Richter ihn dazu zwingt und wenn schon viel Unglück geschehen ist. Manchmal hat der Patient wohl schon jemanden um Rat gefragt, der jedoch nichts anderes zu tun weiß, als ihn in eine nosologische Kategorie einzuordnen. Allzu oft bleibt leider die Psychiatrie auf ein rein diagnostisches Vorgehen beschränkt. Von einer genetisch-dynamischen Psychiatrie will man dann nichts wissen, und doch ist sie die einzige Betrachtungsweise, die hier Verständnis geben kann und eine darauf gegründete Hilfe zu geben imstande ist. Dadurch, daß das psychoanalytische Wissen von der offiziellen Pädagogik, Psychologie und Heilkunde so lange abgelehnt wurde, blieben die Möglichkeiten für Hilfe unbekannt, und die Patienten mit homosexuellen Problemen konnten den Weg nicht sehen, auf dem Hilfe zu finden gewesen wäre. Manchmal kann eine ganz entscheidende Hilfe gewährt werden, und fast immer ist es möglich, die Patienten dahin zu bringen, daß sie nicht gerade auf die gefährlichste Art und Weise ihre Triebimpulse ausleben. Man denke ja nicht, daß diese Patienten ausgeprägte psychopathische Züge zeigen müssen, im Gegenteil, häufig sind es typisch neurotische Menschen. Hier liegt noch eine große Aufgabe für die Volksgesundheit. Jeder, der mit diesem Problem kämpft, braucht Hilfe. Offenes Davonsprechen, Verständnis und Einsicht müssen hier an die Stelle von Tabus und Verleugnung des Problems treten.

Wenn Hysterie definiert wird als eine Neurose, die mit einer Fixierung und einer falschen Verarbeitung des Ödipus-Komplexes zusammenhängt, dann gehört auch die aktive Homosexualität hierher. Mir scheint es jedoch zutreffender, den Begriff Hysterie auf das klinische Bild zu beschränken. Dann, wenn die Homosexualität als solche erlebt und ausgelebt wird, kann man auch von Perversion sprechen – der Gegensatz zwischen Perversion und Neurose ist nicht absolut, weil auch die Perversion eine Abwehrfunktion hat. Bei der aktiven Homosexualität wird die enttäuschte Liebe zur Mutter abgewehrt. Es ist auffallend, wieviel Mütter von aktiv homosexuellen Patienten ihren Söhnen den Weg der Entwicklung in Richtung auf die Heterosexualität verbaut haben. Unter diesen Müttern finden wir nicht selten ausgesprochene Vertreterinnen des früher beschriebenen kastrierenden Typs.

Wir finden neben der Fehlidentifizierung mit der Mutter nach einer Enttäuschung der Gefühle, die zum positiven Ödipus-Komplex gehören, noch ein anderes ätiologisches Moment wirksam, es ist das Pendant zum Penisneid der Mädchen: die Kastrationsangst. Mädchen und Frauen sind für viele Männer deswegen so angsterregend, weil sie die Penislosigkeit für die Folge einer Verwundung, das weibliche Genitale für eine Kastrationswunde halten. Ein Sexualpartner mit Penis, oft ein Mann mit sonst weiblichen Zügen, ist deswegen begehrenswert, weil er keine Angst hervorruft, denn der Penis ist da und keine Wunde.

Sehr häufig wird die aktive Homosexualität durch ihre passive Form kompliziert, worauf noch ausführlich eingegangen wird. Es ist nicht so sehr meine Absicht, zwei Typen der Homosexuellen zu unterscheiden, als vielmehr zwei kritische Mechanismen, die zumeist beim selben Patienten vorkommen, aber nicht unbedingt die gleiche Rolle zu spielen brauchen.

Geht man vom Erleben der Patienten aus, dann lassen sich ausgesprochene Unterschiede feststellen: Zunächst der Mann, der sich in der Realität und/oder in seinen Phantasien aktiv an andere Jungen heranmacht, sie verführt zu mutueller Onanie oder dazu, die passive Rolle, die Mädchenrolle im Sexualkontakt einzunehmen; zweitens der Mann, der darauf aus ist, einem Mann gegenüber selber die Mädchenrolle zu spielen und sich feminin, verführerisch in seinem Äußeren und in seinen Manieren zu benehmen. Es wäre falsch, anzunehmen, daß bei dem einen Typ diejenigen typischen Mechanismen, die bei dem anderen bekannt sind, nicht auch vorhanden sind – beides muß in einer Behandlung durchgearbeitet werden. Häufig wird die passive Form von der aktiven überdeckt, man durfte die passive Homosexualität nicht übernehmen und wehrt sie durch aktives homosexuelles Verhalten ab. Durch die Identifizierung mit dem Partner werden so auch die eigenen Bedürfnisse nach passivem homosexuellem Kontakt gleichermaßen befriedigt. Es ist auffällig, wie oft Neurotiker auch über aktive homosexuelle Phantasien berichten, und erst viel später zeigt sich dann, wie stark auch die passiv-feminine Einstellung ausgeprägt ist. Schließlich muß noch darauf hingewiesen werden, daß homosexuelle Phantasien häufig als eine Fluchtmöglichkeit vor der Heterosexualität verwendet werden und vice versa. Man kann daraus gewiß nicht den Schluß ziehen, hier handelt es sich um eine Perversion, also hat die Therapie eine ungünstige Prognose; gewiß trifft das dann nicht zu, wenn neben der homosexuellen Einstellung auch die heterosexuelle zur Entwicklung gekommen ist. Die Angst vor der Heterosexualität muß dann durchgearbeitet werden. Homosexualität ist eigentlich immer Not-Homosexualität – nach dieser Form der Befriedigung wird gegriffen, weil der Weg zur Heterosexualität verschlossen ist. Die Not ist hier jedoch eine psychische, während bei der Not-Homosexualität im engeren Sinne das Fehlen einer Frau, wie z. B. in Männergemeinschaften, die Hauptursache für das Auftreten homosexueller Verhaltensweisen ist. Homosexualität ist vor allem eine Aufgabe für die Prävention, die jedoch eine gründliche Revision der sexuellen Erziehung zur Voraussetzung hat. In der üblichen Erziehung wird die Heterosexualität unterdrückt; Schulkinder werden, wenn sie verliebt sind, verspottet und bekommen zu hören: «Na, du fängst aber früh an.» Die Pubertierenden bekommen als einzigen Rat: «Gib acht, daß kein Unglück passiert.» Das, was bekämpft wird, müßte eigentlich wie eine Blume im Gewächshaus behütet werden. Die Erfahrung zeigt, daß die Entwicklung zur erwachsenen Heterosexualität nicht leicht ist. Was sich in der Tierwelt von selbst, instinktiv vollzielt, muß der Mensch oft mühsam lernen, aber man muß es ihn dann auch lehren.

Zu den Verwicklungen als Folge des positiven Ödipus-Komplexes gehört auch ein Symptom, das sich vor allem in der Beziehung zum anderen Geschlecht äußert: die Erniedrigung des Liebeslebens. Solche Männer können eine Frau aus der Entfernung schwärmerisch anbeten, sie können auch sexuell begehren, aber nicht bei ein und demselben «Objekt». Wo sie lieben, können sie nicht begehren, und wo sie begehren, können sie nicht lieben, so lautet die klassische Formulierung. Zärtlichkeit, Leidenschaft und Kameradschaftlichkeit sind bei ihnen nicht zur Synthese gebracht worden.

Hemmung der Sexualität kommt deutlich in der Verarbeitung der Pubertätsonanie zum Ausdruck. Hier treten übertriebene Schuldgefühle auf, die zu Verstimmungen führen, die eine depressive Verarbeitung der Pubertätsonanie darstellen. Oft entwickelt sich die Angst vor einer körperlichen Krankheit: «Wer so schlecht ist wie ich, der muß mit Krankheit bestraft werden», so lautet die unbewußte und oft auch bewußte Begründung, dann haben wir es mit einer hypochondrischen Verarbeitung der Pubertätsonanie zu tun. Wenn der Junge glaubt, andere Menschen würden ihm ansehen können, daß er heimlich verbotene Triebregungen befriedigt, können wir von einer paranoiden Verarbeitung sprechen. Solchen typischen Verarbeitungen der Pubertätsonanie begegnet man später oft wieder, wenn die Integration gestört wurde: Depression, Schuldgefühl, Hypochondrie, Beziehungsideen. Übrigens begegnen uns diese «Typen» der Verarbeitung auch beim schizophrenen Wahnkranken, dann allerdings zusammen mit anderen Kennzeichen der Schizophrenie. Ob man die Folgen der allgemeinen Hemmung der Sexualität zu den hysterischen Neurosen rechnen will, ist eine terminologische Frage. Es ist sehr wahrscheinlich, daß diese Hemmungen mit dem Ödipus-Komplex, dem Inzestverbot und der damit verbundenen Kastrationsdrohung zusammenhängen.

In unserem Kulturbereich scheint sich die Pubertät in einem Laboratorium für experimentelle Psychopathologie zu vollziehen. Wenn man Neurosen verursachen will, dann braucht man nur die Menschen mit starken Triebimpulsen zu einer übermäßigen Abwehr durch ausgesprochene oder suggerierte Verbote des Trieblebens zu zwingen. Das geschieht tatsächlich sehr häufig. Niemand sollte sagen, das sei eine pessimistische Ansicht, es ist vielmehr eine optimistische, weil man hier einen Ansatzpunkt für die Prävention findet. Schließlich war es doch auch keine pessimistische Äußerung, als die Ärzte davor warnten, mit Typhusbazillen verunreinigtes Wasser zu trinken.

2. *Der negative Ödipus-Komplex*

Die Hysterie ist ja bei der Frau niemals nur die Folge des positiven Ödipus-Komplexes, das Bild wird durch den Penisneid kompliziert, was durch den andersartigen Verlauf ihrer Entwicklung verständlich ist. Außerdem sehen wir meist auch eine Regression in frühkindliche Abhängigkeit. Weder das eigene Geschlecht noch das Erwachsensein können von ihr akzeptiert werden. Das letzte gilt nun auch für den neurotischen Mann. Er kann weder die eigene Geschlechtsrolle noch das Erwachsensein akzeptieren, und hierin hat die gesamte Symptomatologie ihre Wurzeln.

Wenn der positive Ödipus-Komplex dadurch nicht gut bewältigt werden kann, daß die Schuldgefühle und die Kastrationsangst zu groß sind, sehen wir häufig, daß der kleine Junge seine aktiv erobernde Haltung aufgibt, nicht mehr mit seinem Vater konkurriert, sondern sich ihm unterwirft und viel zu ängstlich ist, sich seiner Mutter aktiv werbend als ein kleiner Ritter zuzuwenden. Meist kehrt er der Heterosexualität nicht ganz den Rücken, aber sie bekommt bei ihm einen passiven Charakter, und er wird Phantasien entwickeln, in denen er zum Beispiel gehegt und gestreichelt wird. Neben der passiven Heterosexualität entwickelt sich auch eine starke passiv-homosexuelle Gefühlsströmung. Das alles führt dazu, daß im sexuellen Erleben dann die «Triebe mit passiven Zielen» die Überhand bekommen und daß Konkurrenzsituationen durch Unterwerfung gemeistert werden. Diese Unterwerfung wird sexualisiert und dadurch masochistisch. Es ist diese passiv-feminine-masochistische Haltung, die den Kern vieler neurotischer Störungen beim Mann bildet, der an seine ödipale Problematik und an den Kastrationskomplex fixiert geblieben ist.

Diese Problematik wird als Passivitätsproblematik bezeichnet, eine Ausdrucksweise, die nicht klar ist, weil das Wort passiv zu viele Bedeutungen hat. So wird ein Mann als passiv bezeichnet, wenn man das harte Wort homosexuell nicht aussprechen will. Passiv, wenn er nicht ausreichend aktiv oder zu weiblich oder abhängig wie ein kleines Kind ist. So bedeutet passiv also gleichermaßen homosexuell, nicht aktiv, weiblich und kindlich-abhängig. Obendrein spricht man dann noch von Trieben mit passiven Zielen, von dem Verlangen nach Wärme,

Gestreicheltwerden, Sicherheit-Bekommen und Gehegtwerden. Das Wort passiv scheint darum so brauchbar, weil man oft all diese Formen von Passivität gemeinsam auftreten sieht in einer nur ungenügend aktiven männlichen Haltung, in einer femininen Einstellung, in homosexuellen Zügen und in Bedürfnissen mit passivem Triebziel. Alles das sind Aspekte des negativen Ödipus-Komplexes. Aber gerade weil sie so oft gemeinsam vorkommen, muß man sie doch unterscheiden.

Dafür ist es gut, sich klarzumachen, wie die Entwicklung verläuft. Der Säugling ist völlig abhängig von der Fürsorge anderer, er ist noch wenig aktiv. Seine Befriedigungen erfährt er im Versorgtwerden. Auf diese Weise werden seine «Triebe mit passiven Zielen» befriedigt, die ja zu Anfang so ganz die Freuden überwiegen, die später durch aktives Funktionieren möglich werden.

Der neurotische Mann verwendet die gleichen Gefühle von Abhängigkeit und Anhänglichkeit, die er früher schon als kleines Kind in seiner Beziehung zur Mutter erlebt hat, um seinen positiven Ödipus-Komplex zu überwinden oder besser gesagt, um ihm aus dem Weg zu gehen. Er unterwirft sich dem Vater, und die Abhängigkeit bekommt dadurch einen quasi femininen Einschlag. In die passiv-feminine Haltung ist die frühinfantile Bindung an beide Eltern eingegangen. Weibliche und kindliche Züge, Passivität als solche sind nicht neurotisch. Man muß doch passiv sein können, um zum Beispiel rezeptiv sein zu können. Diese Abhängigkeit und Unterwerfung wird eben oft nur sexualisiert und dazu verwendet, Heterosexualität und gesunde Kampflust abzuwehren. In diesem Fall haben wir es dann mit einer neurotischen Lösung zu tun. Kurz gesagt: Passivität im Sinne von Rezeptivität ist für die Gesundheit notwendig, die sexualisierten masochistischen Formen der Passivität sind neurotisch und stören die Anpassung. Von Regression kann man auch sprechen, weil hier zu einer früh-infantilen Haltung zurückgekehrt wird, die dann als Abwehr gegen eine mehr aktive Einstellung verwendet wird. Man sollte niemals vergessen, daß, wenn auch nur wenig von einer aktiv-erobernden Haltung bei einem Patienten zu sehen ist, das nicht zu bedeuten braucht, daß sie nicht da ist. Sie steht zwar nicht zur Verfügung, aber sie ist nur abgewehrt, verdrängt, unbewußt.

In manchen Fällen wird diese passiv-homosexuelle Haltung ausgelebt;

häufig spielen natürlich bei diesen manifest Homosexuellen die Mechanismen, wie wir sie bei der aktiven Homosexualität beschrieben haben, eine Rolle, jedoch ist der wesentlichste Faktor die Regression auf eine unterwürfige, abhängige Haltung. Die Kastrationsangst bestimmt das Erleben und das Verhalten dieser Patienten, sie zeigen die gleiche Besessenheit für das männliche Genitale wie der schon beschriebene weibliche Rachetyp. Auch die Liebe dieser Männer, die sich mit der Frau identifizieren, ist ambivalent und mehr ausgerichtet auf die männlichen Attribute ihrer Partner als auf deren Persönlichkeit. Es geht ihnen häufig nur darum, auf dem Weg der Unterwerfung doch noch zum Ziel zu kommen, und ihr Verhalten wird mehr durch das Habenwollen als das Gebenwollen bestimmt. Liebevoll-kastrierend kann man auch diese Männer nennen. Darin liegt eine der Ursachen dafür, daß die homosexuellen Beziehungen selten befriedigend sind. Dafür ist diese Art Liebe viel zu problematisch. O. FENICHEL[34], der einen bedeutenden Beitrag zum Verständnis der Homosexualität geleistet hat, nennt diese Liebe «Lehrlingsliebe», die Liebe des Lehrjungen, der gerne die Macht seines Meisters übernimmt. Die sublimierte Form dieser Passivitätshaltung ist sozial bedeutsam. Wir alle kennen den Mann, der sich demjenigen unterwirft, der im Augenblick die Macht hat, steigt aber ein anderer im Ansehen, dann wird er diesem folgen, beherrscht von dem zumeist unbewußten Wunsch, so schnell wie möglich sein Nachfolger zu werden.

Die meisten, die unsere Hilfe suchen, sind nicht ausschließlich homosexuell; die Homosexualität spielt aber bei vielen Neurotikern eine bedeutende Rolle. Homosexuelle Wünsche bei jemandem, der auch eine heterosexuelle Einstellung hat, sind häufig ein Motiv dafür, den Psychiater um Rat zu fragen, weil der Patient sich auf die eine oder andere Weise durch solche homosexuellen Wünsche geängstigt fühlt, Wünsche, die sich während eines heterosexuellen Kontaktes als aufdringliche Phantasien einstellen oder aber als Zwangsgedanken. Latente Homosexualität führt zu Schwierigkeiten bei der Partnerwahl, zu neurotischer Untreue und pathologischer Eifersucht, bei psychopathischen

[34] O. FENICHEL (1931): Über Homosexualität, Psychoanal. Bewegung, Bd. III (1931), S. 511.

Patienten wohl auch zur Promiskuität. Die große Gruppe von Patienten mit Arbeitsstörungen scheint mit der hier beschriebenen nichts zu tun zu haben, obgleich dem nicht so ist. Bei Arbeitsstörungen und Autoritätskonflikten spielt die abgewehrte passiv-feminine Einstellung eine fundamentale Rolle.

Häufig führt die latente Homosexualität zu einer Störung der mitmenschlichen Beziehungen, weil die passiven Bedürfnisse abgewehrt werden durch Prahlerei, Großmäuligkeit und Pseudo-Männlichkeit, wodurch man sich gewiß keine Freunde macht.

Wenn es auch schwer fällt, die Neurosen, bei denen die obengenannten Symptome oder Beziehungsstörungen auftreten, in ein Schema zu bringen, wollen wir es doch versuchen.

Wir bleiben zunächst bei der Angst vor Homosexualität, bei manifester bisexueller Einstellung. Von einem solchen Mann können wir etwa die folgende Äußerung hören: «Ich hab' ein Mädchen, aber ich weiß nicht, ob ich sie heiraten soll; ich möchte sie zwar nicht gern entbehren, und doch bedeutet sie mir so wenig. Manchmal denke ich an meinen Freund, ich muß mir dann vorstellen, was er mit seinem Mädchen macht, wir sprechen wohl auch zusammen darüber, und ich habe Angst, daß ich eigentlich homosexuell bin. Mit der Arbeit geht es nicht so gut, es ist gerade so, als wäre ich zu ruhelos, um länger als fünf Minuten an meinem Schreibtisch zu sitzen.» Das sozio-kulturelle und religiöse Milieu wird die Art der Beschwerden mitbestimmen. Wenn es vor der Ehe zu sexuellem Verkehr kommt, zeigt sich, daß die Potenz nicht optimal ist, und selbst wenn physiologische Störungen fehlen, eine echte seelische Befriedigung tritt nicht ein, von innerlichem Frieden bei diesem Zusammensein ganz zu schweigen. Manchmal gehen solche neurotischen Störungen mit Konversionserscheinungen, unter anderem mit hysterischen Symptomen, einher. Hier ist auch wieder der Ausspruch zutreffend: alles kann sein, aber nichts muß sein.

Die Homosexualität setzt sich zumeist aus verschiedenen Komponenten zusammen: Identifizierung mit der Mutter, die psychischen Mechanismen, wie wir sie bei der aktiven Homosexualität beschrieben haben, spielen eine Rolle, aber auch ein sexualisierter, eventuell masochistisch getönter negativer Ödipus-Komplex. Die Entwicklung des aggressiven Trieblebens ist in diesen Fällen auch steckengeblieben, die Unterwerfung wird auch dort für die Anpassung verwendet, wo das Eintreten für das eigene Recht die adäquatere Form der Anpassung wäre.

Wir haben jetzt noch die Autoritätskonflikte zu behandeln. Viele neurotische Störungen des Mannes äußern sich in diesem Konflikt. Zumeist hat der Autoritätskonflikt zwei Aspekte: erstens die Fortsetzung des ödipalen Konkurrenzstreites mit dem Vater gegenüber Vaterfiguren, dem Betriebschef oder gegenüber dem eigenen Über-Ich, der internalisierten Vaterinstanz. Um verstehen zu können, warum an diesem Autoritätskonflikt so hartnäckig festgehalten wird, müssen wir unsere Aufmerksamkeit dem zweiten Aspekt zuwenden: Der krampfhafte Konkurrenzkampf wird dazu verwendet, die passiven Bedürfnisse nach Sicherheit, nach Angenommenwerden, nach homosexueller oder masochistischer Befriedigung abzuwehren. Das andauernde Streitsuchen muß dazu dienen, das Bekenntnis zu vermeiden, daß man eigentlich geliebt werden will. Man kann auch umgekehrt formulieren: Die sklavische Unterwerfung dient dem Entgehen der Rivalitätsprobleme. Technischer formuliert: man kann die Probleme des positiven Ödipus-Komplexes mit dem negativen Ödipus-Komplex abwehren und umgekehrt, und auch abwechselnd beide Haltungen verwenden, um die jeweils andere abzuwehren. Der Abwehrcharakter der Konkurrenzhaltung wie auch der der Unterwerfungshaltung wird daran erkennbar, daß sie über das Ziel hinausschießen; Abwehrhaltungen stören die Anpassung. Die Arbeitsstörungen sind in ihrer Psychodynamik den Autoritätskonflikten ähnlich. So bedeutet «ich will nicht arbeiten» häufig: Vater verlangt von mir, daß ich arbeite, aber ich tue es nicht, denn wenn ich es täte, würde ich mich ihm unterwerfen. Unterwerfung bedeutet für mich, die passive Rolle spielen, und davor ist die Angst zu groß. Ich kann nicht passiv sein gegenüber einem Mann; Gehorsamsein wird identisch mit Unterliegen.

Nicht die sexuellen Probleme allein sind bestimmend für die Arbeitsstörung. Ein Buch lesen, darin studieren, bedeutet für viele eine Kränkung ihres Selbstgefühls: Ich muß lesen, während ich doch das Buch auch selber hätte schreiben können. Größenphantasien stören häufig sehr stark die Fähigkeit, etwas aufnehmen zu können, insbesondere dann, wenn sie ganz oder teilweise verdrängt wurden. Sobald man diese Phantasien ertragen und darüber schmunzeln kann, stören sie nicht mehr, mindestens sehr viel weniger als vorher, und sie können selbst als ein Stimulus fungieren. Studieren bedeutet doch für die meisten von uns nicht nur lesen, sondern immer wieder lesen. Viele Studenten aber haben das Idealbild eines Mannes vor sich, der, wenn er einmal ein Buch gelesen hat, sich an alles erinnert, sogar mit der Seitenzahl, mit der Stelle auf der Seite, wo es steht. Ihre Wut über die Kränkung, daß sie das nicht können, macht ihnen so viel Unlust, daß sie nichts mehr aufnehmen, das Buch wegschmeißen und ins Kino gehen oder an den Biertisch. Die Unfähigkeit, passiv zu sein, und frustrierende Größenphantasien spielen bei den Neuroseformen, die sich in Arbeitsstörungen äußern, als pathogenes Moment eine bedeutende Rolle. Bei jeder neurotischen Schwierigkeit darf man nicht nur auf den Triebaspekt sehen, sondern muß auch die Über-Ich/Ideal-Ich Problematik berücksichtigen. Es sei noch einmal darauf hingewiesen, daß ein Symptom meistens nicht mit einer einzigen Phase der Entwicklung zusammenhängt – Arbeitsstörungen können auch auf einer analen Trotzhaltung beruhen und auch auf dem Unvermögen, dem anderen etwas zu geben, aus Rache dafür, daß man in der oralen Phase unzureichend gestillt worden ist.

Im folgenden wollen wir unseren Blick auf den phallisch-narzißtischen Typ richten, der als Don-Giovanni-Figur so populär geworden ist. Der hierher gehörige psychische Mechanismus kommt bei vielen Neurosen vor, wenn er vorherrschend ist, dann sprechen wir vom Don-Giovanni-Typ. Der Mann mit phallisch-narzißtischem Charakter lebt seine Neurose auf erotisch-sexuellem Gebiet aus. Die zu diesem Typ gehörenden Patienten sind besessen von starker Kastrationsangst, die sie dadurch abwehren, daß sie sich fortwährend in stets wechselnden sexuellen Beziehungen von ihrer intakten Potenz überzeugen müssen. In diesen Kontakten wird zugleich die Befriedigung der «Triebe mit passiven Zielen» angestrebt. Der Don Juan identifiziert sich in hohem Maße mit seinem weiblichen Partner; auch hier wiederum wird der negative Ödipus-Komplex durch den positiven abgewehrt: der «he-man» muß aus Angst vor seinen weiblichen Zügen so besonders männlich sein.

Wenn die phallisch-narzißtische Haltung auf andere Gebiete verschoben wurde, dann gelten die Erfolge auf diesem Gebiet gleichfalls als Zeichen der Männlichkeit. Diese Menschen leben dann ein im Grunde sexuelles Problem auf einem anderen Gebiet aus. Die Bedürfnisse hinsichtlich der Befriedigung von Trieben mit passivem Ziel werden dann zugleich durch die Bewunderung, die diese Menschen einheimsen, mit befriedigt. In solchen Fällen spricht man dann vom Don Giovanni des Erfolges.

Der Unterschied zwischen solcher neurotischer Leistungssucht und gesunder Arbeitslust liegt darin, daß bei der letzteren ein echtes Interesse beteiligt ist, ein Vergnügen an der Arbeit um der Arbeit willen. Bei der neurotischen Leistungssucht ist die Arbeit der Bereich, in dem Ruhmsucht und Ehrgeiz ausgelebt werden. Daß es alle möglichen Übergänge zwischen gesunder Arbeitslust und neurotischer Arbeitssucht gibt, ist selbstverständlich. Die Natur macht keine Sprünge, auch nicht zwischen Neurose und Gesundheit. Es ist durchaus gesund, sich über einen Erfolg zu freuen; quantitative Faktoren entscheiden auch hier über normal und neurotisch.

Der Don Giovanni auf sexuellem Gebiet wird von einer Frau zur anderen weitergetrieben, das abgewehrte Verlangen wird nicht befriedigt, und so bringt jede Frau doch wieder eine Enttäuschung, außerdem impliziert seine Kastrationsangst Geringschätzung und Angst vor der Frau. Die glühende Verliebtheit dient der Abwehr dieser Geringschätzung, und sobald die Frau erobert worden ist, folgt die Enttäuschung nach.

Der Don Giovanni ist das männliche Gegenstück der Frau, die auf Grund ihres Penisneides zur neurotischen Untreue neigt. Er imponiert als «he-man», und nicht zu unrecht wird der entsprechende Typ bei der Frau als «she-woman» bezeichnet. Die Untersuchung beider Psychopathologien liefert interessante Parallelen. Der phallisch-narzißtische Mann kann zwar begehren und verliebt sein, aber nicht in einer bleibenden Beziehung lieben. Für die Frau mit einer phallischen Hysterie gilt das gleiche. Der phallisch-narzißtische Mann akzeptiert seine eigene Geschlechtsrolle nicht und identifiziert sich mit seinem Partner; er will eigentlich die Frauenrolle spielen, darum muß er so männlich tun. Die Frau mit phallischer Hysterie akzeptiert ihr Geschlecht nicht, sie will eigentlich ein Mann sein und verwendet sexuelle Beziehungen dazu, einen Penis zu erwerben, jedoch ebenso vergeblich, wie der neurotische Mann seine femininen Wünsche zu befriedigen sucht. Beider

Pathologie hat ihre Wurzeln im Kastrationskomplex, der sich beim einen als Kastrationsangst, bei der anderen als Penisneid äußert. Wir können hier nicht alle Parallelen ausführlich analysieren, es sei aber doch darauf hingewiesen, daß der Typ der dominierenden Frau, die ihren Wunsch, Mann zu sein, nicht selten direkt auslebt, das Gegenstück zum passiven Mann ist, der offen seine Unterwerfung für die Anpassung verwendet. Man könnte die dominierende Frau auch als phallisch-narzißtisch bezeichnen, sie tut ja doch pseudo-männlich und verwendet ihren Intellekt als ein männliches Attribut, auf das sie übermäßig stolz ist. Wenn ein Mann die eigene Geschlechtsrolle nicht akzeptieren kann, wird er innerlich keinesfalls so, wie eine gesunde Frau ist, zeigt aber vielerlei Übereinstimmungen mit der neurotischen Frau. Manche Männer haben mit der kastrierenden Frau vieles gemeinsam: ihr Buhlen um Gunst und Liebe, ihre Prunksucht und Untreue und ihren Triumph beim Abweisen des anderen.

Zu den Komplikationen, die auftreten, wenn der kleine Junge den Konkurrenzkampf aufgibt und auf die passive Beziehung zum Vater zurückfällt, sich ihm unterwirft, um dann von ihm geliebt zu werden, gehört auch der Masochismus.

Masochismus ist kein ungefährlicher Begriff und verschiedene psychische Prozesse werden als masochistisch bezeichnet. Gerne würde man die Bedeutungen auf eine einzige begrenzen, aber was dies angeht, dürfen wir uns keine Illusionen machen.

Man nennt jemanden masochistisch, der unter dem Einfluß eines strengen Gewissens lebt, sich Unglück auf den Hals laden muß, weil sein Gewissen ihm Strafe auferlegt. So muß zum Beispiel ein junger Mann einen festlichen Abend, den er zusammen mit seinem Mädchen verbringt, dadurch verderben, daß er wegen einer Kleinigkeit Streit anfängt. Es sieht so aus, als ob er alles, worauf er sich freut, durch Schuldgefühle getrieben, verderben muß. Dieses Sich-selber-Bestrafen kann die Folge einer auf sich selbst gerichteten Wut sein. Man muß sich selbst, etwas von sich, das eigene Glück zerstören. Wir können das Strafbedürfnis als eine Störung der intrapsychischen Beziehung zwischen Ich und Über-Ich betrachten. Die Strafe wird vom Gewissen auferlegt, das Ich unterwirft sich ihr, um wieder akzeptiert zu werden; so wie die Eltern das Kind wieder annehmen, wenn sie es gestraft haben, ja sogar besonders lieb zu ihm sind, wenn die Strafe etwas hart ausgefallen war. Intrapsychische Beziehungen waren ursprünglich Beziehungen des Kindes mit seinen tatsächlichen oder phantasierten Eltern. Wenn das Ich sich Strafe auferlegen läßt, durch die das ganze Leben zu einer einzigen Bußeleistung werden kann, sprechen wir von moralischem Masochismus. Das ursprüngliche «Vater schlägt mich», in dem sich Lusterleben mit Abwehr von Kastrationsangst vermischt haben, verwandelt sich in den Eindruck, das Opfer von Schicksalsschlägen zu sein. Die ursprüngliche sexuelle Problematik ist dann für das Erleben nicht mehr zugänglich.

Der sexuelle Masochismus ist eine Perversion, das heißt, sexuelle Lust kann nur dann erlebt werden, wenn Schmerzen und Erniedrigung gleichzeitig damit verbunden sind. Der sexuelle Masochismus hat verschiedene Determinanten. Daß Lust nur in Verbindung mit Schmerz und Erniedrigung erlebt werden kann, kann die Folge einer Verschmelzung von verbotener Lust mit der Buße für diese verbotene Lust sein. In den masochistischen Phantasien wird meist das Gesäß geschlagen. Hierin ist ein beruhigendes Element versteckt: Ich werde gestraft, aber mein Genitale bleibt unbeschädigt. Merkwürdig ist, daß der masochistische Mann sich oft eine Frau mit männlichen Attributen vorstellt, mit Lederjacke, Reitstiefeln und Reitpeitsche. Die homosexuelle Problematik als ein Derivat des negativen Ödipus-Komplexes ist hierin deutlich sichtbar. Hinter der Phantasie «eine Frau schlägt mich» ist der Wunsch verborgen, durch einen Mann oder eine phallische Frau geschlagen zu werden. Diese Phantasie stellt eine Verarbeitung des Wunsches dar, von einem Mann geliebt zu werden. Die passive Unterwerfung ist eine falsche Lösung des Ödipus-Komplexes.

Manchmal hat der Masochismus eine andere Nuance. Bestraft- und Geschlagenwerden kann die einzige Art und Weise sein, in der das Kind Zuwendung erfährt. Das Kind, das Angst hat, von den Eltern verlassen zu werden, zieht die Strafe der Einsamkeit vor, die Schmerzen der Einsamkeit sind so viel unerträglicher als die Schmerzen des Geschlagenwerdens, daß sie, damit verglichen, zu einer Lust werden. Diese Motivierung gilt sowohl für den sexuellen als auch für den moralischen Masochismus.

Zwischen diesen beiden sehr verschiedenen Phänomenen besteht große

Verwandtschaft. Auf den ersten Blick hat der Student, der durch Ungeschicklichkeit durchs Examen fällt, nicht viel gemein mit einem Mann, der sich mit der Peitsche schlagen läßt. Bei näherem Hinsehen existiert aber doch eine Beziehung zwischen beiden. Der Pechvogel provoziert Strafe, um dadurch von Schuldgefühlen befreit zu werden, und ursprünglich kann dieses Tilgen von Schuld tatsächlich einen Lustcharakter gehabt haben. Wegen dieses verborgenen Lustcharakters wird so häufig am Unglück festgehalten; man würde jedoch einen groben Schnitzer machen, wenn man etwa dem Patienten sagen würde: Du *willst* ja dein Unglück auch.

FREUD hat darauf hingewiesen, daß der Mensch, der vom Schicksal verfolgt wird, doch auch noch eine Beziehung zum unpersönlich gemachten Vater hat, der ihn bestraft. Der bewußte Lustcharakter des Masochismus wechselt von Fall zu Fall, er ist ausgesprochen stark vorhanden beim sexuellen Masochismus, beim moralischen Masochismus fehlt er, auch wenn dieser psychologisch durch ihn bestimmt wird. Hinter einer passiv-femininen Einstellung verbirgt sich Eifersucht, hinter dem Masochismus sadistische Phantasien.

Wir haben bis hierher eine Reihe neurotischer Mechanismen und Typen behandelt, die alle mit dem negativen Ödipus-Komplex zusammenhängen. Zum Abschluß noch eine allgemeine Bemerkung.

Für das Verständnis der neurotischen Zustandsbilder ist die Einsicht in das komplizierte Kräftespiel zwischen Impuls und Abwehr eine erste Voraussetzung. Dann erst kann man den Wert der auf reiner Deskription beruhenden Einteilungen erkennen. Klinisch bestehen bedeutende Unterschiede zwischen einem gehemmten Neurotiker, einer phallisch-narzißtischen Don-Giovanni-Natur und einem passiv Homosexuellen. Bei näherer Untersuchung kann man dann entdecken, daß die Einschränkungen des gehemmten Neurotikers die Aufgabe haben, eine Don-Giovanni-Phantasie zu unterdrücken, daß diese Phantasien wiederum als Abwehr der passiven Homosexualität benutzt werden, die aus der falschen Lösung des Ödipus-Komplexes entstanden ist. Deswegen ist es so wichtig, zunächst so wenig wie möglich theoretisierend zu beschreiben, was man sieht, dann den Fall in einer bestimmten Kategorie unterzubringen, um danach die psychischen Mechanismen weiter zu untersuchen; dabei aber gleichzeitig eventuelle somatische und situa-

tive Faktoren nicht zu vernachlässigen, die das Bild der Neurose bzw. der Perversion oder Psychopathie im einzelnen bestimmen.
Einsicht in die Beziehung zwischen Abwehr und Impuls und in die Art und Weise, wie diese das klinische Bild bestimmen, ist für das wirkliche Verständnis des neurotischen Patienten unentbehrlich. Über-Ich und Ideal-Ich, die Ich-Funktionen und das Triebleben müssen in ihren Zusammenhängen untersucht werden. Das fügsame, gehemmte Mädchen, das bei jedem geringfügigen Anlaß errötet, kann so verlegen sein, weil es seine Leidenschaft abwehrt, sein unstillbarer sexueller Hunger kann Abwehr des Penisneides sein, der Penisneid kann reaktiv sein, verstärkt durch die Enttäuschungen in der ödipalen Beziehung zum Vater. Der Ödipus-Komplex ist der Kern der Neurosen; diese Formulierung FREUDS hat noch unveränderte Gültigkeit. Daß die dynamischen Beziehungen so kompliziert sind, daß in der Entwicklung Abwehr auf Abwehr folgt, dafür hat man ganz zutreffend das Bild der geologischen Schichtung verwendet: Die Abwehrhaltungen entwickeln sich. Der Vergleich geht jedoch nicht ganz auf, weil auch eine Haltung, eine Einstellung, die aus einem früheren Entwicklungsstadium stammt, verwendet werden kann, um ein Problem, das in der Entwicklung später aufgekommen ist, zu vermeiden. So kann eine Frau kindlich abhängig sein aus Angst vor der Sexualität. Diese infantile Anhänglichkeit läßt an einen Säugling in der oralen Phase denken, wir finden also hier eine alte Schicht ganz zuoberst liegen. Die Regression läßt das Bild manchmal so unübersichtlich werden, daß sich der Untersucher vor einem Chaos fühlt. Das Chaos ist aber nur ein scheinbares, sobald man auf die Beziehungen zwischen Abwehr und Impuls achtet. Bei den Neurosen, die durch Regression auf die anale und/oder orale Phase entstehen, werden wir auf diese Zusammenhänge noch zurückkommen. Zur Verdeutlichung des hier Gemeinten nenne ich ein letztes Beispiel: Ein junger Mann ist verlegen, bescheiden und gehemmt in seinen Äußerungen. Es zeigt sich, daß er sich wegen seiner masochistischen Phantasien schämt. Jungens schlagen ihn, und er sucht Sicherheit und Geborgenheit bei jemandem, den er als Mutter erlebt. Hier wird das Regressive der Haltung sichtbar. Die masochistische Unterwerfung, die Abwehr der Lust, mit anderen Männern zu konkurrieren, der Wunsch, geborgen zu sein, ist ein Versuch, vor den Ängsten zu fliehen, die

sexuelles Verlangen für ihn bringen. Passive Beziehungen werden benutzt, um den Gefahren einer männlichen Haltung zu entgehen; was in der Entwicklung früher da war, dient der Vermeidung der Probleme späterer Entwicklungsphasen auf dem Wege zum Erwachsenwerden. Diese Zusammenhänge mögen kompliziert erscheinen, aber bestimmte Beziehungen zwischen Abwehr und Impuls wiederholen sich so häufig, daß die klinische Diagnose Vermutungen über die Genese erlaubt, Vermutungen, die sehr oft durch die weitere Untersuchung bestätigt werden.

3. Über den Verlauf

Ein kurzes Wort sei noch über den Verlauf der hysterischen Neurosen angeschlossen. – Kurz deswegen, weil man auf diesem Gebiet wenig voraussagen kann. Die Prognose wird durch den Ernst des neurotischen Konfliktes, durch Anlagefaktoren und die aktuelle Situation bestimmt. Der Verlauf ist oft besonders launisch.

Konversionssymptome können einen sehr malignen Verlauf nehmen und zu Invalidität führen, die eine Versorgung in einer psychiatrischen Anstalt notwendig macht. Angsthysterien können jahrelang auf ein einziges unbedeutendes Symptom beschränkt bleiben, sie können sich aber auch ausbreiten und zu einer extremen Bewegungseinschränkung führen. Die Partnerwahl entscheidet häufig darüber, ob ein relatives Gleichgewicht und eine einigermaßen gesunde Anpassung gefunden werden können. Die ganze Familie kann in die Neurose einbezogen werden, dann wird der weitere Verlauf zum großen Teil durch diese Situation bestimmt.

Bei Patientinnen, die zu dem sogenannten Rachetyp gehören, sieht man auffallende Schwankungen des Zustandsbildes. Wenn ein Objekt für die Verliebtheit unerreichbar ist, dann leidet die Patientin an einer Depression vom Heimweh-Typ; glückt eine Eroberung, dann gibt es eine kurze Zeit des Auflebens, daran anschließend stellt sich der Zweifel ein, nicht selten einhergehend mit Konversionssymptomen. Manchmal wird der Triumph über das Abweisen beinahe manisch erlebt. Das Durcheinander der Gefühle finden wir auf gelungene Weise wiedergegeben in der Musik und dem Text der großen Schlußarie in der Oper

«Salome» von Richard Strauß. Manche Frauen dieses Typs müssen ihre Rache teuer bezahlen; sie sehnen sich ihr Leben lang nach dem abgewiesenen Mann zurück und zeigen dann das Bild einer neurotischen Depression mit oder ohne Konversionssymptome. Bei manchen sadomasochistischen Charakteren wechseln sadistische und masochistische Positionen miteinander ab.

Mir scheint, daß viele klimakterische Depressionen dekompensierte hysterische Neurosen sind. Die Kinder gehen aus dem Haus, sie können nicht mehr als Attribute verwendet werden, und das stört das labile Gleichgewicht dieser Frauen.

Der dem Rachetyp verwandte phallisch-narzißtische männliche Patient kommt einigermaßen zurecht durch das Ausleben seiner Neurose in einer Art, die nicht zu auffällig ist; die Anpassung glückt auf Kosten des vielen Leids, das Dreieck-Situationen nun einmal für den Patienten und seine Partnerinnen mit sich bringen. Zeiten der Verliebtheit und Depressivität sieht man manchmal in raschen Wiederholungen aufeinander folgen.

Wenn wir auch noch realisieren, daß es alle Übergänge zwischen Gesundheit und schwerer Neurose gibt, daß nicht nur die neurotischen Konflikte, sondern auch die relativ gesunden Anteile der Persönlichkeit Einfluß auf den Verlauf haben, wird es evident, daß es im allgemeinen wenig darüber zu sagen gibt; wohl kann man beim individuellen Fall Vermutungen äußern, nachdem man die Gesamtpersönlichkeit, die Ich-Funktionen, Ideal-Ich und Über-Ich, die somatischen Faktoren etc. eingehend untersucht hat. Selbst dann noch bringt das Leben für uns und den Patienten viele Überraschungen; situative Faktoren, wir sagten es schon, können Veränderungen zustandebringen, die man für ein Wunder zu halten bereit ist.

V. NEURASTHENISCHE BILDER – DIE SENSITIVE PERSÖNLICHKEIT

Wir haben bei der Darstellung der Neurosen im vorigen Kapitel eine Anzahl von Charakterbildungen besprochen, die durch eine Entwicklungsstörung zu erklären sind und Äußerungen ungelöster Probleme im Zusammenhang mit der infantilen Sexualität darstellen; Probleme, die außer zu Charakterdeformierungen auch zu Symptomen führen können. Die Charakterbilder, die zur Sprache gekommen waren, seien hier noch einmal wiederholt: Der klassisch-hysterische Charakter mit seinen vornehmlichsten Merkmalen der Infantilität, Unechtheit, Egozentrik und häufig auch Masochismus. Der gehemmte Typ, bei dem die Verlegenheit so auffallend ist. Die Formen der phallisch-hysterischen Charakterbildungen, nämlich den dominierenden und den Rache-Typ. Der klassisch-hysterische Charakter und der gehemmte Typ des Mannes wurden gleichfalls erwähnt, außerdem die passiv-feminine und die phallisch-narzißtische sowie die mehr psychopathische Variante im Sinne einer Neigung zum Agieren, zu alloplastischen Reaktionen.
In der klinischen Diagnostik der neurotischen Persönlichkeiten werden auch noch andere Kategorien verwendet, wie etwa die neurasthenische und die sensitive Persönlichkeit. Ich kenne zahlreiche Psychiater, die auf diese Möglichkeit einer weiteren Differenzierung der neurotischen Persönlichkeiten nicht gerne verzichten wollen, und auch mir erscheint es berechtigt, die Aufmerksamkeit auf diese Charakterbilder zu richten.
Einige führende Psychiater haben diese klinischen Kategorien systematisch untersucht, das heißt miteinander in Zusammenhang gebracht, die wechselseitigen Beziehungen festgestellt und Modelle verwendet, die eine Vereinheitlichung bei aller Vielfalt ermöglichten. E. KRETSCHMER schuf eine Charakterologie, in die er den durch ihn abgegrenzten sensitiven Typ aufnahm. CARP, bereits mehrfach zitiert, untersuchte die neurotischen und psychopathischen Charaktertypen mit Hilfe anthropologischer und psychoanalytischer Kategorien und erhob damit die klinische Einteilung weit über eine ungeordnete, unsystematische Deskription; in seinem Werk über die Neurosen gibt er unter anderem eine Darstellung der neurasthenischen Persönlichkeit, der sensitive Typ

wird von ihm bei den Psychopathien besprochen. Doch auch hier suchte er die klinischen mit den psychoanalytischen Begriffen zu verbinden. DU BŒUFF benutzte zur Systematisierung der neurotischen bzw. psychopathischen Charaktere eine Dreiteilung in hysterische, neurasthenische und sensitive Charakterbilder und bezeichnete sie zugleich als defiziente Modi verschiedener Weisen des In-der-Welt-Seins.
Wenn wir die verschiedenen Charakterbilder untersuchen, müssen wir unsere Aufmerksamkeit auf drei Aspekte der Persönlichkeit richten: die Begabungen, das Temperament und die Art und Weise, wie jemand mit seinen Triebimpulsen umgeht, das heißt welche Rolle die Sublimierung, das Umwandeln in Handlungen und die verschiedenen Abwehrmechanismen in seiner Lebensweise spielen. Eine dynamisch-genetische Charakterologie scheint mir die fruchtbarste zu sein. Die Charakterbildung stellt eine Form der Anpassung dar, die wir verstehen, wenn wir wissen, welche Bedeutung bestimmte Haltungen, Einstellungen, Eigenschaften haben, im Umgang sowohl mit der Außenwelt als auch mit den eigenen Triebimpulsen, und auf welche Weise sie entstanden sind. Neurotische und psychopathische Charaktereigenschaften sind starr. Der Gesunde wird daran erkennbar, daß seine Eigenschaften in den Dienst einer optimalen Anpassung gestellt werden können.
Wir können natürlich hier nicht auf alle Systeme eingehen, deren Ziel es ist, die neurotischen Charakterbildungen zu ordnen. C. G. JUNG und VAN DER HOOP haben eine Einteilung gegeben, KLAGES Charakterologie wurde auf die Psychiatrie angewendet, und hier könnten natürlich noch weitere Systeme genannt werden. Ich habe die Absicht, hier diejenigen Charakterbildungen darzustellen, die mir für die Klinik am brauchbarsten erscheinen, und werde versuchen, eine dynamisch-genetische Interpretation dieser Formen zu geben.
Zunächst gehen wir auf die neurasthenischen Zustandsbilder und den neurasthenischen Charakter ein. Auch in dem ausgesprochen dynamisch-genetisch orientierten American Handbook of Psychiatry wird die Neurasthenie behandelt. Der Autor, G. CHRYZANOWSKI [35], entschuldigt sich einigermaßen:

[35] A. CHRYZANOWSKI: Neurasthenia and hypochondriasis, Amer. Handbook of Psychiatriy, Bd. I, New York 1959, S. 258.

«Wir haben es hier mit altehrwürdigen Begriffen zu tun, die dementsprechend völlig undynamisch sind. Vom praktischen Standpunkt aus sind Neurasthenie und Hypochondrie unhandliche, wenig brauchbare, antiquierte Möbel. Aber in der psychiatrischen Terminologie sind sie fest verankert. Im gegenwärtigen Zeitpunkt scheinen sie unausrottbar zu sein, und so sollte man, statt sich mit Klagen aufzuhalten oder nach neuen Bezeichnungen zu suchen, lieber in das Wesen und die Auswirkungen dieser altmodischen Bezeichnungen einzudringen versuchen, die in den verschiedensten klinischen Zusammenhängen auftreten.»
Die Symptome der neurasthenischen Neurosen bestehen in vagen körperlichen Beschwerden wie etwa Müdigkeit, Kopfschmerzen, Rückenschmerzen, Magenbeschwerden, Kreuzschmerzen, häufig verbunden mit einem hypochondrischen Akzent. In dem erwähnten amerikanischen Handbuch werden dementsprechend Neurasthenie und Hypochondrie auch zusammen behandelt. Außerdem wird häufig, wenn auch keine ausgesprochene Angst, so doch ein Gefühl von ängstlicher Spannung angegeben, die mit körperlichen Begleiterscheinungen einhergeht. Herzklopfen, ein Gefühl von Gehemmtsein, rasches Schwitzen sind Symptome, die so ernster Natur sein können, daß man an den Morbus Basedowii denkt. So manche Schilddrüsen neurasthenischer Patienten sind dann auch durch den Chirurgen entfernt worden. Die Angst äußert sich oft als Angst, zu versagen. Es ist kein Zweifel, daß das hyperästhetische Syndrom, die leichtere Form der exogenen symptomatischen Reaktionen, auch als neurasthenischer Symptomenkomplex bezeichnet wird. Die Beschwerden der Patienten beider Gruppen zeigen viel Übereinstimmung, doch sind ihre Unterschiede meist deutlich genug. Übereinstimmung zwischen beiden findet sich in der sogenannten «reizbaren Schwäche»: die Überempfindlichkeit gegen alle möglichen Reizeinwirkungen und andere psychische Belastung und die rasche Ermüdbarkeit, Konzentrationsschwäche und außerdem zahlreiche krankhafte Erscheinungen auf neuro-vegetativem Gebiet, die man psychosomatisch nennen könnte, wenn dieser Begriff nicht schon für die Bezeichnung anderer Krankheitszustände verwendet würde. «Psycho-physisch-neutral» könnte man diese Beschwerden, einen Begriff von STERN verwendend, nennen: Die Müdigkeit ist eine psychische und zugleich eine körperliche Erfahrung, das gleiche gilt für die Un-

ruhe, auch die Schlafstörungen sind zugleich psychische und physische Erscheinungen. Der Untersucher wird auch eine gesteigerte Reagibilität feststellen: erhöhte Sehnenreflexe, verstärkten Dermographismus, labilen Puls und eine Spannung, die eine Reaktion auf die Untersuchungssituation darstellt. Äußerlich wirken diese Patienten oft erschöpft und haben eine weiße Gesichtsfarbe. Was die Symptome auf psychischem Gebiet betrifft, so fehlen selten Insuffizienzgefühle; die Kranken haben den Eindruck, sie leisten zu wenig, sie könnten mehr leisten, wenn sie gesünder und nicht so schwach und schlapp wären. Daß die Insuffizienzgefühle eher die Ursache der Müdigkeit sind als umgekehrt, wird noch näher zur Sprache kommen. Sie beeinflussen auch die Beziehungen zu den Mitmenschen. Neurasthenische Patienten glauben oft für insuffizient gehalten zu werden: «Ich leiste so wenig, und das finden die anderen auch.» Neurasthenische Patienten sind oft als gewissenhafte und pflichttreue Menschen bekannt – Eigenschaften, die manchmal so übertrieben akzentuiert werden, daß man an einen zwanghaften Charakter denken muß, und es ist sehr gut möglich, daß eine Reihe der neurasthenischen Patienten dynamisch-genetisch der Zwangsneurose verwandt ist. Meist ist jedoch die emotionelle Starrheit weniger ausgesprochen.

Was die Charakterbildung anbetrifft, das heißt die Eigenschaften, die als ich-nah erlebt werden, so stehen Insuffizienzgefühle und die Überzeugung, in den Augen der anderen zu versagen, ganz im Vordergrund. Hinsichtlich der Sexualität sehen wir bei diesen Typen häufig hypochondrische Vorstellungen, sie schreiben ihren sexuellen Aktivitäten die Ursache für ihre Müdigkeit zu. Ein typisches Beispiel dafür ist ein Kanzleibeamter, der nur am Samstagabend, am Vorabend nationaler Festtage und während der Feriennächte mit seiner Frau sexuellen Verkehr hat. Dann kann er nämlich am anderen Morgen etwas länger schlafen und sich von den durchgemachten Anstrengungen ausruhen: «Meine Arbeit darf doch darunter nicht leiden.» Wenn er von dieser Regel einmal eine Ausnahme zu machen suchte, fürchtete er, daß er am folgenden Tag Fehler in seinen Berechnungen machen würde und sich nicht konzentrieren könnte. Er hatte dann tatsächlich auch immer ein merkwürdiges Gefühl im Leib, auch im Rücken, und der Kopf war ihm ein bißchen schwer.

Ärzte, die ihre Aufmerksamkeit nur auf die körperlichen Störungen ihrer Patienten richten und psychische Erscheinungen für irreal halten, verhalten sich gegenüber neurasthenischen Beschwerden anders als gegenüber hysterischen. Ich sage das nur, weil herabsetzende Urteile öfter phänomenologische Beschreibungen enthalten, die man verwenden kann, wenn man die Geringschätzung in weniger ablehnende Begriffe übersetzt. Die hysterischen Patienten werden als Ansteller bezeichnet – über das Mißverständnis, Konversion mit Simulation zu verwechseln, wurde bereits gesprochen –, der neurasthenische Patient dagegen als Nörgler und seine Äußerungen als Quengelei. Damit ist folgendes gemeint: Manche hysterischen Patienten zeigen eine gewisse Lebhaftigkeit, eine starke Orientierung auf den anderen in der Ausdrucksform ihrer Beschwerden; der neurasthenische Patient dagegen macht eher einen hinfälligen Eindruck.
Unecht aber ist der neurasthenische Patient nicht, er tut sich schwer im Kontakt, im Gegensatz zu den hysterischen Patienten, die niemals aufhören, auf dem Gebiet der zwischenmenschlichen Beziehungen zu experimentieren, um darin ihr Bedürfnis nach Anerkennung zu befriedigen. Ferner sei darauf hingewiesen, daß die neurasthenischen Patienten zu hyperästhetisch-emotionellen Reaktionen neigen. Es sieht so aus, als sei niemals genügend psychische Energie vorhanden, und selbst geringe zerebrale Funktionsstörungen führen zur Dekompensation. So ist es kein Wunder, daß man bei diesen Patienten mit ihren körperlichen Beschwerden immer wieder an eine konstitutionelle Genese gedacht hat, um so mehr, als man bei ihnen tatsächlich häufig einen bestimmten Konstitutionstyp antrifft, nämlich den STILLERschen asthenischen Habitus. Auch beim leptosomen Typ kommen die hier beschriebenen Beschwerden vor, während man sich einen pyknischen Neurastheniker nur sehr schwer vorstellen kann. Die vegetative Labilität, die vielerlei Symptome auf psycho-physischem Gebiet können als Folge der Neurose aufgefaßt werden. Von den konstitutionellen Merkmalen kann man das wahrscheinlich nicht sagen. Es kann kein Zufall sein, daß in der Initialphase bei Psychosen und nach Infektionskrankheiten Patienten häufig ungefähr dieselben Beschwerden wie die Neurastheniker äußern – man bekommt hier dann den Eindruck, daß die Energie, die für die Anpassung notwendig ist, versagt.

Es gibt Psychiater, die bei der Einteilung der neurotischen Charaktere auch das Konzept der «Psychasthenie» verwenden. Der Psychastheniker ist gekennzeichnet durch Genauigkeit, Zwanghaftigkeit, man spricht auch von einem skrupulösen Charakter, und es macht den Eindruck, daß die Psychasthenie eine Übergangsform zwischen Neurasthenie und zwangsneurotischen Charakteren darstellt. Bei Psychasthenikern kann man Tic, Phobien und Zwangserscheinungen feststellen, ferner die Neigung zu Derealisations- und Depersonalisationserscheinungen, Verlust des Kontakts mit der Realität auf Grund einer Verminderung der psychischen Spannkraft, ein Absinken des gesamten geistigen Niveaus. Bei allen diesen Charakterbildungen erhebt sich wiederum die Frage: Konstitutionelle Minusvariante oder Neurose. Die Antwort darauf muß lauten: Diese Bilder kommen durch eine Interaktion der Faktoren zustande.

VAN DANTZIG und WAAGE[36] wiesen auf die Beobachtung eines Gefühls von Machtlosigkeit und Lustlosigkeit bei neurasthenischen Reaktionen hin, die sie als Dekompensationszustände bei psychasthenischen Typen auffassen. Müdigkeit, Kraftlosigkeit und Lustlosigkeit können als die Grundpfeiler des neurasthenischen Charakters bezeichnet werden.

Man wird viele Symptome, Schwierigkeiten in den menschlichen Beziehungen, die an Hysterie im klinischen Sinne denken lassen, außer bei neurasthenischen Patienten auch bei den sensitiven finden, ein Charaktertypus, den wir hier ebenfalls kurz besprechen wollen.

Dieser Charakter wurde durch E. KRETSCHMER beschrieben. Es wurde oft gesagt, daß das Problem, welches die meiste Aufmerksamkeit der französischen Psychiater erregt hat, die Halluzinationen sind, dasjenige der deutschen Psychiater der Wahn. Die Abgrenzung des sensitiven Typus fällt mit dem Wahnproblem direkt zusammen. KRETSCHMER[37] beschrieb einen echten Wahn bei nicht-schizophrenen Patienten, und für das Auftreten dieses Wahns macht er eine spezifische Wechselwirkung zwischen Charakter und Milieu verantwortlich, insbesondere eine Unterminierung des Selbstgefühls. Der sensitive Mensch neigt zu

36 A. VAN DANTZIG und J. WAAGE: Almacht en onmacht; het verband tussen Psychasthenie en Neurasthenie, Huisarts en Wetenschap, 5. Jg., 1962.
37 E. KRETSCHMER: Der sensitive Beziehungswahn, Berlin 1927.

paranoiden Reaktionen, die Entstehung dieser Wahnbildungen muß in der entsprechenden Fachliteratur nachgelesen werden. Hier im Zusammenhang mit der Neurosenlehre richten wir unsere Aufmerksamkeit auf den sensitiven Charakter. Dabei ist es nur natürlich, daß wir bei unserer Betrachtung von KRETSCHMERs Auffassungen ausgehen. Sensitive Menschen sind sehr empfindlich, alle Eindrücke wirken besonders stark auf sie, aber sie sind nicht fähig, emotionellen Spannungen in adäquater Weise Ausdruck zu geben. Manchmal erleben sie diese übertriebene Empfindlichkeit gegenüber Kränkungen als ich-nah, manchmal erleben sie sie selbst als übertrieben und machen Anstrengungen, sich davon zu distanzieren. Dabei kann man nicht sagen, daß sie nur für Kränkungen des Selbstwertgefühls besonders empfindlich sind; häufig sehen wir ein besonders starkes Miterleben des Unglücks anderer, ohne daß sie imstande sind, dieses Erleben leicht zu äußern. Auf die Frage, finden Sie das Leben hart, werden sie in der Regel mit ja antworten. KRETSCHMER erwähnte als einen wesentlichen Charakterzug der Menschen mit einem sensitiven Charakter die strenge Gewissensfunktion. Sensitive kann man auch als skrupulös bezeichnen. Häufig werden sie durch Schuldgefühle gequält. Was die Symptome und Beschwerden der zu dieser Gruppe gehörenden Patienten betrifft, so begegnen uns flüchtige paranoide Erscheinungen, das Gefühl, andere sind gegen sie, und depressive Reaktionen im Anschluß an Kränkungen. Die paranoiden und depressiven Reaktionen verbergen sich oft hinter Symptomen wie Kopfschmerzen, Schlafstörungen, Müdigkeit, Störungen des Ich-Bewußtseins, hypochondrische Erscheinungen, – Beschwerden, die sehr an die Neurasthenie erinnern, aber mehr ein Gefühl von Einsamkeit und Unsicherheit auszudrücken scheinen als ein Unvermögen, Ideale zu realisieren. In ihren Kontakten zeigen sensitive Menschen größere Übereinstimmung mit hysterischen Patienten, jedoch ist diese Übereinstimmung oft nur oberflächlich. Auch Ängste fehlen nicht, sie haben den Charakter der Verlustangst. Es wäre eine Unterlassung, nicht auch auf die starken Seiten der neurasthenischen und der sensitiven Persönlichkeit hinzuweisen. Neurasthenische Menschen zeigen oft ein starkes Pflichtgefühl; der sensitive Mensch ist häufig gekennzeichnet durch das, was man «emotionelle Begabung» nennen kann. Der Begriff Gefühl ist immer irreführend, weil unter Gefühl sowohl die präreflektive Bewertung einer Situation verstanden wird in dem Sinne von «für mich oder gegen mich», mir helfen oder mich lähmen, günstig oder ungünstig – als auch eine präreflektive Form von Wissen. In diesem Sinne verwenden wir den Ausdruck fühlen, wenn wir sagen, jemand hat ein gutes Gefühl für etwas. Sensitive sind in der Regel nach beiden Richtungen hin empfindlich; sie reagieren mit großer emotioneller Intensität, aber haben auch ein gutes Gefühl für etwas, wenn die neurotische Problematik die präreflektive Erfahrung nicht stört.

Die Einteilung in bestimmte Charaktertypen bleibt ein schwieriges Unternehmen – aber leicht spielen auch unbewußte Affekte eine Rolle bei dem, was objektive Diagnostik sein sollte; so kann es passieren, daß jemand aus der Gruppe der Sensitiven in die der Hysterischen geschoben wird, wenn einem der Patient Angst macht. Meistens können sich Untersucher über die dynamisch-genetischen Zusammenhänge leichter einigen, wenn sie in dieser Richtung ausgebildet sind. So ist es ratsam, sich darüber zu informieren, wie die Verarbeitung der Triebimpulse aussieht, wie die Ich-Funktionen sind, welche Abwehrmechanismen verwendet werden, und wie die Funktionen von Über-Ich und Ideal-Ich bei den von uns beschriebenen Typen beschaffen sind. Wenn wir auf diese Fragen eine Antwort finden und sie in psychoanalytischen Begriffen formulieren können, dann werden wir auch imstande sein, den klinischen Neurasthenie-Begriff genetisch-dynamisch zu interpretieren. Dabei müssen wir wiederum auf die Triebproblematik und die Spannungen zwischen Über-Ich, Ideal-Ich und Ich achten. Es kann sein, daß beim neurasthenischen Patienten eine konstitutionelle «Schwäche» der Begabung für das Anknüpfen emotioneller Beziehungen eine Rolle spielt, aber es würde eine Einseitigkeit bedeuten, dem allein das Versagen zuzuschreiben. Den Hemmungen, die durch die ungelösten Probleme des infantilen Trieblebens bedingt sind, muß eine nicht weniger große Bedeutung beigemessen werden. Bei einer ganzen Reihe von Patienten beruht auch die Hemmung auf prädipalen Störungen. Die Angst, abgewiesen zu werden, ist so groß, daß eine Beziehung anzuknüpfen nicht mehr gewagt wird. Bei Neurosen, die stark an die neurasthenischen Zustandsbilder erinnern, findet man diese Angst. Oft lassen sich auch Hemmungen feststellen, die mit den Problemen des Ödipus-Komplexes zusammenhängen; eine latente Homosexualität läßt intime Kontakte fürchten. Schuldgefühle, hypochondrische und paranoide Verarbeitungen der Onanie-Problematik stören die erotisch-sexuellen Beziehungen, jedoch steht die Hemmung der genitalen Sexualität nicht so sehr im Vordergrund. Zu Beginn dieser Gegenüberstellung klinischer Gruppierungen mit der Psychoanalyse hatte ich schon darauf hingewiesen, daß wir hierbei nicht nur auf die Triebe und deren Abwehr achten dürfen, sondern genauso auf die Aspekte des Ichs, des Ideal-Ichs und Über-Ichs, des Selbstbildes zu berücksichtigen haben.

CARP hat ganz zu Recht in der Spannung zwischen Ideal und Vermögen ein wesentliches Merkmal des neurasthenischen Menschen gesehen, wenn er sagt: «Die neurasthenischen Reaktionsformen haben ihre Wurzel in dem überspannten Lebenswillen, der in ihrer Art zu wollen, in ihrem subjektiven Erlebenkönnen, andererseits aber dem Können nicht gewachsen sein, zum Ausdruck kommt. Diese Situation unterhält einen dauernden Konflikt, der sich am Zweifel über den Wert des eigenen Daseins entzündet.» Der neurasthenische Patient wird durch sein Ideal-Ich dazu veranlaßt, sich Idealen hinzugeben, sich für seine Mitmenschen aufzuopfern, aber gerade das kann er auf Grund seiner ungelösten Triebkonflikte nicht tun. Jetzt wird es auch klar, warum die hysterischen Neurosen, die sich auf erotisch-sexuellem Gebiet äußern, so viel häufiger bei Frauen vorkommen, die neurasthenische jedoch beim Mann; denn es wird leicht möglich sein, das Mädchen dazu zu bringen, ein Ideal-Ich zu bilden, das ihm den Weg in eine erotisch-sexuelle Lebensweise weist, womit allerdings noch nicht gesagt ist, daß man es dann auch so erzieht, daß es dieses Ideal erreichen kann; denn der Wunsch, das Kind zu einer guten Mutter zu erziehen, und die Neigung, gleichzeitig die Sexualität im Kind mit allen Mitteln zu unterdrücken, ist eine häufig angewendete Kombination, eher die Regel als die Ausnahme. Die Jungens werden meist nicht zu guten Liebhabern, sondern in Richtung auf Erfolg oder auf Idealismus erzogen, auch wenn dabei gleichzeitig die Quellen verstopft werden, welche die Energie liefern müssen, die notwendig ist, um den Idealen oder einem wesentlichen sachlichen Ziel gerecht zu werden. Mir scheint, daß insbesondere der Aggressionshemmung bei diesen Charakterbildungen eine große Bedeutung zukommt. Auch hier also besteht eine Antinomie zwischen Ideal-Ich und Über-Ich. Das Ideal-Ich schreibt vor, was durch Abwehrmechanismen, die unter dem Einfluß des Über-Ichs in Gang gehalten werden, unmöglich gemacht werden soll. Dabei ist es, um die Bildung des Ideal-Ichs zu verstehen, notwendig, auch die soziologisch bestimmten Einflüsse mit in Rechnung zu stellen.

Nun verstehen wir auch mehr von der Müdigkeit, den Konzentrationsstörungen und von der Angst zu versagen. Wir wissen, in welchem Maß gerade Störungen bei der Integration der aggressiven Triebregungen der gesunden Arbeitskraft und Leistungsfähigkeit im Weg stehen. Die Aggression ist in ihrer Entwicklung gestört worden, und die infantil gebliebenen Formen des Aggressionstriebes werden abgewehrt, die Ich-Funktionen können dann nicht über eine erwachsene kreative Aktivität verfügen – und außerdem verschlingen die Abwehrmechanismen einen beträchtlichen Teil der psychischen Energie. Auch die Störungen des Ich-Bewußtseins und die Derealisationserscheinungen hängen mit der Aggressionshemmung zusammen. Ich habe den Eindruck, daß die neurasthenischen Patienten Abwehrmechanismen verwenden, die wir auch bei der Zwangsneurose finden, wie z. B. die Affektabwehr, die Isolierung von Vorstellung und Affekt, aber es müßte wohl noch an einer größeren Anzahl von Fällen untersucht werden, inwiefern tatsächlich eine Verwandtschaft zwischen dem neurasthenischen und dem zwangsneurotischen Charakter besteht. Der letztere ist gekennzeichnet durch eine größere Starrheit, und vielleicht wird man auch charakteristische Unterschiede im Ideal-Ich der neurasthenischen und zwangsneurotischen Patienten finden können. Der Neurastheniker hat ganz andere Ideal-Bildungen als der hysterische Patient, aber er verwendet auch andere Abwehrmechanismen, durch die das Anknüpfen emotioneller Beziehungen für ihn besonders schwierig wird. Auf die geheimen Größenphantasien, durch welche die Insuffizienz- und Ohnmachtsgefühle zu einem bedeutenden Teil bestimmt werden, muß hier mit Nachdruck hingewiesen werden. Die Größenphantasien führen dazu, daß diese Patienten in der Realität dauernd von sich selbst enttäuscht sind, das macht sie dann wütend, und sie suchen diese Kränkungen dadurch zu kompensieren, daß sie sich unbewußt noch größer, noch idealer vorstellen, was notwendigerweise wieder zu neuen Kränkungen führt.

Wir wollen dieses Kapitel mit einigen Bemerkungen über die tiefenpsychologischen Aspekte des sensitiven Charakters abschließen. Bei dieser Charakterbildung ist die Aggressionshemmung nicht weniger auffallend als bei vielen Neurasthenikern. Daher kommt es, daß sie ihre Gefühle des Gekränktseins nicht äußern können. Während der Neurastheniker seine passiven Bedürfnisse stark abwehrt, kann der sensitive Mensch sie für seine Anpassung verwenden, vor allem die Strebungen, die zur infantilen Passivität gehören: der Wunsch, angenommen, gehegt, anerkannt und «getragen» zu werden. Sein Selbstgefühl wird nicht durch das Erleben, mit etwas fertig werden zu können, bestärkt, denn das ist nur bei einem gesund entwickelten Aggressionstrieb möglich; die übertrieben abhängige Haltung dient gerade dazu, alle Wutregungen, Eifersucht und andere Manifestationen des Aggressionstriebes abzuwehren. Dabei gelingt es diesen Menschen sogar häufig, auf diese Weise eine ausreichende Anpassung zu erreichen – sie gehen jeder Konkurrenz aus dem Wege und werden durch die Hilfe anderer mit sich fertig. Auch in ihrem Liebesleben überwiegen die passiven Strebungen, Liebe bedeutet für sie, gefüttert zu werden mit Liebesäußerungen anderer. Wenn das der Fall ist, sind sie selber auch imstande, wieder zu lieben. Ihre erotisch-sexuellen Verhaltensweisen gleichen denen gegenseitiger Mutter-Kind-Beziehungen. Ich habe diese Einstellung die «passive Form der Anpassung» genannt, und darüber wird im Kapitel über Depression noch mehr zu sagen sein.

Es leuchtet ohne weiteres ein, daß die Umwelt den Erwartungen und Forderungen des sensitiven Menschen nicht gerecht werden kann. So wird er in seiner Arbeit nicht die genügende Anerkennung finden, ebensowenig wie in seiner Ehe ausreichendes Verständnis. Dadurch kommt es zur Dekompensation, und dann entwickeln sich depressive, paranoide oder neurasthenisch gefärbte Reaktionen.

Nicht jeder Mensch mit einer solchen passiven Form der Anpassung ist jedoch sensitiv. Viele Menschen, die nicht ausreichend aktiv sind in ihrem Liebesleben und nicht über genügenden Mut und Schlagfertigkeit verfügen, lassen doch die moralische Präokkupation der Sensitiven vermissen, viele sind in ihrer Fähigkeit, Wut zu äußern, nicht so gehemmt, und wenn sie gequält werden, äußern sie sie oft sogar in heftiger Weise. Du Bœuff bezeichnete diejenigen, die hinsichtlich ihres

Selbstgefühls auf andere angewiesen sind und sich an ihre Umwelt anpassen wie eine Wasserlilie an ihr Wasser als «Relationisten». Diese Gruppe umfaßt dann all diejenigen, die sich mit Hilfe einer passiven Anpassungsform durchsetzen, darunter eben auch die Sensitiven.
Ich hoffe, es ist klar geworden, daß viele Charakterbilder im Rahmen der hysterischen Neurosen, genetisch betrachtet, nicht nur auf einer Fixierung in, bzw. einer Regression auf die phallische Phase beruhen. Der Ödipus-Komplex steht immer auch unter dem Einfluß der prä-ödipalen Schicksale.

VI. DIE ZWANGSNEUROSE

Im ersten Kapitel wurden die Zwangserscheinungen bei der Besprechung der Störungen im Bereich des Trieb- und Gefühlslebens nur kurz erwähnt, wobei vor allem auf die angstabwehrende Funktion der Zwangsphänomene hingewiesen wurde. Eine ausführliche Darstellung soll nun folgen.

Wir sprechen von einer Zwangserscheinung, wenn sich das Ich gegen ihr Auftreten wehrt, sich aber vergebens wehrt und sich ohnmächtig ausgeliefert fühlt. Bei der Betrachtung des Phänomens Zwang führt die deskriptiv-psychologische Annäherung – seit JASPERS als Phänomenologie bezeichnet – zu anthropologischen Problemen, denn es gibt nur wenige Symptome psychischen Krankseins, die in solchem Maße auf die Dialektik von Freiheit und Unfreiheit im menschlichen Dasein hinweisen.

Zunächst seien einige Beispiele von Zwangserscheinungen angeführt, damit unsere Betrachtungen sich nicht zu sehr auf einer abstrakten Ebene bewegen. Ein Patient etwa kann weder den Tag beginnen noch beschließen, ohne daß er seinen Waschzwang erfüllt hat; er fürchtet nämlich, mit allerlei Dingen in Berührung gekommen zu sein, die mit Menstruationsblut verunreinigt sind, und darum muß er sich immer wieder waschen. Seine Befürchtungen machen es ihm unmöglich, durch die Hauptgeschäftsstraße seiner Stadt zu gehen, oder ein Museum zu besuchen – der Weg in die hübschen Läden oder in eine Gemälde-Galerie ist ihm durch seine Furcht vor dem Menstruationsblut verbaut. Bei diesem Beispiel sehen wir gleich die Beziehung zwischen Phobie und Zwang, auf die noch einzugehen sein wird.

Ein zweites Beispiel: Eine Patientin, die einer ausgesprochen puritanisch-religiösen Gruppe angehört, wird in der Kirche von einer Zwangsvorstellung überfallen. Das folgende Bild, plastisch und in allen Details, kommt vor ihre Augen: Die Frau des Pfarrers sieht andächtig und in ehrerbietiger Haltung auf ihren Mann, der am Boden kauernd in einen Topf defäziert, der dabei von ihr so gehalten wird, daß sie das, was er produziert, darin auffangen kann. Zwangsvorstellungen stehen häufig in einem scharfen Kontrast zu der Situation, in der sie die Patienten

überfallen, wie ja auch das genannte Beispiel zeigt. Bei dem zuerst genannten Fall hat das Zwangsphänomen eine Beziehung zum Bereich der genitalen Sexualität – hier jedoch ist das Thema unverhüllt «anal».
Das folgende Beispiel zeigt die Beziehung zwischen Zwang und Zweifel. Ein Mädchen im Volksschulalter muß, wenn es irgend etwas behauptet hat, hinterher schnell ein paarmal wiederholen: glaub ich, glaub ich, glaub ich. Wenn man es fragt, warum es das tut, erhält man zur Antwort: «Es könnte doch sein, daß ich gelogen habe, daß ich etwas gesagt habe, was nicht wahr ist – das weiß ich aber niemals bestimmt, und darum muß ich sagen ‹glaub ich›, denn wenn ich das sage, dann kann ich nicht lügen.»
Manche Zwangserscheinungen führen zur Vermeidung bestimmter Situationen: Ein Student befürchtet, daß er bei einem bestimmten Professor, der sich sehr um das Schicksal der Studenten kümmert und ausgesprochen freundlich beim Abnehmen der Examina ist, während des Kollegs aufstehen und ihm ein Wort zuschreien muß, das geistreich zusammengesetzt ist aus einem Wort, mit dem Homosexuelle beschimpft werden, und dem Namen des Faches, das durch diesen Professor vertreten wird. Darum wagte der Student es nie, sein Kolleg zu besuchen. Dem tiefenpsychologisch einigermaßen geschulten Leser wird es klar, daß dieser Mann homosexuelle Verführungsphantasien abwehren muß. Hier geht der Zwang mit einer Phobie einher.
Schließlich sei noch ein Beispiel von Zwangsdenken, verbunden mit Zweifeln, genannt – von ADOLF MEYER als «obsessive rumination» bezeichnet. Fortwährend muß dabei der zwangsneurotische Patient metaphysische Probleme durchdenken, die im Grunde an Kinderfragen erinnern wie etwa: «Warum ist die Erde rund, Papa, und nicht viereckig?», oder «Warum reicht das Meer gerade nur bis an den Strand?»
Schließlich sei auch noch die Zwangshemmung genannt, die eine so bedeutende Rolle bei den Arbeitsstörungen spielt. Eine Patientin will eine wissenschaftliche Arbeit anfangen zu lesen, aber sobald sie sich hinsetzt, überfällt sie der Zwangsgedanke, daß sie zuerst noch einen Brief ihrer Freundin beantworten muß, oder ihren Schreibtisch aufräumen muß, oder ein paar Wäschestücke waschen muß. Insbesondere das Zuerst-aufräumen-Müssen, bevor man anfangen kann, ist eine häufig vorkommende Zwangserscheinung bei Arbeitsstörungen.

Der Leser wird sich auf Grund dieser Beispiele gut vorstellen können, daß eine Zwangserscheinung sich dem Erleben des Ichs aufdrängt, und das Ich demgegenüber keinen Widerstand leisten kann. Diese Machtlosigkeit gegenüber den Zwangserscheinungen ruft ein Gefühl von Ohnmacht hervor, das in Verzweiflung übergehen kann.

Wir können nun weiter auf die eigenartige Dialektik der menschlichen Persönlichkeit eingehen, die solche Zwangserscheinungen möglich macht. Die erste Frage, die wir hier stellen müssen, lautet: was macht im Menschen das Auftreten solcher Erlebnisse möglich, was ist der Grund dafür, daß solche Zwangserscheinungen auftreten können? Das ist nicht die gleiche Frage wie: «Woher kommen die Zwangserscheinungen?» Wenn wir fragen, worauf die Möglichkeit von Zwangserscheinungen beruht, dann lautet die Antwort: auf dem anthropologischen Faktum, daß sich der Mensch, auch wenn er durch Motive bestimmt wird, die in seiner Vergangenheit wurzeln, in seinem Körper und in seinen Umweltgegebenheiten doch als frei erlebt. Dabei kann er sich selbst nur dann als optimal frei erleben, wenn er maximal durch Motive bestimmt ist, denn auf dem Höhepunkt seiner inneren Freiheit wird er sagen «ich habe keine andere Wahl», und so auf seine Weise das «Hier stehe ich, ich kann nicht anders» wiederholen. Ein Beispiel soll das illustrieren. Wenn ein junger Mann sich mit einem Mädchen verlobt, das er von ganzem Herzen liebt, und es würde ihn jemand fragen, bist du dazu gezwungen, dich mit diesem Mädchen zu verloben, dann würde er diesen Fragesteller verwundert ansehen und antworten: «Gezwungen? Wenn ich je in freier Entscheidung einen Schritt in meinem Leben getan habe, dann ist es diese Verlobung.» Und doch ist der junge Mann auf Grund bewußt oder unbewußt wirkender Faktoren, die seine Motive bestimmen, zu dieser Wahl gekommen: er ist determiniert, und doch ist er auch wiederum frei. Er wird bestimmt und doch nicht gezwungen, er handelt aus freiem Willen, und doch hätte er nicht anders handeln können, ohne sich selber untreu zu werden. Wir verstehen unter Willensfreiheit nicht das Freisein, alles wollen zu können, noch daß wir dazu fähig sind, alles durchzusetzen, sondern daß wir die Kraft dazu haben, Motive gegeneinander abzuwägen, daß wir die Kräfte bejahen können, durch die wir uns bestimmt fühlen, und daß wir die Möglichkeit haben, einen gefaßten Entschluß in eine Handlung umzusetzen, wenn die Umstände es erlauben. Wenn wir mit uns selbst in Harmonie leben, dann fallen Freiheit und unser Bewußtsein dessen, daß wir bestimmt werden, zusammen. Das ist, abgesehen davon, daß es ein psychologisch interessantes Phänomen darstellt, ein anthropologisches Faktum ersten Ranges. Unser Ich, das Zentrum unserer Persönlichkeit, kann sich zu eigen machen, was zu uns selbst gehört, unser Gewissen, unser Triebleben, unsere Vergangenheit. Sowohl im Widerstand gegen auf uns einwirkende Kräfte, als auch in der Zusammenarbeit mit diesen Kräften erlebt sich unser Ich als frei. Eine Störung in diesem sich selbst als aktiv, sich selbst als frei erlebenden Ich führt uns in den Bereich der Formen von Unfreiheit, zu denen auch die Zwangserscheinungen gehören. Der Zwang ist eine Störung im Erleben der eigenen Aktivität. «Insofern, als auch bei Vorstellungen, Gedankenbildungen, Urteilsvollzügen, Befürchtungen, Erwartungen und Stellungnahmen willentlicher Art, *die zentrale Aktivität des Ich beteiligt und vom Ich als solche erlebt wird* (hervorgehoben vom Ref.), insofern sind alle diese Gebiete der Möglichkeit dieses anomalen Aktivitätserlebens ausgesetzt» (A. KRONFELD) [38].

Es gibt noch mehrere Störungsformen dieses Erlebens; um das zu verdeutlichen und so das Spezifische des Zwanges festzustellen, müssen wir besprechen, wie das Ich mit Triebimpulsen umgehen kann. Hierbei verwenden wir den Begriff «Ich» im psychoanalytischen Sinne und gehen auf die Beziehung des Ichs mit dem Gewissen, dem Triebleben und der Umwelt ein.

Das Ich kann einen Triebimpuls in seinem Bewußtsein zulassen, es kann ja zu ihm sagen und ihn in eine Handlung umsetzen. Wenn weder das Gewissen noch die Umwelt sich der Triebäußerung widersetzen, dann kann Entspannungslust erwartet werden. Die dabei auftretenden Affekte sind positiver Natur, ihre Skala reicht vom Schön- und Vergnüglich-Finden bis zur ekstatischen Dankbarkeit, die nicht zum wenigsten durch die Erfahrung bestimmt wird, in Harmonie mit sich selbst und der Umwelt handeln zu können.

Wenn aber ein starker Impuls kontrolliert werden muß, weil das Ausleben dieses Impulses nicht mit dem Gewissen und der Umwelt in

[38] A. KRONFELD: Perspektiven der Seelenheilkunde, Leipzig 1930, S. 209.

Übereinstimmung zu bringen ist, dann stehen dem Ich verschiedene Methoden zur Verfügung. Die beste Methode ist die der Beherrschung; Beherrschung eines Impulses impliziert jedoch eine innere Konfliktsituation – das Erleben von Freiheit wird hierdurch nicht verändert, aber das Gefühl bewegt sich hin zum negativen Pol der Skala. Es mag zwar ein Konflikt bestehen, der Mensch ist jedoch in diesem Konflikt sich selber gegenüber ehrlich. Oft wird vergessen, daß es nicht nur notwendig ist, Triebimpulse, sondern auch Gewissensimpulse zu beherrschen. Auch dafür sei ein Beispiel genannt: Ein in einer puritanischen Umgebung aufgewachsener Mann, dem zu Hause verboten worden war, ins Kino zu gehen, wird von seiner Frau gebeten, einen Film anzusehen, gegen dessen Inhalt er keine Einwände hat. Er fühlt sich innerlich irgendwie unruhig unter dem inneren Eindruck «ich hab' etwas dagegen, ins Kino zu gehen», aber er kann es doch tun, sein Ich ist, gestützt durch die vernünftigere Stimme seines Gewissens, fähig, einen Impuls, der aus seinem archaischen Gewissen herrührt, abzuweisen. Das zeigt, daß nicht nur Triebimpulse, sondern auch Gewissensimpulse beherrscht werden können. Ein starkes Ich ist dafür die Voraussetzung – man muß einen Konflikt aushalten können.

Wenn ein Konflikt aus der Kindheit stammt, infantile Wurzeln hat, verursacht er meist so viel Angst, daß Abwehrmechanismen Anwendung finden, unter denen die Verdrängung einer der wichtigsten ist. Die verdrängten Impulse werden unbewußt, wenn ein starker Impuls dennoch versucht, durchzubrechen, tritt diffuse Angst auf; wenn eine bestimmte Situation für einen Impuls eine starke Versuchung mit sich bringt, dann wird diese Situation vermieden. In solch einem Fall spricht man dann von einer Phobie. Eine Patientin, die eine Versuchung fürchtet, wird eine Phobie in Form der Straßenangst entwickeln. Wenn die Verdrängung nicht ausreicht, dann werden andere Abwehrmechanismen herangezogen, z. B. die Verkehrung ins Gegenteil: Der Lüsterne wird auf diese Weise zum Anstandsapostel.

Wenn das Ich von Impulsen überfallen wird, die sich gegen seinen Willen durchsetzen und deren Herkunft ihm unbekannt bleibt, dann erlebt sich das Ich als übermannt und setzt sich vergeblich zur Wehr. Das Bewußtwerden des Impulses geht mit einem negativen Affekt von ganz besonderer Intensität einher. Den Zusammenbruch der subjektiv erlebten Freiheit des Ichs erleben wir als quälend. *Wenn das Ich sich intensiv, jedoch vergeblich gegen einen sich bahnbrechenden Impuls wehrt, dann wird dieses Phänomen als Zwang erlebt.* Man muß dieses Verhältnis zwischen Ich und Triebimpuls gut unterscheiden von einem normaler Konflikt zwischen Trieb und Gewissen, wie ihn zum Beispiel ein Mann erfährt, der ein sexuelles Verhältnis eingehen will, das ihm durch sein Gewissen verboten wird. Eine Störung des sich selbst als aktiv Erfahren tritt hierbei nicht auf – er wird vielleicht verführt, er gibt vielleicht seinem Verlangen nach, aber er fühlt sich nicht gezwungen und stellt sich hinter seinen Impuls, denn anders würde er dieses Sich-Überlassen auch nicht lustvoll erleben können. Für diese Konstellation sind Onanie-Konflikte ein gutes Beispiel. Bei Konflikten dieser Art erlebt sich der Mensch unverändert als der Akteur seiner Taten, als derjenige, der sein Handeln und Denken bestimmt. Nach der Erfüllung des Triebimpulses tritt in vielen Fällen Schuldgefühl auf. Derjenige dagegen, der einem Zwangimpuls nachgibt, fühlt keine Lust, und nachdem er eine Zwangshandlung ausgeführt hat, mehr Verzweiflung und Unlust als Schuld. Der Impuls ist viel ich-fremder als bei irgendeinem Konflikt zwischen Trieb und einem mehr oder weniger beherrschenden Ich; ich-fremd wohl, aber doch nicht fremd für das Selbst. Der Zwangsneurotiker würde niemals einwenden, ein anderer beeinflusse seine Gedanken, gebe ihm Gedanken ein, denn es gehört gerade zum quälenden Charakter der Zwangserscheinungen dazu, daß die Zwangsgedanken etc. als zur eigenen Persönlichkeit gehörend erlebt werden. Wenn der Impuls als aus der Außenwelt kommend erlebt wird, so daß das Ich sich im Denken und Handeln durch andere beeinflußt fühlt, dann leidet der Patient an einem Beeinflussungswahn.

Es wird nun klar, wann in der Persönlichkeit Zwangserscheinungen auftreten können. Jemand, der weiß, welche Triebregungen in ihm lebendig sind, welche Forderungen sein Gewissen stellt, und der seine Triebregungen mit den Forderungen seines Gewissens in Einklang bringen kann, der kann nicht durch Zwänge gequält werden. Der Zwang setzt ein Ich voraus, das gegenüber primitiven Triebimpulsen mit heftiger Abweisung reagiert und außerdem droht, überwältigt zu werden durch ein sehr strenges Gewissen. Man wird sich hier die Frage vorlegen, wie es kommt, daß das Ich mit seinen Trieben und seinem

Gewissen so sehr in Unfrieden geraten ist. Das Ich ist in diesen Konflikt durch eine Störung in der Verarbeitung des infantilen Trieblebens geraten. Als Beispiel erwähne ich den Fall des Patienten mit der zwanghaften Angst vor Menstrualblut; hier sind gar nicht besonders verborgene sexuelle Impulse wirksam, wenn auch in abgewehrter Form.

Schon vielen Untersuchern ist es aufgefallen, daß im Erleben zwangsneurotischer Patienten das Thema Beschmutzung, Verunreinigung eine so große Rolle spielt. In einem der Beispiele kam ja auch die Neugier hinsichtlich der Ausscheidungsfunktionen unverblümt zum Vorschein. Den Zwangsneurotiker überfallen keine Impulse, die im erwachsenen Triebleben ihre Wurzel haben; während der hysterische Patient darum bemüht ist, die ödipalen Wünsche durch Verdrängung und Verkehrung in das Gegenteil abzuwehren, wird bei der Zwangsneurose ein anderer, komplizierterer Abwehrmechanismus verwendet, nämlich die Regression. Der Begriff Regression hat zwei Bedeutungen, auf die FREUD aufmerksam machte[39]: Das Zurückflüchten vor etwas und die Rückkehr zu etwas. Der zwangsneurotische Patient hat seine Zuflucht wieder in den Befriedigungen der analen Phase gesucht, um damit den unerträglichen Schuldgefühlen und der Angst, die durch die ödipalen Probleme verursacht worden sind, zu entgehen. Diesen analen Impulsen wird jedoch nicht nachgegeben – sonst hätte sich eine Perversion entwickelt – sondern sie werden abgewehrt durch die Verkehrung ins Gegenteil und andere Abwehrmechanismen. Das Gewissen ist in diesem Kampf gegen das Triebleben übertrieben streng geworden, es legt dem Patienten Strafen auf und verhält sich meist viel strenger, als es die Eltern je gewesen sind.

Weder die Es-Impulse, die im infantil gebliebenen Triebleben wurzeln, noch die übertrieben strengen Forderungen des Gewissens werden vom Ich aufgegriffen, vielmehr ist es zum Spielball beider Kräfte geworden. Sowohl die Es-Impulse als auch die Strafen des Über-Ichs findet man in den Zwangssymptomen wieder: Der Waschzwang wird vom Gewissen auferlegt; der Zwangsimpuls, den Professor als homo-

[39] S. FREUD (1918): Aus der Geschichte einer infantilen Neurose, Ges. W., Bd. XII.

sexuell ausschimpfen zu müssen, ist die Folge eines durchbrechenden Es-Impulses.

Nach dieser Klarstellung über die Art und Weise, wie das Ich mit Impulsen umgeht, sollen nun die verschiedenen Zwangsphänomene besprochen werden, die die Symptome der Zwangsneurose bilden.

Noch einmal möchte ich auf das Typische des Phänomens hinweisen: «Er – der Erlebende – erlebt sie – die Zwangserscheinungen – nicht als zum eigenen Ich gehörig, dies Ich bejaht sie nicht; es stimmt ihnen nicht zu, es wehrt sich gegen sie. Diese Abwehr wird erlebt und wird – gleichviel, ob sie gelingt oder nicht – als eine ohnmächtige erlebt. Das Ich kämpft mit dem Zwangsvorgang, und indem es kämpft, erlebt es die Gefahr des Unterliegens in diesem Kampfe. Es erlebt sich selbst hierbei als ohnmächtig, beherrscht, unfrei, gezwungen, es erlebt den Widerstand gegen die Zwangsbildung als den Widerstand seines eigenen freien Willens; und es erlebt das Versagen, die Schwäche dieses freien Willens gegenüber der Zwangsbildung[40].»

Ich möchte auch darauf hinweisen, daß im täglichen klinischen Sprachgebrauch «zwanghaft» auch in einem weiteren Sinn des Wortes verwendet wird. Wenn ein Mann keine Frau in Ruhe lassen kann, wenn eine Frau fortwährend streiten muß, dann sagt man auch, das ist so zwanghaft. Das bedeutet dann, der kann es nicht lassen, er wird dazu getrieben. Man sollte hier eher von Getriebensein sprechen können.

Die Qualität des Zwanges kann bei jedem psychischen Phänomen auftreten, wenn die zentrale Aktivität des Ichs gestört ist. Wir wollen nun den Zwang bei den Wahrnehmungsfunktionen Wahrnehmen, Vorstellen und Denken, außerdem bei den Impulsen und Handlungen behandeln, um im Anschluß daran einige Bemerkungen über die Beziehung von Zwang und Affekt anzuschließen.

Gibt es Zwangswahrnehmungen? Ein bekanntes Beispiel für eine Zwangswahrnehmung ist der Zwang, nachzuprüfen, ob auch der Gashahn nicht offen steht, der Ofen ausgemacht ist, das Licht nicht mehr brennt. Der Zwang dazu ist an Zweifel gebunden, die in Ambivalenzkonflikten wurzeln: Soll ich die Menschen ersticken lassen oder nicht?

[40] A. KRONFELD: Perspektiven der Seelenheilkunde, Leipzig (Thieme) 1930, S. 217.

Zwang und Zweifel sind in derartigen Fällen eng miteinander verwoben. Zu den Wahrnehmungsfunktionen gehören außer dem Wahrnehmen auch Vorstellen und Denken. Im Bereich der Vorstellungen kommen sehr viele Zwangsphänomene vor. Der Zwang ist eine sich gegenüber dem Ich durchsetzende Phantasie, und Phantasien werden in Form von Bildern erlebt. Häufig wird im Gespräch das Zwangsphänomen so formuliert: «Ich muß mir vorstellen, daß ...»

Da für die Entfaltung einer Phantasie die Funktion des Ichs notwendig ist, das Ich aber seine Mitwirkung verweigert, haben diese Vorstellungen des Zwangsneurotikers oft etwas sehr Flüchtiges, sie verschwinden so rasch, wie sie gekommen sind, im Gegensatz zu den weit verzweigten Tagträumen der hysterischen Patienten. Manchmal ist die Zwangsvorstellung nicht mehr als ein Einfall. Eine Melodie kann einen verfolgen, eine Verszeile «zwanghaft» einfallen. Es besteht ein gradueller Übergang zwischen Vorstellen und Denken: Wortsymbole treten dann an die Stelle von visuellen oder akustischen Inhalten.

Zwangsgedanken gibt es vielerlei, und oft wird in den Zwangsgedanken Unverträgliches zusammengebracht. Der Kirchgänger etwa muß an etwas Obszönes denken, oder in einer erhebenden Situation drängt sich eine lächerliche Idee unabweisbar auf. Nicht allein der Inhalt eines Gedankens kann zwanghaft sein, sondern auch der Denkprozeß selbst, dann leidet der Patient unter einem Denkzwang. Hierzu gehört das unablässige Nachdenken, das Sinnieren über ein bestimmtes Problem, das Nicht-lassen-Können, es von allen Seiten her betrachten zu müssen. Der Sinn des Lebens, Endlichkeit und Unendlichkeit, freier Wille und Determinismus, Prädestination und Eigenverantwortlichkeit sind solche oft vorkommenden Themen eines unfruchtbaren zwanghaften Nachdenkens. FENICHEL machte hierzu die Bemerkung: «Dieses Symptom beruht auf dem Versuch, unannehmbare Empfindungen durch die Flucht aus der Welt der Gefühle in die Welt intellektueller Begriffe und Worte auszuweichen.» Der gleiche Autor gibt ein treffendes Beispiel für Zwangsdenken: «Beim Anblick der Tür mußte der Patient lange Zeit zwanghaft über das Problem nachgrübeln: ‹Was ist nun die Hauptsache, der leere Raum, der von der Tür ausgefüllt wird, oder die Tür als Materie, die den leeren Raum ausfüllt?›» (op. cit. S. 297.)

In dieser pseudo-neugierigen Frage verbirgt sich das sexuelle Problem.

Was ist bedeutsamer, der Raum, der ausgefüllt werden muß, oder dasjenige, was den Raum füllt?

Zweifeln könnte man auch als Zwangsdenken bezeichnen: «Habe ich den Brief in den Kasten geworfen oder nicht? Habe ich den Brief an meine Verlobte, in dem ich auf unser letztes sexuelles Zusammensein eingegangen bin, nicht aus Versehen an meine Schwiegermutter geschickt und den für die Schwiegermutter bestimmten Brief, in dem ich mich für den lustigen Abend bedanke – den ich in dem anderen Brief als so langweilig geschildert habe – nicht an meine Braut geschickt?»

In einer Reihe von Fällen ist es schwierig, die Grenze zwischen einer zwanghaften und einer wahnhaften Vorstellung zu ziehen. Als Beispiel dieser Schwierigkeit nenne ich eine hypochondrische Vorstellung: «Ich kann von dem Gedanken nicht loskommen, daß ich eine Geschlechtskrankheit habe, wo ich doch weiß, daß ich sie gar nicht haben kann», berichtet ein Patient, oder: «Ich muß immer denken, daß ich gegen den heiligen Geist gesündigt habe», oder: «Ich weiß genau, daß ich am Tod meines Vaters nicht schuldig bin, und doch drängt sich mir das Gefühl immer wieder auf.» So oder ähnlich berichten immer wieder Patienten. Man könnte auf Grund dieser Ausführungen auch die Frage stellen, ob nicht jemand, der solche hypochondrischen Vorstellungen hat, an einer Phobie leidet, an einer krankhaften Angst mit zwanghaftem Charakter. Mir scheint, daß wir hier den Fehler vermeiden müssen, den gerade Zwangsneurotiker so leicht machen, nämlich ein ob-oder an die Stelle von sowohl-als auch setzen. Eine solche hypochondrische Störung hat verschiedene Aspekte: den einer wahnhaften Vorstellung, einer Phobie, insofern als eine irrationale Angst darin zum Ausdruck kommt, einer Zwangsvorstellung, insofern als sich die Vorstellung gegen den Willen und gegen vernünftige Einsicht durchsetzt. Wahnhafte Vorstellungen werden häufig angezweifelt, und dann hören wir Formulierungen wie z. B.: es macht mich so unruhig, daß ... ich habe so Angst davor, daß ... etc. Echte Wahnvorstellungen werden anders erlebt. Das Ich stellt sich hier überzeugt hinter die Vorstellung. Wer an einem echten Eifersuchtswahn leidet, der sagt nicht: «Ich kann mich nicht losmachen von dem Gedanken, daß meine Frau ein Verhältnis mit einem anderen hat», sondern der wird sagen: «Nun weiß ich es ganz sicher, daß sie mir untreu ist.» In dieser Sicherheit findet der Patient eine gewisse Ruhe, nämlich die Wahnruhe, worauf DU BŒUFF zu Recht hingewiesen hat.

Die Frage Zwang oder Wahn muß dann auch weniger häufig gestellt werden, als die Frage Zwang oder überwertige Idee. Diese letzte Frage jedoch muß meiner Ansicht nach anders formuliert werden, und zwar so: Inwieweit handelt es sich um eine wahnhafte Vorstellung, inwieweit um eine Phobie und inwieweit um einen Zwang?

Zum Zwangsdenken gehört auch der Zählzwang; manchmal ist das Zählenmüssen eine Strafe, die vom Über-Ich auferlegt wird, manchmal ein Derivat sexueller Überlegungen, oft beides zugleich. KRONFELD spricht von Zwangsimpulsen, wenn die Zwangserscheinung zu einer Handlung führt. Ein Zwangsimpuls wurde schon von mir in dem Beispiel des Studenten genannt, der den Impuls bekommt, seinem Professor ein Schimpfwort für Homosexuelle zuzurufen. In vielen Fällen hängt der Zwangsimpuls mit magischem Denken zusammen: «Wenn du nicht über die Kreuzung gefahren bist, bevor die Ampel rot wird, dann muß Mutter sterben, also eil dich.» Wer kennt nicht das Gefühl, jeweils auf die dritte oder vierte Platte auf dem Bürgersteig treten zu müssen, damit ..., und dann folgen der Wunsch oder die Angst, die mit der Handlung magisch verbunden sind. Wir haben bisher Zwangswahrnehmungen, Zwangsvorstellungen, Zwangsgedanken und Zwangsimpulse, die zu Zwangshandlungen führen, besprochen. Gibt es auch Zwangsaffekte? In erster Linie ist darauf hinzuweisen, daß der Zwang selbst immer mit einem negativen Affekt einhergeht, der Zwang als solcher ist unangenehm und kann schlimmstenfalls jemanden zur Verzweiflung bringen. KRAEPELIN und ASCHAFFENBURG haben schon darauf hingewiesen, daß der Zwang eine Störung der Affektivität ist. Wenn die Zwangserscheinung aber erkennbare Folge eines Triebimpulses ist, dann wird das Selbstgefühl dadurch gekränkt: «Wie kann ich nur so etwas denken.» Wenn das Gewissen etwas auferlegt, was als Zwang erlebt wird, dann fühlt sich das Ich gepeinigt. Eine merkwürdige Beziehung mit den Zwangserscheinungen haben die Phobien. Hier würde man von einem Zwangsaffekt sprechen können. Die Phobie wird dann auch von KRONFELD als «Zwangsbefürchtung» bezeichnet. Man kann sich fragen, ob das zu einer Klärung beiträgt; man kann sagen, daß die Angst irrational ist, aber ist damit die Angst auch zwanghaft? Lieber würde ich sagen, daß die Phobie zu Zwangshandlungen führt, zu Zwangshandlungen, deren Motiv die Phobie darstellt. Der Waschzwang ist das klassische Beispiel: Der Inhalt der Phobie ist die Angst, mit Stuhl, Bakterien, Sperma in Berührung gekommen zu sein, und der Patient sucht sich zu reinigen, er muß sich reinigen, das wird ihm von seinem Über-Ich auferlegt. Im Hinblick auf Zwangsimpulse, die zu Zwangshandlungen führen können, noch eine warnende Bemerkung. Gegenüber hysterischen Patienten, die mit Suizid drohen, hört man die Bemerkung: Die, die davon reden, tun es nicht. Diese Regel hat aber so viele Ausnahmen, daß man einen Fehler begehen würde, wenn man sich durch sie beruhigen läßt. So mancher hysterische Patient hat Suizid begangen. Das gleiche gilt nun auch für Neurotiker mit Zwangsimpulsen.

Die Krankenschwester auf der Entbindungsstation, die kein Messer sehen kann, ohne zu denken: ich muß dem Baby den Hals abschneiden, wird das in der Regel nicht tun, und doch kann es passieren. Man muß hier die Risiken sorgfältig abwägen und darf seine Aufmerksamkeit nicht durch die falsche Äußerung einschläfern lassen: ein Zwangsneurotiker gibt seinen Zwangsimpulsen nie nach.

Rituale, Zeremonielle können ebenfalls eine angstabwehrende Bedeutung haben: Wenn ich das nicht tue, dann wird ein Unglück über mich kommen. Zwangserscheinungen zeigen viel Übereinstimmung mit dem, was in primitiven Religionen erlebt und getan wird. Bestimmte Handlungen werden verrichtet, um die Götter zu beschwichtigen. Diese Übereinstimmung ist nicht zufällig. Der zwangsneurotische Patient wird beherrscht von einem tyrannischen Über-Ich, das an seinen Forderungen unbarmherzig festhält, Maßnahmen trifft und Bußen auferlegt. Hieran findet dann auch die Theorie ihren Anknüpfungspunkt, die diese Göttergestalten als Projektionen eines Teils der eigenen Persönlichkeit auffaßt.

In manchen Fällen wird der Zwang nur sichtbar in der Hemmung, die in seinem Gefolge auftritt. Besonders deutlich sieht man das bei den Arbeitsstörungen. Der Student etwa, der sich an seinen Schreibtisch setzt, um zu arbeiten, muß zuerst seine Schubladen aufräumen, eine Fliege totschlagen etc. Hierdurch wird nicht selten ein Oppositionsbedürfnis gegenüber demjenigen ausgelebt, der ihm die Hausarbeiten aufgetragen hat, und diese innerliche Revolte äußert sich in: «Ich kann nicht tun, was ich tun muß, ich werde dazu gezwungen, erst etwas anderes zu tun.»

Wir haben eine Übersicht über die Zwangserscheinungen gegeben, wobei wir die Frage untersucht haben, welche psychischen Phänomene zwanghaft sein können. Dabei haben wir versucht, dem Rat KRONFELDs zu folgen: «Es ist streng daran festzuhalten, daß der Zwang eines Zwangsgebildes ein erlebter sein muß.» Das hat uns dazu geführt, die Phobien nicht als Zwangserscheinung aufzufassen, wohl aber von Zwangswahrnehmungen, Zwangsvorstellungen, Zwangseinfällen, Zwangsgedanken und Zwangsdenken zu sprechen. Bei einem Zwangsgedanken ist der Inhalt zwanghaft, beim Zwangsdenken aber wird die Funktion als solche zwanghaft. Außerdem kennen wir Zwangsimpulse, wenn auch darauf hinzuweisen ist, daß jeder Zwang selbst zu einer Störung des Impulsbereiches gehört und immer Anlaß zu einer affektiven Reaktion gibt. Der Zwang ist primär eine Störung im conativen Bereich, die zu Folgen auch im emotionellen Bereich des Lebens führt.

Nachdem wir die Psychopathologie des Phänomens Zwang ausführlich analysiert haben, richten wir nun unsere Aufmerksamkeit auf den zwangsneurotischen Patienten und betrachten seine Ich-Funktionen, sein Triebleben und seine Gewissensfunktion.

Der zwangsneurotische Patient verwendet andere Abwehrtechniken als der hysterische. Während dieser verdrängt, projiziert und die Verdrängung mit Hilfe der Verkehrung ins Gegenteil verstärkt, sehen wir beim Zwangsneurotiker die folgenden Abwehrmechanismen: Isolierung, Rationalisierung und Ungeschehenmachen. Das bedeutet jedoch nicht, daß diese Abwehrmechanismen die einzigen sind, die wir bei ihm antreffen; auch der Zwangsneurotiker projiziert, verwendet die Verkehrung ins Gegenteil, auch er benutzt die Affektverschiebung, d. h. er richtet auf den einen, was eigentlich für den anderen gemeint ist, auch er lebt Feindseligkeit gegen sich selber aus – Isolieren, Rationalisieren und Ungeschehenmachen nehmen bei ihm lediglich einen besonderen Platz ein. Was in der Realität zusammengehört, trennt der Zwangsneurotiker: er isoliert. Das plötzliche Voraugentreten eines Bildes wie etwa in dem Beispiel der Frau, die den Pfarrer und seine Frau mit analen Aktivitäten beschäftigt sah, ist nur eine Folge der

Isolierung. Um das zu verdeutlichen, vergleichen wir einen solchen Einfall mit dem, was ein Kind erlebt in der Periode, in der es für die Ausscheidungsfunktionen und -produkte Interesse hat. Kinder sagen dann gerne «schlimme Worte», über die Geschwister und Freunde dann lachen, – sie rütteln an der Toilettentüre, und wir können uns leicht vorstellen, daß hier die Frage gestellt wird: «Ob Papa es wohl sehen darf, wenn Mama ein Häufchen macht?» oder: «Ob der Pfarrer wohl auch aufs Klo gehen muß?» Solche Fragen, die in das Kinderzimmer gehören, bilden dort eine Quelle unschuldiger Vergnügen und verlieren für diejenigen, die erwachsen werden, an Gewicht. Das gilt jedoch nicht für den Zwangsneurotiker. Er weiß nichts von diesen Kinderspässen, noch weiß er etwas von den Geboten, die sich gegen die Neugier für die Ausscheidungsvorgänge geachteter Personen richten. Es ist lediglich ein isoliertes sich aufdrängendes Bild unbekannter Herkunft da. Diesem Beispiel könnten viele andere hinzugefügt werden. Nicht allein Inhalte werden voneinander isoliert, auch die kognitiven und emotionellen Aspekte in der Intentionalität werden isoliert. Weniger technisch formuliert: Der Affekt wird vom Inhalt der Gedanken und Vorstellungen losgelöst. Während der hysterische Patient Erlebnisse aus der Kindheit nicht mehr weiß, sie unbewußt hält, kann der Zwangsneurotiker manchmal erzählen, was passiert ist, aber er berichtet dann von seinem Gefühl losgelöste, isolierte Fakten.

Mit der Isolierung von Vorstellung und Affekt hängt ein anderer Abwehrmechanismus aufs engste zusammen: die Rationalisierung. Handlungen, deren Motive aus dem Triebleben herrührende Emotionen sind, werden auf rationale Weise «vernünftig» erklärt, so als ob es sich um das Ergebnis algebraischer Operationen handelte. Einen Patienten hörte ich seine sexuelle Beziehung mit einem Mädchen in folgender Weise «rationalisieren»: «Wir tun das aus hygienischen Gründen, verstehen Sie, denn sexuelle Spannungen schädigen, wenn sie nicht entladen werden, die Gesundheit.»

Der Zwangsneurotiker bringt Gedanken, wo eigentlich Gefühlsargumente adäquat wären. Man kann daraus schon den Schluß ziehen, daß dieses Denken defizient ist, denn Denken zum Zweck einer kreativen Anpassung geht immer mit den zugehörigen Emotionen einher. Auch das Denken als solches zeigt beim Zwangsneurotiker spezielle Merkmale, es ist ein *magisches* Denken. Der Zwangsneurotiker wird, genetisch betrachtet, durch eine Fixierung in und Regression auf das anale Stadium bestimmt, eine Regression, die stattfindet, weil die ödipale Problematik nicht gelöst werden konnte. Schuldgefühle, Kastrationsangst, Eifersucht und Todeswünsche werden nicht verarbeitet und überwunden. In dieser Periode entwickelt sich aber das Denken – das Ich, das über diese Funktion verfügen lernt, benutzt sie als Mittel für die Abwehr. Es wird daran gedacht, daß eine rasche Entwicklung der Ich-Funktionen für die Disposition zur Zwangsneurose eine Rolle spielen kann, jedenfalls fällt es auf, daß zwangsneurotische Patienten häufig intelligent sind. Das Denken ist in dieser Periode nicht realitätsgerecht, sondern magisch: Außen- und Innenwelt sind noch nicht geschieden, ein Symbol und dasjenige, was symbolisiert wird, fallen noch zusammen, Worte verleihen noch Macht, ja, bisweilen sind Worte in der Phantasie des Kindes mit Allmacht versehen. Jemanden totdenken, totwünschen ist gleichbedeutend mit ihn töten. Wenn wir über den zwangsneurotischen Charakter sprechen, werden wir auf die Vorliebe der Zwangsneurotiker für das Denken, für das Unterscheiden noch zurückkommen. Kennzeichnend für den zwangsneurotischen Patienten ist noch ein weiterer Abwehrmechanismus: das Ungeschehenmachen. Wenn er etwas getan hat, dann ist er bemüht, die Tat ungeschehen zu machen: MACBETH sagt: «What's done, cannot be undone.» Der Zwangsneurotiker dagegen lebt in vielen Situationen nach der Vorschrift: «What's done, must be undone.» Den Abwehrmechanismus der Verkehrung ins Gegenteil finden wir auch bei der Zwangsneurose, aber er ist keineswegs spezifisch. Auch der hysterische Patient verwendet ihn. Die Frau, die zwanghaft putzen muß, um damit ihr Verlangen zu beschmutzen zu unterdrücken, verwendet diesen Abwehrmechanismus. Das Abgewehrte kommt auch hier häufig in der Abwehr wieder zum Vorschein.

Im folgenden wollen wir unsere Aufmerksamkeit auf das Triebleben der Zwangsneurotiker richten.

Das sexuelle Triebleben scheint beim zwangsneurotischen Menschen ungestört. Die übliche Antwort, die man zu hören bekommt, wenn man sich in dieser Richtung informiert, lautet: «Oh, da ist alles in Ordnung.» Allerdings fällt es dem Untersucher häufig auf, daß im Bereich der erotisch-sexuellen Beziehungen wenig Wert auf Gefühle gelegt wird und daß die Sexualität, anstatt zum Ausdruck von Emotionen in der Beziehung zum Partner zu werden, zu einer hygienischen Angelegenheit gemacht wird. Manchmal wird auch die Sexualität, die Häufigkeit des sexuellen Verkehrs durch einen systematischen Gesichtspunkt bestimmt, man arbeitet so und soviel Stunden am Tag und hat so und soviel mal in der Woche sexuellen Verkehr. Daraus wird deutlich, daß das erotisch-sexuelle Triebleben eigentlich doch recht gestört ist, nämlich seines emotionellen Inhalts entkleidet ist, isoliert vom Affekt, rationalisiert und ritualisiert.

Die echten eigentlichen Triebimpulse mit den dazugehörenden spezifischen Objektbeziehungen sind abgewehrt, und zwar durch Regression. Die Regression hätte auch im Zusammenhang mit den Abwehrmechanismen oder auch bei der Behandlung des Ichs mit abgehandelt werden können, weil nämlich das Ich mitregrediert, was im magischen Denken und Handeln, das wir beschrieben haben, deutlich sichtbar ist. Die Regression äußert sich aber noch klarer auf dem Gebiet des Trieblebens. Der Begriff Regression bringt, wie die Erfahrung zeigt, immer große Schwierigkeiten mit sich, deshalb will ich ausführlich darauf eingehen.

Dazu ist aber erst ein Wort über Abwehr im allgemeinen nötig. Man darf sich «Abwehr» nicht statisch vorstellen; wenn ein Abwehrprozeß stattfindet, bleibt es nicht dabei. Der passiv-feminie Mann z. B. wehrt seine Bedürfnisse mit Hilfe phallisch-narzißtischer Phantasien ab, das ist ein Schritt, er hat das Bedürfnis, aufzufallen und bewundert zu werden. Diese phallisch-narzißtische Haltung kann wiederum abgewehrt werden durch eine allgemeine Hemmung, so daß man einen schüchternen Mann zu sehen bekommt. Der Organismus entwickelt sich, und Abwehr folgt auf Abwehr. Wenn man die Lebensgeschichte in umgekehrter Richtung verfolgt, so wie das in einer psychoanalytischen Behandlung möglich ist, dann findet man diese verschiedenen Schichten von Abwehr wieder. Allerdings kommt hier ein komplizierender Faktor hinzu. Man findet nämlich, wenn man den Weg zurückgeht, dasjenige zuerst, was man später erwarten würde. So ist es immer wieder aufgefallen, daß bei den zwangsneurotischen Patienten die «Verunreinigung» eine so große Bedeutung hat – sie kämpfen unverkennbar mit analen Triebimpulsen. Man findet also zuerst Derivate der analen Phase und nicht vom Ödipus-Komplex. Wie ist das zu erklären?

Der Patient ist regrediert, er ist zurückgeschreckt vor den Schwierigkeiten der ödipalen Phase, zurückgekehrt nach der analen Phase; zurückgedrängt worden nach der analen Phase könnte man auch sagen: hinter den «analen» Triebregungen und ihrer Abwehr verbirgt sich der Ödipus-Komplex. Die Patientin mit dem befremdenden Einfall in der Kirche sieht den Pfarrer und seine Frau zusammen bei einer analen Beschäftigung. Ängste, Schuldgefühle, die aus der genitalen Phase herrühren, verbergen sich dahinter und werden so dem Bewußtsein entzogen. Regression ist Abwehr. Wenn die Regression als Abwehr verwendet wurde, dann sind die Derivate aus einer früheren Periode zuerst sichtbar. Manchmal kommt die infantilere, z. B. die anale Triebbefriedigung als solche zum Vorschein. Der passiv Homosexuelle benutzt seinen Anus als passives Lustorgan, als sexuelles Organ, sofern man sexuell im weiteren Sinne versteht. In diesen Fällen sprechen wir von Perversion. Wird die infantile Triebregung abgewehrt, dann haben wir eine Neurose vor uns. Der Zwangsneurotiker wehrt mit seinem Sauberkeitszwang anale Triebimpulse ab; diese analen Impulse wiederum wurden verwendet, um die ödipalen Probleme außerhalb des Bewußtseins zu halten. Das Triebleben ist mehr oder minder auf das anale Stadium regrediert, und die analen Wünsche und Phantasien, die zu diesem Stadium passen, werden ihrerseits abgewehrt. Regression findet immer statt auf eine Phase, die nicht gut durchlaufen wurde. Eine Armee kehrt nach ihrer Niederlage in die alten Stellungen zurück, so hat FREUD es einmal formuliert. In der analen Phase hat es beim Zwangsneurotiker Spannungen und Konflikte in Verbindung mit der Sauberkeitserziehung gegeben. Dadurch haben die Ausscheidungsfunktionen und Produkte eine übertriebene Bedeutung bekommen. In der analen Phase gab es noch keine Differenzierung zwischen den verschiedenen Formen von Sexualität. Männlich und weiblich trennen sich definitiv erst in der phallischen Phase. So findet man dann auch bei den Zwangsneurosen eine stark abgewehrte Bisexualität. Die Zweifel der Zwangsneurotiker beziehen sich oftmals auf die Frage männlich oder weiblich; bin ich männlich oder weiblich, hetero- oder homo-

sexuell? An das Beispiel des vorhin beschriebenen pseudo-wissenschaftlichen Problems sei hier erinnert: Was ist wesentlicher, die Öffnung, in die die Türe paßt, oder die Türe selbst?
Nicht allein die libidinösen Impulse der zwangsneurotischen Patienten zeigen die Merkmale der Regression, auch das aggressive Triebleben macht eine Entwicklung durch. Während der analen Phase entdeckt das Kind etwas von seiner Selbständigkeit gegenüber der Umwelt. Es entdeckt, daß es seine Sphinkteren beherrschen kann, daß es festhalten oder loslassen kann. Man nennt diese Phase auch die erste Pubertät. Wenn versucht wird, diesen erwachenden eigenen Willen des Kindes mit Gewalt zu brechen, wie es leicht bei einer zu rigorosen Sauberkeitserziehung geschieht, dann entsteht ein trotziger Widerstand. Die Aggression vieler Zwangsneurotiker äußert sich in Form von Trotz. In diese Periode fällt auch das Plagen der Geschwister und Freunde und das Quälen von Tieren. Wahrscheinlich ist das eine Form der Überwindung von Angst: «Ich werde von meinen Eltern ohnmächtig gemacht, aber ich habe Macht über Tiere, meine Eltern quälen mich, aber ich bin nicht hilflos und abhängig, ich quäle andere, denen ich überlegen bin.» In Wirklichkeit brauchen die Eltern gar nicht grausam zu sein, oft sind sie es nur in der Phantasie, jedoch ist die Angst vor Phantasiefiguren für das Kind, das die wirkliche und die phantasierte Welt noch nicht genügend unterscheiden kann, nicht minder quälend als tatsächlich angsterregende Eltern. Diesen Trotz findet man bei den Zwangsneurotikern wieder, nicht selten verdeckt durch eine scheinbare Gefügigkeit. Die sadistische Form der Aggressivität wird bei ihnen abgewehrt. In den Zwangseinfällen, den magischen Handlungen kommen Todeswünsche, aus ihrem Zusammenhang isoliert, unverblümt zum Vorschein: «Wenn ich nicht an den Bahnschranken vorbeikomme, bevor sie heruntergehen, dann stirbt mein Vater.» Der Zwangsneurotiker lebt seine Aggression und seinen Sadismus nicht wirklich aus, denn das wird ihm durch sein Über-Ich verboten.
FREUD hat einen Patienten geschildert, der einen Ast beiseitelegte, dabei einem Zwangsimpuls folgend, damit niemand darüber fallen sollte, der jedoch, durch einen neuen Zwangsimpuls dazu gezwungen, den Ast wieder auf den alten Platz legen mußte. In zwanghaften Zweifeln kommt nicht nur der Kampf zwischen Homo- und Heterosexuali-

tät zum Ausdruck, sondern auch zwischen Aggression und ihrer Abwehr, worauf FENICHEL hingewiesen hat.
Es gibt auch eine zur analen Phase gehörende Eifersucht. Was ich produziere, so erfährt es das Kind, wird weggeschüttet, aber die Mutter kann Kinder bekommen. KRONFELD hat darauf hingewiesen, daß zwangsneurotische Patienten sich mit einer gewissen Süchtigkeit ihrem Zwang unterwerfen: Ihr Triebleben zeigt außer sadistischen eben auch masochistische Züge. Im Verhalten des Zwangsneurotikers kommt der abgewehrte Sadismus manchmal auf eine merkwürdige Weise zum Vorschein, nämlich in einer Haltung, die man Quälen nennen kann. Der Patient hat bei seinem Arzt eine Spur von Ungeduld und Eile festgestellt und beginnt nun mit der Türe in der Hand ein Gespräch: «Es tut mir wirklich sehr leid, wenn ich zu viel von Ihrer Zeit in Anspruch genommen habe, aber es schien mir doch berechtigt, weil mein Zustand ernster geworden ist etc.... Sie nehmen mir das doch sicherlich nicht übel?» Die ängstliche Unterwerfung und das gleichzeitige quälende Reizen des anderen findet man kaum bei Patienten so ausgesprochen wie gerade beim Zwangsneurotiker.
In den Zwangserscheinungen findet man also die Äußerungen des auf das anale Stadium regredierten Trieblebens.
Nach diesen Ausführungen über Triebleben und Ich-Funktionen der Zwangsneurotiker richten wir nun unsere Aufmerksamkeit auf ihr Über-Ich und ihr Ideal-Ich. Das Ideal-Ich ist in der Regel zu hoch gespannt, das Schwergewicht liegt aber auf ihrem übermäßig tyrannischen Über-Ich. CARP hat auf die Hypermoralität dieser Patienten hingewiesen und tatsächlich ist sie eine der auffallendsten Züge in ihrem Charakter. Das Über-Ich ist übermäßig streng und häufig wird es im Laufe des Lebens zunehmend strenger. Man kann sich die Folgen einer strengen Über-Ich-Funktion gut vorstellen, wenn man sich die Genese vor Augen hält. Die ödipale Phase ist von den Zwangsneurotikern nicht gut durchlaufen worden; die in dieser Phase erlebten Verbote und die Verarbeitung dieser Verbote haben zu einer Regression geführt. Die Impulse aus der analen Phase sind aber nicht weniger verboten, und das Über-Ich stellt sich der Befriedigung dieser Impulse in den Weg. Wenn ihnen trotzdem nachgegeben wird, setzt es Strafaktionen in Gang. Die Eltern, die während der Sauberkeitsgewöhnung des

Kindes die Verbote erlassen hatten, sind im Über-Ich zu einem Teil der Persönlichkeit geworden, und dieses «Derivat» der Eltern ist gegenüber den analen Impulsen libidinöser und aggressiver Natur genauso intolerant wie die Eltern oder oft auch noch strenger. Das Über-Ich darf nicht isoliert betrachtet werden, sondern immer in seiner Beziehung zum Ich. Das Verhältnis zwischen Ich und Über-Ich stellt die Fortsetzung des Verhältnisses zwischen Kind und Eltern dar. So wie sich das Kind trotzig gegen die Verbote der Eltern wehrte, so wehrt es sich später gegen die Verbote des Über-Ichs, ohne im übrigen zu wissen, woher diese Verbote kommen. «Wehe Dir», sagt das Über-Ich – das revoltierende Ich wird sich dagegen wehren, aber so große Angst vor dieser Instanz in seinem Inneren bekommen, daß es doch nachgeben muß. Das Ich ist so machtlos auch deswegen, weil die Phobie, die Angst vor der Beschmutzung, das Ich dazu treibt, sich dem tyrannischen Über-Ich zu fügen. Man könnte natürlich fragen, ob denn die Eltern wirklich so streng gegenüber dem Kind gewesen sind; häufig nicht, es ist vielmehr die eigene Feindseligkeit, die die Eltern so feindselig erscheinen läßt, und diese durch Projektion angsterregend gewordenen Elternbilder, die Hexen, Zauberer und Riesen aus den Märchen, die werden Bestandteil der eigenen Persönlichkeit. Darüber hinaus lebt der Patient seine Feindseligkeit, die eigentlich anderen gilt, gegenüber sich selber aus, dadurch, daß er sich mit Verboten, Selbstverurteilungen und Strafen quält. Manchmal wird das Ich zum Spielball der Triebe, deren Forderungen sich nicht zum Schweigen bringen lassen, und des sadistischen Über-Ichs – eine Situation, die den Patienten zur Verzweiflung treibt. Er wird allerlei Versuche machen, diesen Tyrannen, sein Über-Ich, zu versöhnen, so wie die Angehörigen primitiver Kulturen die bösen Götter günstig zu stimmen trachten, insbesondere dann, wenn er seinen Triebimpulsen nachgegeben hat. Daß die Zwangsneurotiker nicht wie die Depressiven zum Suizid neigen, schreibt FREUD dem Umstand zu, daß nicht alle psychische Energie in den Konflikt einbezogen ist. Trotzdem kann es der Patient entsetzlich schwer haben durch das, was FENICHEL den Zwei-Fronten-Krieg genannt hat, den Kampf gegenüber dem sadistischen Über-Ich und den infantilen Triebimpulsen. In manchen Fällen wird das Ich durch diese Instanzen seiner Persönlichkeit direkt usurpiert, so daß nur wenig Energie übrig bleibt für die Anpassung an die Umwelt. Manchmal versucht das Ich das Über-Ich zu überlisten oder eine Haltung einzunehmen, die Gehorsam zum Ausdruck bringen soll, während es indessen den Triebimpulsen Folge leistet. Der heftige Kampf aus der analen Periode der Entwicklung mit den Eltern wird auf diese Weise fortgesetzt.

Wir wenden uns nun der Frage zu: Wie ist bei der Zwangsneurose die Beziehung zwischen Symptom und Charakter? Das bekannte und schon beschriebene Kriterium bietet uns hier wenig Hilfe: Eine Zwangserscheinung ist per Definition ich-fremd; wohl kann man einen Charakter, wie wir ihn gemeinhin bei zwangsneurotischen Patienten finden, als Zwangscharakter bezeichnen. Es gibt auch eine Reihe von Phänomenen, die wir als Zwangserscheinungen beschrieben haben, welche habituell bei bestimmten Menschen vorkommen, wie zum Beispiel die Ritualisierung oder eine übertriebene Ordentlichkeit. Bei der Beschäftigung mit dem Ich, dem Triebleben und dem Gewissen des zwangsneurotischen Patienten kamen implizite schon eine Reihe von Charaktereigenschaften zum Vorschein: die Hypermoralität, die Ambivalenz, die rationalisierende und intellektualisierende Einstellung sowie die Neigung zum Isolieren. Auch die Verkehrung ins Gegenteil, die Abwehr libidinöser und aggressiver Impulse bestimmen die Charakterbildung.

Es gibt nicht nur eine Form des zwangsneurotischen Charakters, genau so wenig wie alle hysterischen Charaktere gleich sind. Eine bekannte und mit einer Regression auf die anale Phase zusammenhängende Charakterform hat FREUD beschrieben und durch die Trias «ordentlich, sparsam und eigensinnig» charakterisiert[41]. Dieses «ordentlich» bezieht sich nach FREUD auf die «körperliche Sauberkeit», aber auch auf die «Gewissenhaftigkeit in kleinen Pflichterfüllungen und Verläßlichkeit». Die Sparsamkeit kann in Geiz ausarten, der Eigensinn in Trotz.

Die Sparsamkeit bringt uns auf das Thema des Zusammenhangs zwischen Kot und Geld, das bei dem einen Heiterkeit, beim anderen Widerstand und bei wieder anderen beides erweckt. Der Stuhlgang ist eines der ersten Produkte des Menschen. Das Kind hat eine gewisse Macht über das Produzieren oder Nichtproduzieren – die Aus-

[41] S. FREUD (1908): Charakter und Analerotik, Ges. W., Bd. VII.

scheidungsprodukte gehören zu ihm, sie sind ursprünglich mit seinem Körper eins gewesen und werden auch als ihm gehörend erlebt. Es kann diese Produkte gerne geben als ein Zeichen seiner Zuneigung, oder aber festhalten wollen, um seine Macht zu zeigen. Vieles von dem hier Gesagten gilt in gleicher Weise auch für das Geld. Geld kann gesammelt und dann plötzlich ausgegeben werden, die libidinöse Bedeutung übertrifft bei vielen dabei die sachliche Bedeutung in einem solchen Maß, daß wir annehmen können, daß alte Triebbefriedigungen in den Umgang mit dem Geld eingegangen sind. Auch die Geheimnistuerei in Geldsachen gibt zu denken. An die Redensart pecunia non olet und an die Geschichte von dem Golddukaten produzierenden Esel sei in diesem Zusammenhang erinnert.

Der erwähnte Trotz stellt eine Fortsetzung des Widerstandes auf der analen Phase dar; die Ordentlichkeit ist eine Folge des Gehorsams gegenüber den introjizierten Eltern.

Für die Entwicklung der Charakterologie hatte die erwähnte Arbeit FREUDS ungewöhnliche Bedeutung. Man hatte zuvor den Charakter meist als etwas Angeborenes angesehen, und die Charakterologie war eine Wissenschaft der klassifizierenden Einteilungen. FREUD kam zu einer dynamisch-funktionellen Auffassung des Charakters und betrachtet ihn als habituelle Anpassung an die Umwelt und die Innenwelt. Er muß in Beziehung zum infantilen Triebleben gesehen werden, er ist kein bleibendes Etwas, sondern eine Antwort, und zwar eine sinnvolle Antwort. «Die bleibenden Charakterzüge sind entweder unveränderte Fortsetzungen der ursprünglichen Triebe, Sublimierungen derselben oder Reaktionsbildungen gegen dieselben» (op. cit. S. 209) – das alles natürlich in Beziehung mit der Situation, in der das Kind aufwächst. Über die Charakterbildung, die in Verbindung mit der Regression auf das anale Stadium gesehen werden muß, sei nun noch einiges erwähnt. Man darf nicht etwa glauben, daß diese Charakterbildungen immer leicht als solche erkennbar sind. Wenn ein Patient unter Zwangssymptomen leidet, dann ist es nützlich, zu untersuchen, ob er die genannten Charaktereigenschaften hat. Sehr häufig wird man bei Zwangssymptomen auch auf den analen Charakter stoßen. Natürlich findet man diese Charakterbildung, auch ohne daß gleichzeitig Zwangssymptome bestehen, so wie es auch den hysterischen Charakter im weiteren Sinne gibt, ohne daß ausgesprochen hysterische Symptome wie etwa Angst, Konversion dabei auftreten müßten. Häufig ist der anale Charakter aber auch nur auf eine sehr verborgene Weise da, und es zeigt sich nur in bestimmten Situationen, daß er wie ein Panzer wirkt, die innere Bewegungsfreiheit hemmt, also eine neurotische Charakterbildung ist. Geiz, Trotz und zwanghafte Ordentlichkeit fallen meistens auf; es gibt aber auch Menschen, die nur auf subtilere Weise ihre Charakterneurose äußern. Manchmal äußert sich die Anpassungsstörung gerade darin, daß diese Menschen überangepaßt sind, anderen als leuchtendes Vorbild dargestellt werden, niemals versagen, mit Ausnahme in solchen Situationen, in denen es darauf ankommt, richtige Gefühle zu haben und sie auch zeigen zu können. Wir alle kennen wohl in unserer Umgebung jemanden, der einen solchen zwanghaften Charakter hat und als ein Muster von Angepaßtsein imponiert, und wenn wir diesen Typ erst einmal erfaßt haben, dann stoßen wir immer wieder auf solche Menschen. Sie sehen immer tadellos aus, auffallend sauber, gut rasiert, mit scharfen Bügelfalten in den Hosen; die weiblichen Vertreter dieses Typs sind immer tadellos, doch niemals phantasievoll und mit Geschmack gekleidet. Auffallend geizig sind diese Menschen nicht, sie können sogar großzügig sein, aber sie zeigen einen großen Widerstand dagegen, etwas zu geben, wenn es von ihnen erwartet wird. Hinter ihrer scheinbaren Gefügigkeit verbirgt sich ein Trotz, der nicht minder groß ist als bei dem Patienten mit einem mehr offen gezeigten Analcharakter, ja, er scheint sogar noch größer zu sein. Führt dieser Trotz zu Ungerechtigkeit, dann verteidigen sie sich mit haarscharfen Argumenten. Sie scheinen die Gerechtigkeit zu sein, und wer ihnen einen Vorwurf macht, wird durch ihr Argumentieren das Gefühl bekommen, selbst ungerecht zu sein. Sie geben nach und geben recht, aber sie lassen sich nichts sagen und gehen strikte ihren eigenen Weg. Ihr Ja-sagen und Nein-tun bringt ihre Vorgesetzten zur Verzweiflung. Manchmal versagen sie nicht in ihrer Arbeit, aber ihr Eheleben ist dürftig und blutarm durch ihren Mangel an Spontaneität. Oft haben sie ein verborgenes Vergnügen an nicht allzu riskanten Spielen mit Geld: Sie spekulieren vorsichtig und erfreuen sich im Geheimen an ihrem Besitz. Die Frau eines solchen Mannes klagte einmal: es kommt nichts aus ihm heraus. Häufig können wir finden, daß diese Menschen nicht nur in einer Situation, in der von ihnen etwas erwartet wird, nicht geben können, sondern daß sie sich auch nichts geben lassen können. Etwas annehmen bedeutet passiv sein, und passiv sein bedeutet für diese Charaktere nicht so sehr homosexuell als vielmehr weiblich sein. Jedoch kann auch das Gefühl dabei eine Rolle spielen, die Selbständigkeit zu verlieren, willenlos zu werden.

Auffallend ist auch die Art und Weise, wie diese Menschen mit ihrer Zeit umgehen. Es dürfte schwer für sie sein, sich durch äußere Umstände von ihrem Schema abbringen zu lassen. Zuspätkommen ist ihnen ein Greuel, aber Zuspätgehen ein noch größeres: Sie stehen während eines wichtigen Gespräches auf, nachdem sie auf die Uhr gesehen haben, und sagen «um 13 Uhr essen wir». Das, was sie tun, tun sie zu der von ihnen bestimmten Zeit, und man kann sich des Eindrucks nicht erwehren, daß sie hiermit die alte Situation mit der Mutter wiederholen: Ich mache meinen Haufen dann, wann ich will, nicht früher und nicht später. Oft halten sie sich an den Buchstaben von Vorschriften, um dann, wenn etwas schiefgegangen ist, dem anderen höhnisch zu sagen: aber hier steht es doch so, ich habe mich genau an die Vorschriften gehalten. Die Menschen, die unfähig sind, die Meinung eines anderen zu übernehmen, werden von ihren Mitmenschen als rechthaberisch erlebt. Wir können jemanden als rechthaberisch bezeichnen, der mit seinem Wissen prunkt, mit seinen Einsichten hausieren geht und jedermann zeigen muß, wieviel er weiß. Das würde ich die phallisch-narzißtische Form von Rechthaberei nennen. Bei den hier besprochenen Typen bedeutet Rechthaberei aber: Ich nehme das Wissen eines anderen nicht an. Ihr «ja aber» dient nicht so sehr dazu, das eigene Wissen zu zeigen, als vielmehr dazu, das des anderen abzulehnen. Bei der phallisch-narzißtischen Rechthaberei ist der Stolz auf das eigene Wissen das Primäre, bei den hier beschriebenen Charakteren ist es die Ablehnung des Wissens anderer.

Zu den der Zwangsneurose verwandten Charakterbildern gehört auch ein Typ, bei dem die Ordentlichkeit sich vor allem darin äußert, daß sie mit System leben. Rationalisieren und Intellektualisieren sind die bevorzugten Abwehrmechanismen. Bei den Menschen dieses Typs fehlen oft die zum Anal-Charakter gehörenden Eigenschaften, sie brauchen nicht geizig oder sparsam zu sein, in vielerlei Hinsicht auch nicht besonders ordentlich, sie sehen nicht so gepflegt aus, aber auch bei ihnen finden wir einen Mangel an Spontaneität. Diese Systematiker leben mit einem geschlossenen Weltbild, für sie gibt es keine Überraschungen, schon im voraus ist bei ihnen alles, was einem Menschen im Leben begegnen kann, in ihr System eingebaut, alles hat seinen zugewiesenen Platz, niemals gibt es etwas wirklich Neues. Ihr Rationalisieren hat übrigens dieselbe Qualität wie das Denken des zwangsneurotischen Patienten, es ist magisch und sehr weit von der Realität entfernt. Neben einem sehr scharfen Urteil über bestimmte Dinge kann man diese Menschen über Systeme von bestimmten Diäten, Lebensregeln, und was es dieser Art mehr gibt, reden hören. Durch Rationalisieren und Systematisieren wird jede wirkliche Erfahrung aus dem Bewußtsein ferngehalten, das Denken dient ihnen nicht so sehr dazu, in die Zusammenhänge der Realität einzudringen, sondern um ihr zu entgehen. Zu ihrem Rationalisieren und Systematisieren gehört auch das Klassifikationsbedürfnis. FENICHEL schrieb hierzu: «Die Aufgabe der Wissenschaft ist es, das Unbekannte nach bekannten Kategorien zu ordnen. Das zwanghafte Aufstellen von Systemen jedoch, das nicht zum Zwecke der Beherrschung der Realität geschieht, sondern vielmehr, um gewisse Seiten der Realität zu leugnen, ist eine bloße Karrikatur der Wissenschaft.» (op. cit., S. 286)

Das Leben nach einem ganz bestimmten System finden wir auch im Bereich religiöser Gruppen. Was von diesen Menschen für Glauben gehalten wird, imponiert anderen nicht so sehr als Vertrauen auf Gott, sondern vielmehr als ein grenzenloses Vertrauen in das eigene System. In unserer Gesellschaft werden eine Reihe der beschriebenen Charaktereigenschaften, wenn sie nicht zu sehr stören, sehr hoch geschätzt, und man hört dann die Menschen, die ich als zwangsneurotische Charaktere beschrieben habe, als «ordentliche Leute» gelobt – die neurotischen Systematiker als philosophische Denker. Die Verarmung, die dies alles mit sich bringt, scheint dem Betrachter zu entgehen. Sowohl für das Verständnis der Entstehung als auch für die Art und Weise, wie Zwangsneurosen und zwangsneurotische Charaktere eingeschätzt werden, muß man die sozio-kulturellen Faktoren mit berücksichtigen. Ihnen wollen wir uns nach einer einzigen Bemerkung noch über die Klinik der Zwangsneurosen zuwenden. Es scheint mir unnötig, innerhalb der Zwangsneurose eine Anzahl von Pseudo-Krankheitseinheiten abzugrenzen, etwa auf Grund der Schwere des Krankheitsbildes. Für die Beurteilung der Schwere und des Verlaufs der Zwangsneurose scheint mir eine funktionell-dynamische Betrachtungsweise fruchtbarer. In erster Linie ist darauf hinzuweisen, daß auch der einigermaßen angepaßte Mensch Zwangserscheinungen kennt oder mindestens in seiner Jugend gekannt hat, dann aber doch vor allem diejenigen Zwangserscheinungen, die dazu dienen, die Angst zu beherrschen; und die Schwere der Zwangsneurose wird bestimmt durch das Ausmaß, in dem die Zwangserscheinungen die Persönlichkeit beherrschen. Bei der Diagnose muß man auch beurteilen, wie weit ein angepaßtes Funktionieren noch möglich ist. Die schwereren Formen der Zwangsneurose stellen für die Möglichkeit, ein produktives Mitglied der Gesellschaft zu sein, eine ernste Bedrohung dar, und es ist kein Wunder, daß der Einwand erhoben wurde, die Zwangsneurose stehe zwischen Neurose und Psychose. Nun macht gewiß eine schwere hysterische Neurose, eine Angstneurose oder Phobie es für den Patienten genauso schwer, sich durchzusetzen wie eine Zwangsneurose, aber es gibt doch derart schwere Formen von Zwangsneurose, daß die Aufnahme in eine psychiatrische Anstalt notwendig wird. Um diese Notwendigkeit zu verstehen, muß man sich nur klar machen, welche Folgen diese Krankheit für die Umgebung hat. Der Patient mit der Phobie vor Menstrualblut, den ich beschrieben habe, mußte sich stundenlang waschen und anschließend alles das, was durch das Waschwasser verunreinigt worden war, wiederum waschen. Hier war die Aufnahme in ein Sanatorium unvermeidbar. Ich habe das Zimmer, in dem er lebte, gesehen, nachdem man den Patienten bei einer solchen Waschveranstaltung nicht gehindert hatte; man konnte den Eindruck bekommen, daß es sich um einen Defekt in der Wasserleitung handelt, so sehr stand alles unter Wasser. Bei sehr schweren Formen von Zwangsneurose muß man auch die Differentialdiagnose gegenüber der Schizophrenie bedenken. In anderen Fällen bleibt es für den Patienten möglich, sich in seinem eigenen Milieu zurechtzufinden, aber Schwierigkeiten bleiben auch hier meist nicht aus; dafür ein Beispiel: Ein Patient muß zwanghaft Gegenstände auseinandernehmen auf Grund eines Zwangsimpulses. Die Schuhe seiner Eltern dürfen sich nicht berühren; wenn er abends herumgeht und die Schuhe falsch aufgestellt findet, ist er voller Vorwürfe, «wenn Ihr mehr Gefühl für mich hättet, würdet Ihr mehr Rücksicht auf mich nehmen». Sein Schwager, der, mit seiner Schwester verheiratet, im gleichen Haus wohnt, ist der Ansicht, seine Eltern dürften sich nicht so viel um seine Schrullen kümmern. Der Junge ist ein großer Tierfreund, aber wenn er den Hund seiner Schwester sieht, bekommt er das zwanghafte Bedürfnis, das Tier erst zu holen und dann in den Bauch zu treten; und nachdem seine Schwester dies bemerkt hat, holt sie das Tier, wenn er es ohne böse Absicht streichelt, von ihm weg, was ihn sehr grämt. Bei ihm ist das Phänomen des Zwei-Fronten-Krieges besonders deutlich: Einerseits fühlt er sich dazu berufen, sittlichen Verfall, wo immer es möglich ist, zu bekämpfen, er selber will als gutes Beispiel vorangehen, keusch sein, und er macht seinem Analytiker dadurch Sorgen, daß er den quälenden Zwangsimpuls hat, sich mit einem Rasiermesser das Glied abschneiden zu müssen. Andererseits erlebt er sich selbst als einen tragischen Helden, der in Widerspruch zu den sexuellen Normen und Vorurteilen der bürgerlichen Gesellschaft gerät. Wenn sein Therapeut die Onanie-Konflikte mit ihm bespricht, wirft er diesem vor, er wolle ihn verführen, er sei ein Bundesgenosse seines Trieblebens, und gleichzeitig erlebt er ihn als einen Richter, als jemanden, der ihn verurteilt. Jedesmal versucht er auch, den Therapeuten dazu zu bringen, sich mit ihm auf rationalisierende Diskussionen über weltanschauliche Fragen einzulassen. Die Arbeit, die er auf dem Gymnasium zu leisten hat, wird zwar durch seine Autoritätskonflikte ziemlich beeinträchtigt, aber infolge seiner überlegenen Intelligenz ist er doch als Schüler noch einigermaßen angepaßt. Die Arbeit macht ihm auch Spaß, wenn auch seine Zwangshandlungen und seine Beschmutzungsangst für die Familienmitglieder ziemlich viele Schwierigkeiten mit sich brachten, so konnte doch in diesem Fall die Aufnahme in eine Anstalt vermieden werden. Allerdings mußte die psychoanalytische Behandlung des Patienten kombiniert werden mit Bemühungen um die ganze Familie.

Es muß noch darauf hingewiesen werden, daß die Zwangserscheinungen sich nicht nur auf die analen, sondern auch auf genitale Impulse beziehen. Deswegen tut man gut, bei der Diagnose vom Zwangsphänomen als solchem auszugehen, die Regression auf das anale Stadium ist nicht immer sehr massiv und sichtbar. Manchmal bleibt der Zwang beschränkt auf ein einziges Gebiet; eine meiner Patientinnen hatte den Zwangsimpuls, daß sie ihren kleinen Sohn umbringen müsse, wenn sie ein Brotmesser sah. Hier war es nur eine einzige Zwangserscheinung, und doch quälend genug. Daneben bestanden andere neurotische Symptome, die aber nicht zwanghafter Natur waren. Sehr häufig geht die Zwangsneurose auch mit phobischen Erscheinungen einher – das Umgekehrte gilt jedoch nicht immer. Auch wenn eine Phobie eine deutlich anale Bedeutung hat, wird sie damit noch nicht zu einem Zwangsphänomen, andererseits sieht man diese Art Phobien häufig im Zusammenhang mit der Zwangsneurose; Klaustrophobie, Straßenangst und Höhenangst zum Beispiel müssen keineswegs mit Zwangserscheinungen einhergehen. Einen Platz vermeiden müssen aus Angst vor der Angst, das ist kein Zwang, das Kriterium ist immer wieder, daß der Zwang als solcher erlebt wird. Man kann phobische Erscheinungen bei mehr oder weniger zwangsneurotischen Charakteren beobachten, doch ist es nützlich, einen phobischen Charakter von einem zwangsneurotischen abzugrenzen. Im Hinblick auf den phobischen Charakter schreibt J. BASTIAANS, der phobische Charakter sei darauf ausgerichtet, die anfangs gewünschte Situation zu vermeiden. Was bei der Phobie als Symptom ich-fremd ist, ist beim phobischen Charakter ich-nah, ich-synton geworden. Beim phobischen Charakter wird die Phobie als Symptom vermieden. Im allgemeinen kann man – BASTIAANS zufolge – davon ausgehen, daß der phobische Charakter ganz im Zeichen der Vermeidung und Hemmung steht.

Hiermit sind wir auf das Gebiet der Differentialdiagnose gekommen. Der Umstand, daß sich hysterische Neurosen von zwangsneurotischen Bildern unterscheiden, impliziert nicht, daß es keine Neurosen gibt, bei denen sowohl Zwangsphänomene als auch hysterische Symptome vorkommen.

Der Äußerung, die in klinischen Diskussionen manchmal gehört wird, daß nämlich die Zwangsneurose eigentlich eine Depression sei, liegt eine magische Denkweise zugrunde. Was bedeutet hier «eigentlich»? Die hierher gehörende Antwort würde lauten, daß eine Depression sich in Form einer Zwangsneurose äußert. CARP hat zu Recht vor dieser Auffassung gewarnt; das gemeinsame Vorkommen zwanghafter und depressiver Symptome ist jedoch nicht verwunderlich. Eine strenge Über-Ich-Funktion, die Introjektion der Aggression, frustrierte Triebe mit passiven Zielen verursachen schnell eine depressive Verfassung. Wenn auch eine Zwangsneurose phasisch verlaufen kann, vielleicht mit auf Grund eines endogenen Faktors, der sich phasisch äußert, ist das kein Grund, die Zwangsneurose für «eigentlich eine Depression» zu halten. Allzu oft wird der Wunsch, die Diagnose Depression zu stellen, durch das Bedürfnis bestimmt, den Elektroschockapparat in Betrieb zu setzen, um auf diese Weise der Konfrontation mit den schwierigen Problemen des Patienten und der Konfrontation mit dem eigenen Mangel an Einsicht zu entgehen. Wenn eine Neurose progressiv verläuft und auf therapeutische Maßnahmen nicht reagiert, fühlen sich manche Psychiater gedrängt, zu erklären, daß der Patient eigentlich eine Schizophrenie habe. Weil wir nicht wissen, was Schizophrenie «eigentlich» ist, scheint es mir, daß eine solche Aussage eher ein Machtwort als eine Vergrößerung unserer Einsicht ist. Man soll doch die Diagnose auf Grund der Krankheitsbilder stellen, ohne unverifizierbare Vermutungen über hypostasierte Krankheitseinheiten, die als platonische Ideen im Jenseits der phänomenalen Wirklichkeit zu Hause sind. Diese Mahnung soll gewiß nicht den Sinn haben, einer ungenauen Diagnostik das Wort zu reden, nur, auf Grund einer Neurose kann nicht auf das Bestehen einer Schizophrenie geschlossen werden. Ein einziges Mal stellte uns ein Patient vor das Problem, ob seine zwangsneurotischen Symptome nicht zu einem schizophrenen Krankheitsbild gehörten, eine Frage, die sich sicherlich nur in besonders schweren Fällen stellt. Da der Zwangsneurotiker seinen Affekt abwehrt und rationalisiert, kann es schwierig sein, zu entscheiden, ob es sich nicht etwa um ein schizophrenes Versanden der Affekte handelt. Auch bei eindeutig schizophrenen Bildern und bei Melancholien kommen Zwangserscheinungen vor; natürlich stellt man dann die Diagnose Schizophrenie oder Depression. Auch bei Epileptikern werden Zwangssymptome beschrieben. Im Bereich des hyperästhetisch-emotionellen Syndroms sieht man gleichfalls Zwangserscheinungen und für postpuerperale Zustände gilt das gleiche. Im allgemeinen wird ein vermindertes Integrationsvermögen zum Manifestwerden einer latenten neurotischen Problematik führen.

Wie ist die Relation zwischen Zwangsneurose und Psychasthenie beschaffen? BASTIAANS sieht in der Psychasthenie eine asthenische Variante des zwangsneurotischen Charakters. Die Beziehung zu den neurasthenischen Zustandsbildern haben wir schon dargestellt. BASTIAANS ist der Ansicht, daß bei der Psychasthenie die Abwehr passiv-femininer Bedürfnisse im Vordergrund steht, bei den mehr sthenischen Zwangsneurotikern dagegen die Abwehr sadistischer Impulse. Man kann sich die Frage stellen, ob es eine konstitutionelle Disposition für die Zwangsneurose gibt, und weiterhin, ob diese konstitutionelle Abweichung mit dem psychasthenen Typus zusammenfällt, der durch Tic, Phobien, Zwangserscheinungen und ein «abaissement du niveau mental» auffällt. Mir scheint, daß tatsächlich bestimmte Konstitutionen zur Neurosenentwicklung disponieren, aber mit Sicherheit kann man hierüber noch nichts sagen. Ob die Psychasthenie den konstitutionellen Boden für die Zwangsneurose bildet, scheint mir schwierig zu entscheiden. Vorsichtiger ist es anzunehmen, daß ein Faktorenkomplex, darunter zum Beispiel konstitutionelle Merkmale und Einflüsse aus dem frühkindlichen Milieu, entweder zur Zwangsneurose oder zur Psychasthenie führen. Man wird auch annehmen können, daß unter diesen Faktoren ein Temperamentsfaktor, ein größeres und kleineres Maß von Sthenizität eine Rolle spielt. In dem Versuch, das Verhältnis der verschiedenen Faktorengruppen untereinander zu evaluieren, darf unter keinen Umständen nachgelassen werden, denn man kann von der Auflösung der Konflikte, mit der die übermäßige Abwehr und die zu strenge Über-Ich-Funktion zusammenhängen, keine Heilung erwarten, wenn das Krankheitsbild zu einem ganz wesentlichen Teil auf einem Defekt beruht.

Es ist kein Zufall, daß die Autoren bei den Krankheiten, die als Neurasthenie und Psychasthenie beschrieben werden, in ihre Bezeichnung die Asthenie aufgenommen haben. Es handelt sich hierbei um Patienten, deren Beschwerden eher ein Ausdruck von Schwäche und Ermüdung sind als der Ausdruck intrapsychischer Spannungen. Häufig machen solche Menschen tatsächlich einen asthenischen Eindruck. Man muß hierbei aber doch vorsichtig sein, denn Ermüdung muß nicht unbedingt einen Mangel an Energie bedeuten, denn, auch wenn Energie falsch verwendet wird, wird für die Anpassung, für die Entfaltung nicht genügend übrig bleiben, und dies ist der Fall, wenn starke Impulse durch starke Abwehrmaßnahmen aus dem Bewußtsein ferngehalten werden müssen. Es ist dann genauso, als würden zwei Lokomotiven mit aller Kraft, die ihre Maschinen hergeben können, gegeneinanderdrücken, es kommt keine Bewegung in Gang. Nicht immer ist es leicht zu entscheiden, ob die Energie durch Abwehrmechanismen aufgezehrt wird oder nur in unzureichendem Maße vom biologischen Substrat der Persönlichkeit geliefert wird. Daß bei Erschöpfung des Nervensystems die psychischen Funktionen leiden, ist uns durch bestimmte Zustandsbilder wie z. B. das hyperästhetisch-emotionale Syndrom vertraut.

Über den Verlauf kann folgendes gesagt werden: Zwangserscheinungen können vorübergehend sein, das Launische im Verlauf vieler Neurosen pflegt bei der Zwangsneurose mit der klassischen Symptomatologie zu fehlen, die Pubertät und das Involutionsalter sind ungünstige Perioden. Meistens beginnt das Manifestwerden der Zwangsneurose in der Pubertät, diffuse Angst tritt auf, Phobien oder neurasthenische Bilder können ein Vorstadium des Ausbruchs der Zwangsneurose bilden. Man kann lange Perioden einer Remission beobachten, und manchmal sind es scheinbare Kleinigkeiten, denen der Patient den Ausbruch seiner Symptome zuschreibt, etwa das Sehen eines blutigen Unglücksfalles, kurz alles, was Anforderungen stellt an die Abwehr von Aggression, von sadomasochistischen oder analen Impulsen. Wenn die Zwangserscheinungen das Symptom einer Schizophrenie, einer Depression auf Grund einer endogenen Schwankung sind, dann wird ihr Verlauf natürlich durch den Verlauf der Krankheit bestimmt, in deren Rahmen das Zwangssymptom vorkommt. Eine sorgfältige Differentialdiagnostik ist in diesen Fällen unumgänglich.

Die Überlegungen hinsichtlich Psychasthenie und Zwangsneurose haben uns auf das Gebiet der Ätiologie der Zwangsneurose geführt. FREUD hat die Disposition zur Zwangsneurose in Beziehung zu konstitutionellen Störungen und einer Fixierung auf dem analen Stadium gebracht. Fixierungen entstehen immer dann, wenn entweder zu viel oder zu wenig Befriedigungen in einem bestimmten Stadium erlebt worden sind, insbesondere wird der ganz willkürlichen und unerwarteten Änderung im Verhalten der Eltern dabei eine große Rolle zugeschrieben. Ohne Schwierigkeiten bei der Verarbeitung der sexuellen

und aggressiven Impulse, die immer mit dem Ödipus-Komplex in Beziehung gebracht werden, kommt eine Zwangsneurose nicht zustande. Eine Reihe von Zwangsimpulsen haben so auch keinen analen, prägenitalen Inhalt, sondern sind Derivate der phallischen Sexualität. Gleichwohl findet immer eine Regression auf eine frühere Periode der Libido-Entwicklung mit dem Aspekt des Zurückweichens vor der phallischen Sexualität statt, die zu schuldbeladen und wegen der Kastrationsangst zu gefährlich ist, und immer mit dem Aspekt des Zurückflüchtens zu den analen Befriedigungsformen. Das Ich wird durch diese Abwehr gleichfalls beeinträchtigt, sein gesundes Funktionieren wird unmöglich, die Realität wird infolge des Isolierens, der Affektabwehr und des Leugnens von Aspekten der Wirklichkeit verkannt, die synthetische Funktion des Ichs versagt, und die Neurose ist da. Die Möglichkeit für eine solche Regression beruht auf einer Fixierung. Diese Fixierung wird durch die Eigenschaften mitbestimmt, die das Kind von Natur aus hat, aber auch die Haltung der Erziehungspersonen in dieser Lebensperiode ist von großer Bedeutung. Ein Prozeß, der sich, würde er nicht so viel beachtet, unauffällig vollziehen würde dadurch, daß das Kind spontan seine Sphinkteren zu beherrschen lernt, wird in unserer Gesellschaft zu einem Kampf um die Sauberkeit; von vielen Müttern wird er wie ein heiliger Krieg geführt, dem als Wichtigstes die Spontaneität und das Glück des Kindes zum Opfer fallen.
Hiermit kommen wir nun zur Behandlung der sozio-kulturellen Verhaltensmuster, die die Erziehung beherrschen. Forderungen werden an das junge Kind gestellt, die es noch nicht erfüllen kann, folglich wirken diese Forderungen verwirrend. Der Kot, der an einem bestimmten Platz deponiert, Anlaß zu enthusiastischen Lobeshymnen wird, ist auf einem anderen Platz für die Mutter ein Grund zu Abscheu und Ärger. Wie soll das kleine Kind diese Eindrücke verarbeiten können? Ist es ein Wunder, daß auf diese Weise Widerstand geweckt wird? Das Kind lernt eine Körperfunktion zu beherrschen, es kann festhalten und hergeben; zu seiner eigenen Überraschung merkt es, daß es etwas produzieren kann, etwas, das von ihm ist, weil es aus ihm herauskommt. Gefühle ohnmächtiger Wut werden im Kind provoziert, wenn es durch das Verabreichen eines Klistiers, dem Prototyp der Vergewaltigung, zu einer Aktion gezwungen wird, die nun mit schmerzhaf-

ten Krämpfen einhergeht, während sie lustvoll ist, wenn sie freiwillig verrichtet wird. Die Mutter, die bis dahin ihrem Kind Wärme und Sicherheit gab, verursacht nun Schmerzen und Unlust. Das Vertrauen geht dadurch verloren, und die Wut hierüber kann die Einstellung konditionieren: die Umwelt zwingt mich, etwas herzugeben, was ich behalten will. Dieser Kampf um die Reinlichkeit fällt in die Phase, in der das Kind seinen eigenen Willen entdeckt, seine Selbständigkeit gegenüber der Umwelt. Zwingt man ein Kind in dieser Periode zu sehr, dann wird das Eigenen-Willen-Haben zur Eigenwilligkeit und Trotzigkeit. Aber nicht nur die zu rigorose Reinlichkeitsdressur führt zu Konflikten, auch wenn man dem Kind verbietet, seine Lust, zu schmieren, an einem anderen Objekt auszuleben, wodurch ihm die Sublimierung triebhafter Impulse ermöglicht wird, dann führt das zu heftigen Protesten des Kindes. Die Mutter einer meiner früheren Patientinnen, eine gutwillige, aber selbst sehr gestörte Frau, reagierte mit einem an Panik grenzenden Entsetzen, wenn ihr kleines Töchterchen, meine spätere Patientin, einen Becher Milch umschüttete. Sie verbot ihrem Kind, Seifenblasen zu machen, wenn es darum bat, weil es den Nachbarjungen bei der gleichen Beschäftigung gesehen hatte, und das kleine Mädchen reagierte mit einer zwanghaften Trotzhaltung, die später in einer Haltung fortgesetzt wurde, die man mit intrapsychischer Trotzigkeit bezeichnen könnte. Sie konnte nämlich das nicht ausführen, was sie von sich selber verlangte, sie wollte zwar arbeiten, aber sie konnte nicht. Was früher einmal ein Kampf mit der Mutter war, wurde später zu einer Auseinandersetzung mit einem internalisierten Objekt. Wenn man sich die Situation eines kleinen Kindes auf dem Topf vorstellt, das die Mutter durch seinen Ungehorsam ärgert, dann hat das etwas Komisches an sich. Die späteren Folgen dieses Streites sind dann allerdings nicht mehr so amüsant. Die Opposition gegenüber sich selbst ist quälend, sie ist eines der quälendsten Symptome, an denen man leiden kann. Nett und ordentlich sein hat in unserer Gesellschaft eine doppelte Bedeutung, und es wäre unrecht, die sozio-kulturellen Einflüsse zu unterschätzen, die die Mütter in ihrer altmodischen Haltung bestärken. Das nette, saubere Kleidchen des Kindes ist ein Symbol für die Fürsorge, die die Mutter ihm gegenüber aufwendet, aber auch ein Statussymbol: «So sieht ein nettes Kind von netten Leuten aus.» Durch das Fenster meiner Wohnung sehe ich in eine Nachbarschaft mit vielen Neubauten und vielen Kindern; es hat geregnet, und nun spiegelt sich der blaue Himmel in den Pfützen auf der Straße. Die Jungens des aufgeweckten Nachbarn von gegenüber schlagen mit Stöcken in das Wasser, daß es hoch aufspritzt. Ihr Vater sieht aus dem Fenster lachend zu.

Ein kleines Mädchen von nebenan spielt mit ihren kleinen Händen im Schlamm, auch ihr Gesicht hat einen schwarzen Strich, und sie strahlt vor Vergnügen. Yvonne steht dabei und sieht mißbilligend zu, mit einem Blick von moralischer Überlegenheit in ihrem Kindergesicht, das nun schon durch einen Hauch von Verachtung entstellt ist. Sie trägt ein cremefarbiges Kleidchen mit rosa Blümchen drauf und einer großen Schleife auf dem Rücken. «Yvonne», ruft ihre Mutter «geh' da von der Pfütze weg, denk an Dein schönes Kleidchen, die Kinder spritzen mit Schlamm.» Yvonne entfernt sich, sie stößt dabei gegen ein kleines Mädchen, das ungeschickt auf seinem Dreirad manövriert; Yvonne gibt ihm einen kräftigen Stoß, das Kind fährt dadurch vom Bürgersteig herunter, stürzt auf die Straße und verletzt sich die Lippe. Weinend rennt sie, ihr Dreirädchen im Stich lassend, nach Hause und hält sich die Hand an den blutenden Mund. Yvonne hat so ihre Wut auf die Mutter äußern können, das ist ihre Befriedigung. Yvonne ist auch einmal bei uns, und wir können ihr zuhören, wie sie redet: «Verrückt, gell, was der Mann für einen Schnurrbart hat. Die Menschen da drüben, die haben kein Auto und haben auch kein Geld, sagt Mutter. Das sind verrückte Leute, der Papa vom Gerd; ich mag nicht zu seiner Geburtstagsfeier gehen, aber ich will auch nicht, wenn er in den Pfützen spielt.» Einen kleinen Jungen, der infolge einer Nervenstörung sein Bein nachzieht, verspottet sie. Dieses kleine Mädchen ist im Grunde jetzt schon zu der lästernden, klatschenden, eleganten Frau geworden, die sie später sein wird, bedacht auf gesellschaftliches Ansehen, auf Bekannte aus höheren Kreisen, eine Frau, die ihren Mann aufhetzt, mehr Geld zu verdienen, die nicht auf das aus ist, was dem Leben Sinn geben kann, sondern auf Prahlen und Sich-groß-Tun, mehr auf Erfolg als auf Glück bedacht, mehr darum bemüht, dazuzugehören als etwas mit zu tun, voller Groll auf alle diejenigen, die spontan genießen können. Ihre Eltern, selbst «nette Menschen» haben sie schon früh dazu gemacht. W. MEN-

NINGER[42] formulierte es so: «Die Betonung der Produktion, des Wertes der Zeit, die Bedeutung von materiellem Besitz, das Streben nach Reichtum und der damit verbundenen Macht sind in einem Maße oberste Ziele unserer heutigen Zivilisation, daß man sagen kann, wir leben in einer analen Phase.»

Die Kinder in unserer Kultur lernen, nett und ordentlich zu sein, auf das Vergnügen an ihren körperlichen Funktionen zu verzichten; nett und ordentlich in der doppelten Bedeutung von: durch die Körperlichkeit nicht beschmutzt, und respektiert in einer bürgerlichen Gesellschaft, in der auf nett und ordentlich sein mehr Wert gelegt wird als auf die Ehrfurcht vor dem Leben aller und das Mitgefühl für den Nächsten. Während der analen Phase werden auch die sexuellen Hemmungen vorbereitet. Der Begriff «rein» hat auch diese doppelte Bedeutung, nicht beschmutzt und asexuell, so, als ob das die höchsten Güter der Menschen wären.

Psychiatrie hat Konsequenzen für die Erziehung. Eine nüchterne Betrachtung der zwangsneurotischen Störungen führt von selbst in den Bereich der präventiven Psychiatrie. Die Zwangsneurose ist eine Krankheit, die viel Unglück verursacht, die zwangsneurotische, «anale» Einstellung ist für die Entwicklung unserer Kultur gefährlich. Die Ablehnung des eigenen Körpers, der Mangel an Befriedigungen weckt Aggression, Aggression sucht sich einen Ausweg in mancherlei Haß und Neid und der Lust, Krieg zu führen. Übermäßige Ordnung, Geiz und Trotzigkeit wuchern da, wo die Liebe für die Mitmenschen blühen könnte.

[42] W. C. MENNINGER: Characterologic and symptomatic expressions related to the anal phase of development, Psychoanal. Quart., Bd. XII (1943), S. 161.

VII. DER ORALE CHARAKTER, DEPRESSION UND SUCHT

Will man die verschiedenen neurotischen Störungen ordnen und geht dabei von der Entwicklung der Persönlichkeit aus – gewiß ein logisches Einteilungsprinzip – so kommt man dennoch in Schwierigkeiten. Wir sahen bei der Zwangsneurose, daß freilich die Impulse, die mit dem analen Stadium zusammenhängen, dem Krankheitsbild zum großen Teil seinen spezifischen Charakter geben, aber auch, daß dieses Aktiviertwerden analer Impulse eine Folge der Regression ist. Der Begriff der Regression ist für das Verständnis der neurotischen Störungen von grundlegender Bedeutung. Das Kind, das die ödipale Problematik auf Grund von Kastrationsangst, Schuldgefühlen nicht auflösen konnte, sucht sich ihr zu entziehen dadurch, daß es die genitale Einstellung mehr oder minder aufgibt und zurückfällt auf ein früheres Entwicklungsstadium. Daran, daß der Ödipus-Komplex den Kern der Neurose bildet, wie FREUD sagte, sollten wir unbedingt festhalten, denn bei tieferem Eindringen zum Beispiel in die zwangsneurotische Problematik finden wir hinter den analen Impulsen und deren Abwehrformen doch stets die unbewältigten Probleme des Ödipus-Komplexes. Bei einer Einteilung der Neurosen in Formen, die mit jeweils der ödipalen, analen oder oralen Phase zusammenhängen, sollte man daran denken, daß das Hervortreten von Problemen aus einer Phase die Abwehr von Problemen aus einer anderen Phase sein kann. Außerdem dürfen wir den organischen Zusammenhang der Phasen nicht aus dem Auge verlieren; sie sind ja nicht voneinander isoliert wie einzelne Stationen auf einer Reise, immer hängt es von der Art und Weise ab, wie frühere Entwicklungsstadien durchlaufen wurden, ob man innerlich ausreichend gewappnet den Problemen, die die folgende Phase stellt, die Stirn bieten kann. Anpassungsstörungen, die in ein früheres Stadium gehören, können durchaus auch durch Schwierigkeiten in einem späteren Stadium wieder aktiviert werden.

Bei Depressionen, Suchten, bestimmten Formen von Charakterneurosen finden wir die Erlebnisformen psychischer Prozesse, die zum oralen Stadium gehören, entweder, weil die Persönlichkeit sich in manchen

Aspekten überhaupt nicht weiterentwickelt hat, oder weil der Patient durch Regression dorthin zurückgekehrt ist. Dabei dürfen wir nicht vergessen, daß es bei den Neurosen nicht nur zu einer Regression des Trieblebens kommt, sondern daß auch das Ich in den Regressionsvorgang einbezogen wird. Hierbei ergeben sich verschiedene Möglichkeiten, entweder das Ich regrediert bei geringem Druck aus der Umwelt, oder das Ich wird durch einen Triebkonflikt sekundär in die Regression gedrängt. In diesem letztgenannten Fall dient die Regression dazu, den ödipalen Problemen auszuweichen. Hier gilt dann unbestritten, daß der Ödipus-Komplex den Kern der Neurose bildet.

Zwischen diesen Formen gibt es graduelle Übergänge, die durch die Konstitution und die Erfahrungen in den ersten Lebensjahren bestimmt werden. Wenn man also fragt, welches Geschehen die Grundlage für Depressionen und Suchten bildet, dann wäre zu antworten: Regression auf das orale Stadium. Das bedeutet nicht nur, daß das Triebleben einen oralen Charakter annimmt, das orale Stadium umfaßt sehr viel mehr, als sein Name erkennen läßt. In diesem ersten Stadium ist die Haut ebenso sehr erogene Zone wie der Mund. Der Wunsch nach Wärme und Sicherheit ist ebenso wichtig wie das Bedürfnis nach oralen Befriedigungen. Das lassen die Experimente von HARLOW klar erkennen. Junge Affen bekamen eine Phantommutter aus Draht mit künstlichen Brüsten in Form von Saugflaschen und eine Phantommutter, bei der sie dadurch Wärme finden konnten, daß sie mit einem Frottierstoff überzogen war. Diese Stoffmutter war ohne Brust. Die kleinen Affen gingen bei der oralen Mutter trinken, aber unmittelbar danach liefen sie wieder zu der wärmespendenden Mutter. Wurden sie erschreckt, während die wärmegebende und die orale Mutter in ihrem Käfig waren, dann flüchteten sie zu der ersten, war jedoch nur die orale Mutter im Käfig, dann gerieten sie in Panik, ihre Anwesenheit bedeutete ihnen nichts für das Erleben von Sicherheit und Geborgenheit.

Wenn wir über Störungen in der oralen Phase sprechen, dann meinen wir damit das orale Stadium im weiteren Sinn und berücksichtigen alle seine Triebaspekte und außerdem die zu dieser Phase gehörenden Probleme der Ich-Entwicklung. Die Hautsensationen und das Erleben von Wärme sind in dieser Zeit mindestens ebenso wichtig wie die Sensationen an der Mundschleimhaut und das Gefühl des Sattseins. Es ist merkwürdig, daß das Gefühl von Sicherheit durch die Berührung mit der wärmegebenden Phantommutter entstand. Diese Mutter war doch in Wahrheit überhaupt nicht imstande, die jungen Affen zu beschützen, und doch scheint das kleine Tier es so zu erleben. Wenn in den Experimenten das angsterregende Objekt, «ein böser Teddybär», der mechanisch laufen kann und auf eine Trommel schlägt, von den kleinen Affen gesehen wurde, flüchteten sie zu der Stoffmutter, verbargen ihr Gesicht bei ihr und schmiegten sich eng an sie an. Sie schienen Mut zu sammeln, denn sie wagten es dann, nach dem Teddybären Ausschau zu halten und machten selbst Erkundungsgänge. Dabei verwendeten sie diese Mutter als Operationsbasis. Beim Menschen ist das nicht anders. Die Mutter gibt ihrem Kind ein Gefühl von Sicherheit, auf Grund dessen das Kind fähig ist, etwas zu unternehmen und die eigene Aktivität zu entwickeln. Das sehr kleine Kind kann nur in dieser Symbiose leben. Die Regression auf dieses Stadium impliziert, daß man wieder Verlangen nach dieser Symbiose hat. Das junge Kind ist für sein Triebleben auf die Mutter oder auf Mutterfiguren angewiesen, zugleich aber gibt eine Ermutigung durch die Mutter dem Kind auch Selbstvertrauen. Ohne Mutter fühlt es sich frustriert und ohnmächtig, kurz gesagt, libidinöse und narzißtische Gratifikationen fallen zusammen. Diese Einsichten sind für das Verständnis der depressiven Zustände unentbehrlich. Liebesverlust oder der Verlust eines Liebesobjektes bedeuten für den zur Depression neigenden Menschen immer auch eine tiefgehende Kränkung seines Selbstgefühls, seines Vertrauens. Mit diesem Wissen vor Augen betrachten wir nun den sogenannten oralen Charakter, die neurotischen Depressionen und die Suchten. Der Psychopathie wird eine gesonderte Darstellung gewidmet.

Menschen mit einem sogenannten oralen Charakter sind in ihrem Wesen übertrieben abhängig von Liebe und Liebesbeweisen und dabei auch viel fordernd – «dependend and demanding». Meistens ist ihre Frustrationstoleranz gering. Was der Erwachsene gewöhnlich nur als eine kleine Enttäuschung oder Kränkung erlebt, erleben diese Menschen als eine große, schwer zu überwindende Frustration, und viele von ihnen neigen dazu, die durch Frustration auftretenden Gefühle agierend zu äußern. Manchmal suchen diese oralen Charaktere ihre

«Liebesnahrung» bei vielen Menschen, sie sehen nicht eine Person in dem anderen, sondern nur einen Lieferanten von Befriedigung. Man spricht dann auch von «need-satisfying objects». Manchmal sind diese Menschen auch an einen Partner gebunden. Der Umstand, daß Menschen mit oralem Charakter dazu neigen, ihre Mitmenschen als need-satisfying objects zu gebrauchen, bedeutet nicht, daß sie als Egoisten imponieren oder etwa selber nichts geben können. Häufig verwöhnen diese Menschen andere geradezu, und dann fällt ihre fordernd abhängige Haltung nicht so auf. Sie tun dann mit ihrem Partner das, was sie selber gerne haben wollten, es entwickelt sich eine mutuelle Mutter–Kind-Beziehung. Dadurch scheinen sie zu mehr Objektliebe fähig, als sie sind. Manchmal hat ihre Haltung den Charakter von: die anderen mit Liebesäußerungen bestechen. Es gibt keine absoluten Unterschiede, die Menschen mit dieser Einstellung von dem innerlich Erwachsenen unterscheiden. Die Unterschiede sind relativ. Auch derjenige, der zu erwachsener Liebe fähig ist, liebt im anderen sich selbst, aber diese Komponente ist nicht alles beherrschend, so daß die Interessen des Partners auch Berücksichtigung finden können.

1. Neurotische Depressionszustände

Bei vielen Neurosen kommen depressive Erscheinungen vor. Man kann von Depressivität sprechen, wenn die Schwermut eine Begleiterscheinung ist, und von Depression, wenn diese Stimmungsanomalie das wichtigste Symptom des Krankheitsbildes ist.

Neurotische Patienten reagieren auf die verschiedensten Symptome mit Depressivität, neurotische Erscheinungen entmutigen. Schuldgefühle werden oft von Depressivität begleitet. Frustrationen triebhafter Bedürfnisse geben dem betreffenden ein Gefühl des Mißmuts, und Aggression, die nicht geäußert werden kann, wird oft nach innen gerichtet. An den Onanie-Konflikten der Pubertätszeit kann man das Entstehen depressiver Reaktionen studieren: Angst vor der Sexualität, Wut über das Im-Stich-gelassen-Werden – eine Wut, die auf Grund des schon bestehenden Schuldgefühls nicht geäußert werden kann – Entmutigung durch die Niederlage gegenüber den Triebansprüchen, hypochondrische und paranoide Verarbeitung des Schuldgefühls, das alles verursacht ein Absinken des Stimmungsniveaus. Vor allem sind es die Frustrationen der passiven Liebesbedürfnisse, der Triebe mit passiven Zielen, die die schwereren depressiven Zustandsbilder bestimmen. Frustration dieser Bedürfnisse weckt Aggression, die Aggression kann nicht ausgelebt werden aus Angst, dadurch das Liebesobjekt zu verlieren, und wird deswegen auf die eigene Person gerichtet. Der Patient kann diesen circulus vitiosus nicht durchbrechen und gerät immer tiefer in den Sumpf. Dazu kommt dann noch die Wut über das Depressivsein selbst, eine Wut, deren Bedeutung wir nicht unterschätzen dürfen: «Ich hab' nichts von meinem Leben, die anderen Menschen genießen, für mich ist das Leben eine Last, diese verlorene Zeit kann ich niemals mehr einholen.»

Wir wollen nun einigermaßen systematisch untersuchen, welche psychischen Mechanismen bei der Depression eine Rolle spielen, und betrachten zu diesem Zweck das Über-Ich, das Ich und das Triebleben. Das Über-Ich ist bei Depressiven oft übermäßig streng, das Gewissen wird zu einer strafenden Instanz, die die Wut verwendet, die ursprünglich anderen gegolten hat. Das «ich bin wütend und will mich an den anderen rächen» verwandelt sich in «mein Gewissen wütet gegen mich». Dieses strenge Gewissen legt wiederum neue Frustrationen auf, diese wecken Aggression, die auch wieder blockiert wird. Aber allzu oft findet dieser Prozeß in einem wilden Ausbruch der Wut gegen die eigene Person sein Ende: auch neurotisch-depressive Patienten können Selbstmord begehen; das Racheelement dabei ist manchmal deutlich. Durch seine schwermütige Haltung sagt der Patient gegenüber seinen Mitmenschen: «Sieh nur, was Du mir antust.» Depressive Schuldgefühle wie «ich bin so schlecht zu den anderen» bedeuten oft auch «der andere ist so schlecht zu mir». «Ich bring' mich um» bedeutet, «ihr habt mich umgebracht». Wenn das agierend-theatralische Element überwiegt, dann sprechen wir von hysterischer Depression.

Schauen wir nun auf das Ich und die Ich-Funktionen bei depressiven Patienten. Bei den hier zu besprechenden Formen, bei denen also die pathologische Schwermut im Mittelpunkt steht und nicht als eine Begleiterscheinung das Bild färbt, ist immer die Regression für den Zustand bestimmend. Frustrationen im Bereich der Triebe mit passiven

Zielen haben das Selbstgefühl, das zu sehr von Liebesbeweisen abhängig ist, geschädigt. Ebenso wenig, wie ein Säugling sich von der Mutter losmachen kann, ist der depressive Patient fähig, sich von einer frustrierenden Figur zu befreien, an die er gebunden ist. Der depressive Patient wird immer die ungerechten Vorwürfe eines ungerechten Chefs anziehen. Genauso wenig wird es ihm möglich sein, sich von einer untreuen Geliebten zu befreien, denn sein Ich kann ausschließlich in der Symbiose funktionieren.

Einer meiner Patienten formulierte das mit den Worten «ich kann nicht aus meinem Fenster sehen und mir die Silbermöven und die Schwäne betrachten, das halte ich nicht aus, ich kann nicht ohne jemand anderen etwas genießen». Zu bestimmten Zeiten kennen wir alle diesen Zustand, zum Beispiel während einer intensiven Verliebtheit. Der depressive Mensch ist ein fortwährend enttäuschter Liebhaber, bei dem die Verliebtheit nicht vorübergeht. Das Selbstgefühl und das Funktionieren des Ichs zum Zweck der Anpassung an die Außenwelt sind dann abhängig von der Gegenwart eines anderen oder anderer, mit denen eine Symbiose eingegangen wird.

Über das Nach-innen-Wenden von Aggression haben wir schon gesprochen. Man kann niemals die Aggression und die Neigung zur Symbiose, zu dieser Abhängigkeitshaltung, unabhängig voneinander betrachten. Gerade dieses Vom-anderen-alles-Wollen macht Frustrationen unvermeidlich, und jedes Unglück wird so erlebt, daß der allmächtige Andere das Glücklichmachen verweigert. Im Zusammenhang mit den spezifischen Merkmalen der Beziehung zwischen dem Ich und der Umwelt sind schon Triebprobleme zur Sprache gekommen. Gerade bei den Depressionen hängen die Störungen der Ich-Funktionen so sehr mit den Triebproblemen zusammen. Deren Erörterung bringt uns zum Thema der «malignen Regression» («fatal regression»), die, wie die Erfahrung zeigt, eines der am schwersten zugänglichen Kapitel der psychoanalytischen Theorie ist, und deren kurze Formulierung lautet: Depression ist die Folge von Wut auf ein introjiziertes Objekt. Diese zunächst so rätselhaft klingende Formulierung wollen wir zu verdeutlichen suchen. Bei der Erörterung der depressiven Schuldgefühle und Selbstvorwürfe und im Zusammenhang mit dem Suizid, der bei schweren Depressionen immer droht, auch bei ihren neurotischen

Formen, haben wir schon darauf hingewiesen, daß die Selbstvorwürfe von Patienten häufig eigentlich anderen zu gelten scheinen, und daß der Selbstmord gleichzeitig ein Mordanschlag auf einen anderen ist. Vielen Untersuchern war bei der hysterischen Depression die Vorwurfshaltung und der Wunsch, sich zu rächen, auffallend, aber es war FREUD vorbehalten geblieben, zu entdecken, daß auch bei Depressionen von nicht-hysterischem Charakter die Selbstvorwürfe auf eine merkwürdige Weise Vorwürfe anderen gegenüber darstellen, und der Selbstmord, psychologisch betrachtet, eine Form von Mord ist. Phänomenologisch haben die depressiven und die hysterischen Selbstvorwürfe wenig miteinander gemein. Bei den hysterischen Patienten ist es nicht zu übersehen, daß sie durch ihre Misere einen anderen treffen wollen, und der Wille dazu ist häufig gar nicht so fern vom bewußten Erleben. Das Schuldgefühl, die Selbstmordgedanken bei den depressiven Patienten haben eine viel intensivere Qualität, und sie appellieren nicht so sehr an die Umgebung, alles spielt sich in viel größerem Maße intrapsychisch ab. Der depressive Patient ist abgeschlossen in sich selbst, während der hysterische Patient einen Appell an einen anderen Menschen richtet. Dennoch sind die Selbstvorwürfe des depressiven Patienten auch Vorwürfe gegenüber anderen, dennoch ist sein Selbstmord ganz gewiß auch ein Mordversuch. Hier spielt die maligne Regression, die Introjektion des Liebesobjektes ihre entscheidende Rolle. Der andere ist in das eigene Ich aufgenommen worden, und depressive Patienten wollen den anderen in sich selbst umbringen. Hier angekommen, machen die Studenten in einem Kolleg über Depressionen häufig ein ungläubiges Gesicht, und die Leser krausen die Stirn; manche denken sogar verärgert, hier scheint mir FREUD doch zu weit zu gehen oder, das wird mir jetzt zu kompliziert.

Wir wollen jedoch, bevor wir diese Ansicht verwerfen, den Versuch machen, diesem Problem der Introjektion näher zu kommen. Nehmen wir als Beispiel: Ein Sohn verliert seinen Vater oder ein Assistent verliert seinen verehrten Professor. Welche Reaktion sieht man dann auftreten? Man hört auf dem Begräbnis dann Worte wie «wir werden in seinem Geist weiterarbeiten», «wir werden danach trachten, das von ihm begonnene Werk fortzusetzen, und so sein, wie er gewesen ist». Solche Äußerungen sind sicher häufig nur leere Phrasen, aber doch nicht immer, man identifiziert sich mit dem anderen. Man hört nach einem schwerwiegenden Verlust wohl auch die Worte: «Es ist so, als ob er in mir fortlebt, als ob ich ihn in mein Herz geschlossen hätte, er lebt noch in mir». Wenn wir uns dies vorstellen, dann können wir ein wenig fühlen, was Introjektion bedeutet. Der andere ist zu einem Stück von uns selbst geworden. Stellen wir uns nun vor, daß wir wütend sind auf den anderen, daß wir nicht eine geliebte, sondern eine gehaßte Person in uns aufnehmen und daß wir die Wut auf ihn gerne austoben möchten. Wir tun das dann gegen ihn in uns, darum also geht es. Das In-sich-Aufnehmen einer gehaßten Person ist das Wesentliche bei der malignen Regression in der Depression. Wir werden das nur dann tun können, wenn wir den anderen stark gebunden sind. Das Stark-gebunden-Sein und den anderen doch auch nicht entbehren können, dabei jedoch voller Haß und Vorwürfe sein, weil er uns so enttäuscht hat, das ist eine der quälendsten Formen von Ambivalenz, und wir können immer wieder die Feststellung machen, daß Depressionen mit starken ambivalenten Gefühlsregungen zusammenhängen. Aber warum ist das Regression? Was hat diese Introjektion eines ambivalent erlebten Objektes mit Regression zu tun? Zunächst gebe ich zur Verdeutlichung die Worte eines meiner Patienten wieder, der von seiner Geliebten im Stich gelassen worden war: «Es ist jetzt 2½ Jahre her, seit sie mir den Abschied gegeben hat, aber mir scheint es so, als sei es gestern gewesen. Ich denke immerzu an die Worte des Dichters: ich kann mich nicht von dir befreien! Wie hat sie mich doch gemein behandelt, mich erniedrigt und das, obwohl wir es zusammen doch so schön hatten. Mit meinem Verstand weiß ich es zwar sehr gut, daß ich mit ihr nicht glücklich geworden wäre, und doch denke ich eigentlich immer noch an sie, steht sie bei allem, was ich erlebe, im Hintergrund mit dabei. Der erste Gedanke am Morgen gilt ihr; es ist so, als sei sie in mir drin. Warum ermorde ich sie nicht oder ihr Kind; würde mir das helfen?» Aus diesen Worten wird sowohl die starke Bindung, als auch die große Wut sichtbar.

Die Frage, die wir uns stellten, war: Was hat diese Introjektion mit Regression zu tun? Das Wachstum der Persönlichkeit in der ersten Kindheit findet dadurch statt, daß das Kind die Eindrücke, die es von seiner Mutter empfängt, in sich aufnimmt, so wie der Körper die Nahrungsstoffe in sich aufnimmt und daraus aufgebaut wird. Findet eine Regression statt, dann treten diese primitiven Beziehungen des In-sich-Aufnehmens an die Stelle von erwachsenen Verhaltensweisen, bei denen das Ich gegenüber dem anderen abgegrenzt ist. So wie wir in unserem Körper Stoffe aufnehmen können, die uns von innen her zerstören, so können wir auch psychisch das inkorporieren, was schädlich für uns ist. Dabei dürfen wir nicht vergessen, daß Körper und Seele keine zwei Dinge sind, sondern eine Einheit bilden. Bei manchen Depressionen hört man Klagen über «etwas Schlechtes, Gefährliches in mir». Die Sprache geht ja auch von der psychophysischen Einheit aus, wenn gesagt wird «das liegt mir aber schwer im Magen» oder «das ist ein unverdaubarer Brocken». Wenn wir etwas in unsere Persönlichkeit aufgenommen haben, was wir aus lauter Wut kaputtmachen wollen, dann ist das nur möglich dadurch, daß wir es in uns selbst zerstören. Der lustvolle Aggressionsimpuls gegen den anderen wird zur Selbstdestruktion. Eine Patientin schreibt: «Ich stelle mir vor, wie die Räder einer Lokomotive meinen kranken Kopf von meinem Körper, der nicht sterben will, abreißen... ich sollte meinen Kopf auf den Felsen zerschmettern.» Während ihrer Behandlung zeigte sich, daß sie von einem wilden infantilen Haß ihrem Mann gegenüber erfüllt war und während ihrer Kindheit ebenso wütend auf ihre Mutter gewesen ist.

Wir fassen zusammen: Was ist die maligne Regression? Der Patient regrediert in eine früh-infantile Situation und wird dazu durch einen neurotischen Konflikt gezwungen. In dieser Zeit gibt es noch keine echten Objektbeziehungen, das Kind ist dabei, sein Selbst durch Inkorporation und Introjektion aufzubauen. Maligne ist die Regression deswegen, weil ein Objekt, das eine solche infantile Wut geweckt hat, doch zu einem Teil des Selbst wird und die Wut weiter darauf losgeht. Bei starken Bindungen an Mitmenschen sind Introjektionsprozesse immer einigermaßen mitbeteiligt. Bei Ehepaaren ist das ganz sicher der Fall, man denke etwa nur daran, wie sehr sich Ehepartner im Verlauf ihrer Ehe ähnlich werden können.

Mir scheint, daß wir für unser Verständnis der Depression den Begriff der Symbiose verwenden sollten und uns auf diese Weise die Prozesse, die sich abspielen, leichter vorstellen können, als wenn wir von dem für viele so schwierigen Introjektionsbegriff ausgehen.

Das sehr kleine Kind befindet sich in einer symbiotischen Beziehung mit seiner Mutter. Eine Grenze zwischen sich selbst und dem anderen, dem Ich und der Mutter, ist noch nicht voll ausgebildet. Das Bedürfnis nach einer solchen symbiotischen Beziehung kann sich wieder geltend machen, wenn eine Regression in dieses Stadium auftritt. Das bedeutet: in einer bestimmten Situation kann jemand den Wunsch haben, wieder zurückzugehen in die Geborgenheit und Sicherheit einer Zwei-Einheit. Wenn nun der andere, bei dem diese Geborgenheit gesucht wird, schwer enttäuscht, dann wird die auftretende Wut ebenso gegen die eigene Person wie gegen den anderen gerichtet werden. Sofern man aber in der Situation lebt, «ich und der andere sind eins», dann wird aus dem Haß auf den anderen Selbsthaß. Es braucht uns nicht zu verwundern, daß Patienten in dieser Situation einen Mord und anschließend Selbstmord begehen. Oberflächlich betrachtet, wird der auf einen Mord folgende Selbstmord in diesen Fällen als eine Äußerung von Angst vor der unvermeidlichen Strafe und/oder als Buße-Tun angesehen. Das tiefere Motiv ist aber der Wunsch, diese Zwei-Einheit zu zerstören, den anderen in sich selbst und sich selbst in dem anderen umzubringen. Daß nicht Haß allein, sondern Ambivalenz die Ursache einer solchen Verzweiflungstat ist, wird in dem Wunsch, in der Phantasie deutlich, dann wenigstens im Tod mit dem anderen zusammen zu sein, eine Feststellung, die man machen kann, wenn der Suizid mißlungen ist. In diesen Fällen hat sich die Aggression nach außen Bahn gebrochen. Das ist aber nicht die typische depressive Position; wir sehen nämlich Mord und Selbstmord auch bei pathologischer Eifersucht, die den Patienten in Verzweiflung und Raserei treibt. Bei der Depression wird die Aggression nach innen gerichtet und die Raserei gilt der eigenen Person.

Der Patient, den ich vorhin zitierte, schilderte seine Freundin so, als sei sie ein Engel, der aus dem Himmel zu ihm herunterschwebt. Ging man dem aber nach, was sie denn nun eigentlich für ihn übrig hatte, dann schien da nicht viel zu sein. Da sie eine neurotische Hypersexualität zeigte, konnte man die Befriedigungen, die sie ihrem Freund in dieser Hinsicht gab, schwerlich der Tatsache zuschreiben, daß sie etwas für ihn übrig hatte; er jedoch faßte ihre Bereitwilligkeit, wie er es nannte, als einen Liebesbeweis auf. Was die andere ihm angetan hatte, betrachtete er als Folge eigener Schuld. Die Aufopferungsfreudigkeit und die Geduld, die er für sie an den Tag gelegt hatte, schrieb er ganz zu unrecht ihr zu. In dieser Symbiose wurde er in seinen eigenen Augen schwarz wie die Nacht, sie aber strahlend wie die Sonne, und es kostete viel Mühe, ihm zu zeigen, daß er ein Phantasiebild geliebt hatte, das ihm um so schöner erschien, je mehr er sich selbst verurteilte, ein Phantasiebild, das ein Stück von ihm selber war. Der mißtrauische Mensch sieht im anderen alles Schlechte, in sich selber weder Fehler noch Feindseligkeiten. Viele depressive Patienten sind genau das Gegenteil davon. Der andere ist vollendet, sie selber sind schlecht und nicht wert, vom anderen geliebt zu werden. Aber wozu tun depressive Patienten das? Warum sehen sie nicht den anderen als schlecht und sich selbst gut? Die Art und Weise, in der mißtrauische Menschen die Wirklichkeit verfälschen, nämlich durch die Projektion ihrer Feindseligkeit, ist nicht so lebensgefährlich wie das Ausleben gegenüber dem eigenen Ich. Depressive Patienten können genauso wenig böse sein auf denjenigen, der sie enttäuscht, wie das kleine Kind auf die verlorene Mutter böse sein kann, denn die Mutter bringt doch immer alles Gute, Sicherheit, Ruhe, Geborgenheit, Erfüllung. Sollte R. Wagner nicht in Worte gefaßt haben, was das verzweifelt hilflose, sich allein fühlende, bedrohte Kind fühlt, wenn es das lächelnde Gesicht der Mutter wieder über sich sieht?

Auf wonniger Blumen
lichten Wogen
kommt sie sanft
ans Land gezogen.
Sie lächelt mir Trost
und süße Ruh',
sie führt mir letzte
Labung zu ...

Der kleine Tristan in der Wiege oder im Ställchen kann seiner himmlischen Isolde nicht böse sein, er ist viel zu bang, sie zu verlieren, und noch mehr, sie zu zerstören mit seiner Wut; und doch ist er wütend, wütend auf sie, aber die Wut tobt gegenüber dem eigenen Selbst.

Wir sehen hier, wie die Frustration präödipaler Wünsche und Aggressionshemmung zusammenwirken. Die Aggressionshemmung besteht aus Komponenten, die meistens nicht unterschieden werden, in der Realität wohl auch häufig zusammenwirken; jedoch ist eine gewisse Unterscheidung erhellend und nützlich für die Diagnostik. Aggressionshemmung kann bedeuten, die Feindseligkeit, die jemandem anderen gilt, auf das eigene Ich wenden, dann hat sich die Unterscheidung Ich/Außenwelt schon vollzogen. Diesen psychischen Mechanismus sehen wir bei vielen Neurosen. So wie man Wut auf seine Frau auf einen Untergebenen bei der Arbeit verschieben kann, so kann man Feindseligkeit auch gegenüber sich selbst ausleben. Das kann man dann als «Wendung der Aggression auf die eigene Person» bezeichnen. Aber das ist nicht das, was wir als die maligne Regression bezeichnen. Bei Neurosen, die in ihrer Struktur und Dynamik mit den hysterischen Neurosen übereinstimmen, beobachtet man den hier beschriebenen psychischen Mechanismus. Darin wird vor allem eine Störung im Umgang des Ichs mit den Trieben sichtbar, eine unzureichende Abwehr, vergleichbar mit der Verdrängung, mit der dieser Mechanismus auch oft einhergeht. Bei der «malignen Regression» wird auch das Ich in Mitleidenschaft gezogen. Ein gehaßtes Objekt wird zu einem Teil des eigenen Ichs, und gegen diesen richtet sich die Wut. Um hier einen Vergleich zu gebrauchen, könnte man sagen, daß im ersten Fall Bomben, die eigentlich für den Feind bestimmt sind, auf eigenes Gebiet fallen, im zweiten Fall entsteht ein Bürgerkrieg.

Bei der malignen Regression bekommt das Ich selbst stets den Aspekt von etwas Schlechtem und Feindseligem. Dabei handelt es sich um die Introjektion eines gehaßten Objektes oder um Feindseligkeit gegen ein Ich, das noch mit dem anderen Teil der symbiotischen Beziehung zusammenfällt. Es ist wichtig, daß wir dieses Nach-innen-Wenden der Feindseligkeit und die Introjektion eines gehaßten Objektes, die häufig auch als Introjektion der Aggression bezeichnet wird, gut unterscheiden.

Man muß sich bei depressiven Patienten darum kümmern, welche Faktoren den größten Beitrag zu ihrer Schwermut liefern. In einer Reihe von Fällen ist das Verlangen nach der Symbiose der alles beherrschende Faktor – diese Depressionen äußern sich als Sehnsucht, als Heimweh, ein Gefühl von manchmal körperlich empfundener Leere, manchmal als Erinnerung an ein verlorenes Glück, so zum Beispiel bei den Depressionen, die unter dem Bild einer unglücklichen Liebe auftreten – in anderen Fällen spielt die Wut die Hauptrolle. Eine genaue Untersuchung dieser psychischen Mechanismen und der Faktoren, die zu ihnen führen, kann einen größeren Beitrag für die Diagnostik liefern als die Aufstellung von einigen zwanzig Formen von Depression, aufgefaßt als Krankheitseinheiten. Trotzdem ist nichts dagegen einzuwenden, bestimmte Typen von Depression als Syndrome voneinander zu unterscheiden. Man muß dann nur daran denken, daß es zwischen diesen Syndromen allerlei Übergänge gibt und daß es jeweils eine Reihe von Faktoren sind, die die Entstehung eines bestimmten Zustandsbildes bestimmen. Bei dieser Untersuchung wird man die endogenen Faktoren nicht übersehen dürfen.

Wir können unserer Betrachtung mehr Konturen geben, wenn wir die depressiven Erscheinungen mit den Reaktionen gesünderer Menschen vergleichen. Was tut ein gesunder Mensch, wenn ihm durch einen anderen ein großes Leid angetan wird? Da sind verschiedene Möglichkeiten denkbar. Jemand, der seinen Ehepartner, sein Kind oder seine Eltern verliert, leistet «Trauerarbeit» wie FREUD es bezeichnet hat. Traurig sein ist eine «Arbeit der Seele» – ein Sich-Losmachen, so daß wir unseren Lebensweg fortsetzen können, dem anderen dankbar für das, was er uns im Leben bedeutet hat. Wenn jemand aber durch eine geliebte Person enttäuscht oder geärgert wird, dann treten andere Reaktionen auf, dann muß eine andere Arbeit der Seele verrichtet werden, die nicht weniger schmerzlich ist. Jemand, der gesund ist, wird dann böse, dabei schreibt er nicht auf Grund von Introjektion oder Nach-innen-Wenden der Wut alle Schuld sich selber zu, sondern kann sehen, wo der andere gefehlt hat. Es gibt Situationen, in denen man das Böse-Sein äußern kann, und diese Äußerung ist dann zugleich ein Appell an den anderen, sein Verhalten zu ändern. Stellt sich heraus, daß der Appell an den anderen vergeblich ist, weil er uns quälen will, weil er sich nicht ändern will oder kann, dann müssen wir den anderen loslassen können. Wenn man böse genug ist, dann braucht man sich nicht zu rächen, sondern kann sagen: «Ich hab' mich in dir getäuscht, zwischen uns ist es aus.» Das Abbrechen einer Bindung setzt Erwachsensein voraus, infantile Gebundenheit kann man nicht brechen. Erwachsensein bedeutet hier insbesondere, über Aggression verfügen zu können, über einen gesunden Selbsterhaltungstrieb, das Gefühl, auf eigenen Beinen stehen zu können, hinsichtlich des Selbstgefühls nicht abhängig zu sein von der Liebe anderer. Die feindseligen Gefühle sind das Feuer, in dem die Beziehung zu anderen verbrennt, erwachsen ist derjenige, der wie ein Phönix aus der Asche seiner mißglückten Beziehungen aufsteigt. Wenn das Leben weiter geht, dann kann man von jemandem, der uns schlecht behandelt hat, sagen: «Er konnte auch nichts daran ändern, daß er so ist, wie er ist.» – Aber nur dann, wenn die Bindung wirklich abgebrochen ist – sagt man es zu früh, dann weist es eher auf Aggressionshemmung als auf Gesundheit hin. Diese erwachsene Haltung, sofern sie überhaupt bestanden hat, geht durch die maligne Regression und die Rückkehr zu den Verhaltensweisen der symbiotischen Abhängigkeit verloren.

Wodurch tritt diese Regression auf? Häufig durch die Kränkung selbst, aber auch durch neurotische Konfliktsituationen verschiedener Art. Wie mir scheint, zeigt sich bei der eingehenderen Untersuchung des Lebenslaufes depressiver Patienten, daß viele von ihnen schon vor dem Auftreten ihrer Depression sich in einer merkwürdigen Weise an die Forderungen ihrer Umwelt angepaßt haben. Wirkliche innere Selbständigkeit ist von ihnen niemals erreicht worden, weil die ödipalen Probleme schon Anlaß zur Regression gaben. Ihr Selbstgefühl ist mehr als normal von ihrer Umwelt abhängig, von Lob, Bestätigung und Liebe. Auf erotisch-sexuellem Gebiet neigen sie zu symbiotischen Beziehungen, geliebt werden bedeutet für sie, mit Liebe gefüttert werden. Die Depression tritt dann auf, wenn die Kind–Mutter-Beziehung nicht fortgesetzt werden kann, wenn Schutz und Anerkennung wegfallen. In der Depression tritt nur das zu Tage, was schon vorher da war und was bei einer sorgfältigen Untersuchung auch zu finden ist. Es bestand von jeher eine zu abhängige Haltung, und die Depression ist die Folge von Kränkung, die Folge des Im-Stich-gelassen-Werdens, dem diese Menschen nicht gewachsen sind, weil ihre Lebensform nicht erwachsen ist. Ihre leichte Verletzbarkeit geht häufig einher mit verborgenen Größenphantasien, worauf J. Lampl-de Groot hingewiesen hat, die als Kompensation für Kränkungen verwendet werden, die aber wiederum gerade verletzbar und kränkbar machen; denn wer sich groß phantasiert, der möchte auch so behandelt werden.

Diese Menschen versuchen immer wieder, Konfliktsituationen durch Unterwerfung zu lösen, produktive Rivalität und gesunde Kampflust fehlen ihnen, ihr Selbstgefühl beruht nicht auf einem ausreichenden Selbstvertrauen und dem Bewußtsein eigener Leistung; auch im Arbeitsbereich äußert sich ihre abhängige Haltung, die Arbeit wird zu sehr als ein Mittel verwendet, um Lob zu ernten, und es ist zu wenig gesunde Funktionslust vorhanden. Findet er bei seiner Frau und sie bei ihrem Mann Sicherheit und Geborgenheit, lobt ihn sein Chef, und gelingt es ihm, sein Selbstgefühl auf diese Weise hochzuhalten, dann fühlt sich der Depressive wohl. An früherer Stelle habe ich diese Form der Anpassung «passive Adaptation» genannt, weil die Menschen, die sich auf diese Weise anpassen, passiv sind im Sinne von übermäßig abhängig und außerdem in dem Sinn von Angewiesen-Sein auf die Befriedigung von Trieben mit passivem Ziel. Im sexuellen Bereich impliziert diese passive Anpassungsform, der Empfangende in einer hetero-sexuellen Beziehung zu sein, und die Neigung, Rivalitäts- und Konkurrenzsituationen mit Angehörigen des eigenen Geschlechtes durch Unterwerfung aus dem Weg zu gehen, was wiederum passive homosexuelle Tendenzen impliziert. Eine Form der Passivität, die leicht in Masochismus ausartet. Die Depression tritt auf, wenn diese Form der Anpassung versagt. Man kann diese passive Anpassungsform aus der Anamnese diagnostizieren, wenn die Depression bereits eingetreten ist, aber auch bei Menschen, die nicht depressiv sind – die passive Anpassungsform kommt bei vielen neurotischen Störungen vor. Ein Einwand gegen diesen Terminus ist, daß man bei Passivität an das Unvermögen denkt, aktiv zu sein, das trifft für diese Menschen aber entschieden nicht zu. Sie sind manchmal zu großen Leistungen fähig, ihr Ziel ist trotzdem die passive Befriedigung, nämlich gelobt, bewundert und anerkannt zu werden. Wir kennen diesen Zusammenhang, Aktivität zu entfalten um eines passiven Zieles willen. FREUD hat darauf hingewiesen, daß die Frau, welche Befriedigungen von Trieben mit passiven Zielen anstrebt, sehr aktiv sein kann. Passiv hat also viele Bedeutungen: Wie ein Säugling von Fürsorge abhängig sein, die Neigung haben, durch Unterwerfung Streit aus dem Weg zu gehen, das Streben nach erotisch-sexuellen Befriedigungen mit passivem Ziel in sublimierter oder unsublimierter Form. Weil es so deutlich ist, daß ein Erwachsener in seiner Trieb-

organisation – dabei kann seine körperliche und geistige Entwicklung unbetroffen sein – einem Säugling gleichen kann, habe ich den Terminus passive Anpassungsform gewählt.
Nicht diese Anpassungsform als solche – entstanden im Gefolge einer Regression oder Folge einer Entwicklungsstörung oder beides – braucht verhängnisvoll zu sein, denn häufig ist es möglich, sich mit dieser passiven Anpassungsform ganz gut durchzusetzen, sondern die Reaktion auf die Situation, in der diese Anpassungsform zum Versagen verurteilt ist, ist oft verhängnisvoll. Etwa wenn die bemutternde Frau oder der väterliche Chef sterben, dann ist die Sicherheit weg, die erwartete Beachtung bleibt aus, und als Folge davon tritt die Depression auf. Auch hierbei gilt, was FREUD hinsichtlich der ätiologischen Faktoren bei der Neurose feststellte, es gibt eine Ergänzungsreihe. Oftmals besteht eine spezifische psychische Verletzbarkeit, der Wegfall von Sicherheit und Fürsorge ist für diese Menschen pathogen. Wenn die Depression eine Beziehung zur passiven Anpassungsform hat, worauf beruht diese dann und wie entsteht sie? Manchmal wird an der frühinfantilen präödipalen Passivität festgehalten, dann handelt es sich um eine Entwicklungsstörung. In einer Reihe von Fällen besteht eine Charakterneurose, und die Regression auf diese Neigung zur Symbiose ist zur Vermeidung der ödipalen Probleme aufgetreten.
Wenn der Ödipus-Komplex in diesen Fällen nicht optimal aufgelöst worden ist, sind da nicht auch die sexuellen Funktionen mit gestört? Eine Störung im Durchleben der ödipalen Phase muß nicht zu Frigidität oder Impotenz führen; wir besprachen dieses Problem bereits bei der Zwangsneurose. Nicht anders ist es bei den Depressiven. Die Störungen treten hier sehr viel deutlicher zu Tage im Bereich der Selbstbehauptung, als in dem der genitalen Sexualität, aber auch hier sind sie insofern vorhanden, als die Triebe mit passiven Zielen zu sehr das Übergewicht haben. Der Mann zieht nicht genügend Befriedigung aus einer aktiv-erobernden Haltung, die Frau ebenso nicht aus einer aktiv-sorgenden und hegenden – sexuelle und narzißtische Befriedigungen fallen zu sehr zusammen, das Selbstgefühl ist viel zu abhängig geblieben von der Liebe und Anerkennung anderer Menschen.
Schließlich sei noch auf folgendes hingewiesen: Die Depression bzw. die Depressivität können mit allerlei neurotischen Symptomen gepaart

sein – die Angst ist häufig eine Verlassenheitsangst, oft auch Kastrationsangst, paranoide und hypochondrische Verarbeitung von Schuldgefühlen färben das Bild, eine masochistische Verarbeitung der passiven Sexualität ist nicht ungewöhnlich. Manchmal wird die Schwermut durch Derealisation und Depersonalisation abgewehrt, manchmal verbirgt sich unter dem Nicht-fühlen-Können eine tiefe Schwermut, ein heftiges Gefühl von Enttäuschung – das Ich wehrt sich so gegen die unerträgliche Depression. Auf ein Mißverständnis muß mit Nachdruck hingewiesen werden: Eine Depression, die aus verständlichen Motiven entstanden ist, also eine neurotische Depression, ist längst nicht immer eine weniger ernst zu nehmende Krankheit als eine vital getönte Melancholie – neurotisch-depressive Menschen können in hohem Maße suizidgefährdet sein.

Bei der Untersuchung und Erforschung der Depressionen ist es wichtig, an folgendem festzuhalten: Die Stimmung wird sowohl durch psychische als auch durch somatische Faktoren bestimmt. Es gibt Motive, die die Schwermut verständlich machen, diese Motive haben ihre Wurzeln oft in größtenteils unbewußten Gefühlskonflikten, aber es gibt auch körperliche Prozesse, die einen Stimmungsniedergang erklären. Daß die Stimmung durch Veränderungen im vitalen Grund der Persönlichkeit beeinflußt werden kann, wissen wir vom neurasthenischen Syndrom her, bei dem Lustlosigkeit mit Hyperästhesie gegenüber Reizen aus der Umgebung und den Emotionen einhergeht. Wir sprechen dann auch von einem hyperästhetisch-hyperemotionalen Syndrom. Es gibt auch eine Lustlosigkeit in Verbindung mit Hypästhesie und Hypoemotionalität: Das Gefühl, nichts mehr zu fühlen, kann auf eine vitale Stimmungsschwankung hinweisen. Eine solche vitale Schwankung ist aber noch längst keine endogene Melancholie, darauf will ich hier noch einmal nachdrücklich hinweisen. Diese Unterscheidung wird zu wenig berücksichtigt und ist doch so wesentlich. VAN PRAAG hat dies in einer Arbeit getan, die eine ganze Reihe treffender phänomenologischer Unterscheidungen enthält. Er beschreibt die folgenden Merkmale des vitalen Syndroms[43]:

43 H. M. VAN PRAAG: Een kritisch onderzoek naar de betekenis van monoamineoxydase-remming als therapeutisch principe bij de behandeling von depressies, Habilitationsschrift, Nijmegen 1962.

1. Gedrückte Stimmung, Fehlen von Lebenslust, Schrumpfen der Zukunftserwartung, ohne daß für diese Verstimmung adäquate Motive angeführt werden können. Die Verstimmung scheint von ihrer ursprünglichen Motivierung losgelöst. Die vagen, unverständlichen Gefühle von Unbehagen werden insbesondere im Beginn als «lebensnah» erlebt.

2. Eine Hemmung des Denkens und Handelns, die entweder objektiv wahrnehmbar ist oder ausschließlich subjektiv erlebt wird.

3. Ein herabgesetztes Aufnahmevermögen für affektiv geladene Reize: «Ich kann nichts mehr genießen» (zu Beginn der Erkrankung sind es vornehmlich die Reize, die früher positiv geladen waren, an denen sich die Hypästhesie am deutlichsten offenbart); diese Hypästhesie führt zu einem Desinteresse an Beziehungen, Konstellationen und Aktivitäten, denen der Patient in der Vergangenheit Interesse zuwenden konnte.

4. Störungen im Zeiterleben, der Ablauf der Zeit wird als träger gegenüber früher erlebt.

5. Körperliche Beschwerden wie z. B. verminderte Eßlust, Einschlaf- und Durchschlafstörungen und ein körperlich erlebtes, jedoch unmotiviertes Gefühl von Ermüdung.

6. Diese Erscheinungen haben in den Vormittagsstunden ihre größte Intensität und nehmen im Laufe des Tages ab (spontane Tagesschwankungen).

Mir scheint, daß dieses Syndrom doch auch noch Symptome der Depression enthält. Ich bin nicht überzeugt, daß ein Schrumpfen der Zukunftserwartung und eine echte Hemmung hierher gehören. Sind das nicht Symptome einer Depression? Meiner Meinung nach gehören zur vitalen Schwankung 1. Mattheit, 2. Müdigkeit, 3. Lustlosigkeit; dies ist ein sehr geeignetes Wort, denn Lust kann bedeuten: Lust zu etwas und an etwas; Lust zu etwas bezieht sich mehr auf den Antrieb und Lust an etwas auf das Gefühl. Mattheit, Müdigkeit und Lustlosigkeit sind die Symptome, in denen sich eine vitale Aktivitätsstörung äußert. 4. Hypästhesie und Hypoemotionalität; 5. körperliche Störungen wie Schlafstörungen, Obstipation, Mangel an Eßlust; 6. Tagesschwankungen.

Die Verwendung des Begriffes Hemmung, wie VAN PRAAG es tut, ist meines Erachtens zu weitgehend, denn Patienten mit neurotischen Depressionen können sich gehemmt fühlen, und der Mangel an Zukunftserwartungen kommt bei ihnen sehr oft vor. Eingehendere Untersuchungen sind hier notwendig, um zu entscheiden, ob diese Symptome nicht schon zur Verarbeitung der vitalen Störung gehören. Man hört Menschen nach einer vitalen Schwankung, die sie selbst gar nicht als Depression erlebt haben, etwa sagen: «Dann fühlte ich wieder, wie faszinierend das Leben ist, die alte Intensität meines Erlebens kam zurück.» Diese Erlebnisverluste brauchen nicht als Depression in dem spezifischen Sinne von Schwermut erlebt zu werden. Nach dieser Erörterung der vitalen Schwankung seien noch einmal die psychischen Mechanismen wiederholt, die zur Depressivität führen.

1. Frustriertes, passives Liebesverlangen,
2. Aggressionshemmung,
3. Frustration der Größenphantasien.

Bei depressiven Menschen ist das Bewußtwerden und die Äußerung von aggressiven Impulsen, die zu verschiedenen Phasen der Entwicklung des Aggressionstriebes gehören, blockiert: ohnmächtige Wut, die Neigung zu trotzigem Widerstand, die erwähnten Größenphantasien, Allmachtsphantasien und schließlich auch Strebungen, die mit Rivalität und Eifersucht zusammenhängen. *In der Regel wird die vitale Schwankung dann zu einer Depression führen, wenn sich die neurotische Problematik an sie anhängt.* Diese Wechselwirkung ist es, die schwer depressiv macht. Durch eine vitale Schwankung kann eine neurotische Problematik unerträglich werden, und es kommt ein Prozeß in Gang, der den Charakter eines circulus vitiosus hat. Das Umgekehrte ist jedoch auch möglich, daß nämlich ein neurotischer Konflikt zu vitalen Störungen führt. Dann wird von Vitalisierung gesprochen, merkwürdig genug, denn man meint damit, daß die Persönlichkeit ihrer Vitalität beraubt ist, eigentlich also devitalisiert wird, und daß sich die Depression über die gesamte Vitalität ausbreitet[44]. Derjenige, der sich in unsere Betrachtungen über die strukturelle Anthropologie vertieft hat, wird hierin eine Bestätigung des dort Gesagten finden: Die vegetativ vitale Schicht und der affektive Bereich befinden sich dauernd in Interaktion.

Die Unterscheidung zwischen einer vitalen Schwankung und der Me-

[44] Siehe H. M. VAN PRAAG: a. a. O.

lancholie mit ernsten Störungen der vitalen Sphäre findet eine Stütze in psychoanalytischen Erfahrungen. Wenn nämlich die neurotische Problematik bei Patienten, die an zyklischen Depressionen leiden, aufgelöst wird, dann treten doch wohl noch vitale Schwankungen aber keine echte Depression mehr auf. Die Mattheit und Lustlosigkeit wird dann nicht mehr zum Ekel vor der Zukunft.

Die hier angestellten Betrachtungen sind nicht nur interessant für den Phänomenologen, sie sind auch wichtig für den Praktiker. Die Depression muß an zwei Fronten bekämpft werden. Wenn eine neurotische Depression zu einer vitalen geworden ist, dann muß diese vitale Komponente mitbehandelt werden. Man kann in der Praxis die folgende Einteilung verwenden: vitale Schwankung, Melancholie mit ausgesprochen vitalen Erscheinungen, neurotische Depression, die zu vitalen Störungen geführt hat. Ist es nützlich, die Depressionen noch weiter zu spezifieren? Man würde diese Frage schon gern positiv beantworten wollen, aber dann entdeckt man, daß es zu viele Einteilungen gibt und keine einzige, die für alle Untersucher verbindlich ist. Mir scheint es darum nützlich, eine praktische Einteilung anzuwenden, die von dem ausgeht, was F. A. FREYHAN ein «target-symptom» genannt hat. Target-Symptome sind solche, auf die die Medikation mit den modernen Behandlungsmethoden gerichtet ist, man kann auch von Indikationssymptomen sprechen. Neben der vitalen Schwankung muß man auf die Angst, das Agitiertsein, Hypochondrie, paranoide Erscheinungen und katatoniforme Züge achten. In den entsprechenden Kapiteln der einschlägigen psychiatrischen Literatur werden diese Gesichtspunkte ausführlich dargestellt. Eine Deskription des Syndroms in Verbindung mit der Beurteilung der Bedeutung der verschiedenen ätiologischen Faktoren ist auch hier das Sinnvollste. Diese Form von Diagnostik vermittelt die beste Einsicht in das, was sich in einer Krankheit abspielt und gibt die notwendigen Richtlinien für die Therapie. Zum Schluß noch eine Bemerkung über die Prävention der Depressionen.

In einer Gesellschaft, die nicht nur verlangt, daß man wehrbar, sondern auch streitbar ist, werden viele den Traumen ausgesetzt, die zur Depression führen. Das Wort Goethes «man ist Hammer oder Amboß» gilt nur zu gut, und häufig sind es die Begabtesten und wohl dadurch die Empfindlichsten, die als Amboß in unserem Zusammenleben fungieren müssen. Wenn die frühkindliche Situation nicht optimal gewesen ist, zum Beispiel durch die ambivalente Haltung der Mutter gegenüber ihrem Kind, dann werden die späteren Probleme schwer gelöst werden können, und wenn sie nicht gelöst werden, wird das Kind leicht regredieren. Eine Erziehung, die dem Kind keine Gelegenheit gibt, seine Triebregungen wirklich zu integrieren, wird die Neurosenentstehung und die Regressionsneigung verstärken. Zu viele Frustrationen in der frühesten Jugend schaffen ein grundlegendes Mißtrauen (basic mistrust) im Leben; Verwöhnung während späterer Phasen nimmt dem Kind die Chance, zu einem wehrbaren Menschen aufzuwachsen. Der Versuch mancher Mütter, ihre Kinder dadurch zu Heiligen zu machen, daß sie eine wehrlose Haltung von ihnen fordern, hat oft zur Folge, daß das Kind zu einem depressiven Menschen heranwächst. Das allzu brave Kind, das anderen Kindern so oft als Vorbild hingestellt wird, ist häufig schon ein neurotisches Kind. Wenn jemand sich allzu leicht fügt, sich allzu sehr auf die elterlichen Verbote und Gebote einstellt, dann sind das schon Symptome der passiven Anpassungsform. Diese ätiologischen Faktoren bestärken unsere Aufmerksamkeit für und unsere Bemühungen um die Prävention. Nur solche Mütter, die trotz aller Enttäuschungen und trotz allen Leids das Leben lieben, die innerlich frei die Geburt ihres Kindes akzeptieren können, nicht feindselig gegenüber den triebhaften Bedürfnissen ihrer Kinder sind, nicht gegen deren Geschlecht protestieren, nur sie können Kinder groß ziehen, die nicht durch Depressionen gequält werden. Die Zahl der Patienten, die unsere Hilfe suchen, weil sie mehr oder weniger depressiv sind, ist groß; zudem, wie viele Menschen fühlen sich nicht eigentlich immer gedrückt.

2. *Die Sucht*

Bei den Erörterungen über diese Krankheit, die zwischen Neurose und Perversion steht, müssen wir uns immer folgendes vor Augen halten: Für süchtige Patienten fallen narzißtische und libidinöse Befriedigungen zusammen. Das Selbstgefühl wird erhöht, und die libidinösen Bedürfnisse werden durch das Suchtmittel befriedigt, allerdings auf eine regressive Weise. Auf Grund dessen ist es verständlich, daß wir die Sucht mit den früh-infantilen Entwicklungsstadien in Beziehung bringen. Sowohl beim oralen Charakter, den Depressionen und den Suchen stellen wir fest, daß die Beziehungen mit der Umwelt für libidinöse und narzißtische Ziele gleichzeitig verwendet werden. Diese Verbindung hatten wir als eine «maligne Regression» bezeichnet. FENICHEL nannte die zu Depressionen neigenden Menschen «love-addicts». Das Empfangen von Liebesbeweisen befriedigt ihre libidinösen Bedürfnisse und verschafft ihnen das Gefühl, etwas wert zu sein. Für unsere Einsicht in die Psychodynamik und die Genese von depressiven und süchtigen Patienten ist diese Übereinstimmung zwischen ihnen bedeutsam. Wir dürfen aber bei aller Übereinstimmung doch nicht die Unterschiede zwischen beiden aus den Augen verlieren. Der Süchtige wird nur durch die Einnahme eines für seinen Körper und seinen Geist schädlichen Stoffes befriedigt. Der zur Depression neigende Patient mag gewiß zu sehr auf das Empfangen von Liebe angewiesen sein, aber nicht alle Formen einer etwas ambivalenten Liebe sind für die psychische Gesundheit schädlich. Der Mensch, der sich auf passive Art und Weise behauptet, sofern ihm gesunde Selbstbehauptungsmöglichkeiten für den Aufbau seines Selbstgefühls fehlen, macht von «physiologischen» Mitteln Gebrauch. – Er kann Beziehungen zu seiner Umwelt herstellen, die ihm Befriedigung verschaffen, er braucht also nicht zu Suchtmitteln seine Zuflucht zu nehmen. Seine triebhafte Befriedigung bleibt auf genitalem Niveau, auch wenn es sich um eine passive Genitalität handelt. Das Verhalten der Süchtigen wird durch eine viel intensivere Regression bestimmt, und normale sexuelle Befriedigungen haben oft überhaupt keine Bedeutung für sie. Das sagt nicht nur etwas über ihr Triebleben aus, sondern auch über ihre Ich-Funktionen. Das Ich des zur Depression neigenden Patienten ist in vielen Fällen fähig, sich selber die Zuflucht zur Sucht zu versagen.

Nachdem wir über die Unterschiede zwischen Depression und Sucht gesprochen haben, bleibt noch ein Wort über ihren Zusammenhang zu sagen. Häufig dient die Sucht dazu, depressive Gefühle abzuwehren, und fast immer, um Gefühle von Einsamkeit und Mißstimmung zu bekämpfen. Gerade der Umstand, daß das Suchtmittel für eine Zeitlang das Selbstgefühl wiederherstellt, das Sinken der Stimmung bekämpft, libidinöse Befriedigungen gibt und Angst vermindert, macht seine Verwendung so verführerisch. Manchmal wird durch die Sucht ein bewußt erlebtes Verstimmungsgefühl bekämpft, manchmal wird die Depression abgewehrt, das heißt ihr Bewußtwerden mit Hilfe der Sucht verhindert. Wir haben schon einige Hinweise auf das regressive Triebleben und auf die infantile Weise, in der sich das Selbstgefühl der Kranken aufbaut; wie steht es mit ihrem Ideal-Ich und ihrem Über-Ich?

Süchtige sind auf Grund ihrer passiven Anpassungsform empfindlich gegenüber Kränkungen, aber gewiß auch infolge ihrer Größenphantasien. Ihr zu hoch gespanntes Ich-Ideal muß zu Enttäuschungen führen, und dann suchen sie Trost im Alkohol und anderen Suchtmitteln. Das Über-Ich ist oft streng und veranlaßt das Ich zu einer übermäßigen Abwehr aggressiver und infantil-sexueller Tendenzen, und das Über-Ich wird durch das Suchtmittel weniger anspruchsvoll. Die bekannte Formulierung, das Über-Ich sei der Teil der Persönlichkeit, der in Alkohol auflösbar ist, weist auf diese Tatsache hin. Das Über-Ich ist übrigens auch in Weckaminen und Opiaten auflösbar.

Ein großer Unterschied zwischen love-addiction und der auf ein Gift ausgehenden Sucht liegt in ihren sekundären Effekten. Wenn man sich nicht gerade mit Gonorrhoe oder Lues infiziert, sind sexuelle Befriedigungen im allgemeinen unschädlich, und bestimmt führen sie nicht auf einem körperlichen Umweg zu einer Schädigung der Ich-Funktionen; bei den Sucht-Giften jedoch ist das der Fall. Die Ich-Funktionen, die Frustrationstoleranz, die Fähigkeit, einen Triebaufschub zu ertragen, die sowieso schon bei den Süchtigen nur schwach ausgebildet sind, verschlechtern sich noch mehr, so daß zu dem neurotischen circulus vitiosus auch noch körperliche Faktoren hinzukommen. Der unvermeidliche Kater ist unerträglich, die alten Probleme kommen wieder nach oben, man macht sich die Schwäche zum Vorwurf, und das Selbstgefühl wird gekränkt, weil man sich wieder einmal nicht hat beherrschen können. In diesem Spannungszustand scheinen dann der Schnaps am Morgen oder die Morphium-Injektion als Rettungsmittel. Die Süchtigen drohen aus der Kategorie der Neurosen in den Bereich der organisch Gestörten zu geraten. Der chronische Alkoholismus, das Delirium, werden dann auch nicht mehr im Rahmen dieser Neurosenlehre behandelt.

Auch über den Alkoholismus ist viel geschrieben worden, hier sollen dem Leser nur ein paar Grundbegriffe für ein besseres Verständnis in die Hand gegeben werden. Um Mißverständnisse zu vermeiden, es handelt sich hier um Alkoholmißbrauch und nicht um das Trinken von Alkohol. Gerade diejenigen, die an das aristotelische «meson» glauben, das nicht etwa das Resultat eines faulen Kompromisses, sondern das einer optimalen Integration darstellt, müssen diesen Unterschied besonders beachten. Daß vielfach von «Gebrauch» gesprochen wird, wo eigentlich von Sucht die Rede sein müßte, ist ein anderes Thema. Die Alkoholsucht ist in vielerlei Hinsicht typisch für die beschriebene orale Regression. Der Alkohol verschafft libidinöse Befriedigung, die oral im engeren aber auch im weiteren Sinne ist. Das Kind findet neben der Sättigung auch noch Wärme bei der Mutter – die Alkoholflasche gibt orale Befriedigung, aber sie vermittelt durch die Erweiterung der peripheren Gefäße dem Trinker auch Wärme. Wenn ich im Kolleg sage: Alkohol ist vergiftete Muttermilch, dann wird zwar herzlich gelacht, aber doch auch genau verstanden, worauf es mir ankommt. Der Alkohol gibt genau dasselbe, was die Muttermilch dem Säugling gab, ein Gefühl von Erfüllung, Sicherheit, Vertrauen und Wärme, jedoch nicht zum Vorteil dessen, der ihn trinkt. Sucht ist eine Form der Selbstdestruktion. Masochistische psychische Mechanismen fehlen dabei nicht. Suchten dienen häufig auch dem Zweck, perverse Phantasien zu ermöglichen. Dem Alkoholiker zum Beispiel wird dazu verholfen, etwas toleranter gegenüber seinen homosexuellen Tendenzen zu sein. Es ist auffallend, wie oft bei jungen Menschen das gemeinsame Trinken das Präludium für homosexuelle Kontakte wird. Der angetrunkene Freund wird ins Bett gelegt, dann wird zusammen geschlafen, der Widerspruch des Über-Ichs und der Widerstand gegeneinander sind weniger stark. Aber auch wenn es nicht zu direkten homosexuellen Befriedigungen kommt, homoerotisch gefärbte Äußerungen werden durch Alkohol bestimmt erleichtert. Der westeuropäische Mensch muß seine platonische Haltung teuer bezahlen – er wurde zur Abwehr der Triebe erzogen, wächst heran zu einem gehemmten jungen Mann oder einer gehemmten Frau, und später muß er sich dann, wenn er einem Triebwunsch nachgeben will, sogar wenn dieser sich nur in sublimierter Form äußert, zum Beispiel durch den Wunsch, eine warmherzige Freundschaft zu erleben, durch ein Gift von seinem platonischen Über-Ich befreien. Im Studentenleben öffnen die Korporationsrituale den Weg zum Alkoholabusus, manchmal zum chronischen Alkoholismus. Viele Studenten werden dadurch unsicher, daß sie sich neue Verhaltensweisen aneignen, ein neues Ideal-Ich aufbauen wollen und dabei mit ihrem ursprünglichen Ideal-Ich in Widerspruch geraten. Ein neurotischer Konflikt und die durch ihn entstandene Unsicherheit sind auch Motive für den Alkoholmißbrauch. Ein sadomasochistischer autoritärer Umgang von Eltern, der Älteren mit den Jüngeren, ist für eine harmonische Entfaltung nicht förderlich. Hinter einer äußerlichen Aufgeblasenheit verbirgt sich ein schwaches Selbstgefühl, und der Alkohol gibt dem Unsicheren ein Gefühl von Sicherheit. Daß diese Menschen dann wieder zu unsicheren, autoritären Erziehern werden, die ihre Kinder wiederum neurotisieren, sei nur nebenbei erwähnt.

Nicht nur homosexuelle Phantasien werden leichter zugelassen, wenn das Über-Ich die Herrschaft über das Ich einigermaßen verloren hat, sondern auch perverse Phantasien (man kann auch sagen andere infantil-sexuelle Phantasien) kommen ins Bewußtsein und werden manchmal ausgelebt.

Neben all dem sei aber noch auf folgendes hingewiesen: Jemand, der situativ, also bei bestimmten Gelegenheiten trinkt, braucht noch kein Alkoholiker zu sein. Das Bedürfnis mitzumachen, kein Außenseiter zu sein, ist hier für den Alkoholmißbrauch verantwortlich. Ein Alkoholiker wird nur derjenige, der auf Grund unbewußter Konflikte zur Sucht getrieben wird. Viele finden allerdings dadurch den Weg zur Sucht, daß sie in bestimmten Situationen durch die Gruppenmoral zu übermäßigen Alkoholmißbrauch verleitet werden. Die Kameraden helfen ihnen dabei über die Schwelle, jedoch nicht so sehr nach dem Erwachsen-Werden hin als in Richtung der Selbstdestruktion. Frustrierte Erwartungen, gekränkte Größenphantasien, die Unfähigkeit zu einer produktiven Rivalität, homosexuelle Probleme, sexuelle Hemmungen, Arbeitsstörungen bilden die dem Alkoholismus zugrundeliegenden Konfliktsituationen. Einer meiner Patienten litt an einer Arbeitsstörung. Er liebte Bilder, aber rannte aus dem Museum, weil er sich nicht an das Geburtsdatum von Cézanne erinnern konnte. Seine hetero-sexuellen Wünsche richteten sich auf eine hübsche Verkäuferin, die ihm durch seine Mutter als Partnerin verboten wurde. Homosexuelle Bedürfnisse regten sich ab und zu, wurden aber heftig und aggressiv abgewehrt. Gerade die Frustrierung hetero- und homosexueller Bedürfnisse in Verbindung mit narzißtischen Kränkungen führen ja zur Regression. Nach Hilfe wurde verlangt, als der junge Mann anfing, ganz für sich allein Schnapsflaschen leerzutrinken. Die Arbeitsstörung zeigt sich so häufig außer in Größenphantasien in einer homosexuellen Problematik verankert: «Arbeiten heißt, dir etwas sagen lassen, unterliegen, und das will ich nicht.» Wenn der negative Ödipus-Komplex in einer psychoanalytischen Behandlung ausreichend durchgearbeitet wurde, stellt sich die Arbeitslust wieder her. Die Analyse brachte die Sucht zum Verschwinden, so daß der ehemalige Patient in Gesellschaft trinken konnte, ohne seine Selbstbeherrschung zu verlieren. Wer nicht süchtig ist, der braucht auch keine Alkoholphobie zu haben.

Morphine geben den hieran Süchtigen schöne Träume, die Wirklichkeit mit ihren Forderungen verschwindet, und eine Phantasiewelt scheint wie durch ein Zaubermittel Realität zu werden. In diesen Phantasien kommen infantile sexuelle Wünsche oder ihre Derivate zum Vorschein. Das hier Gesagte gilt für unser Zusammenleben. Wenn man in einer Welt des dauernden Hungers, der quälenden Armut ohne Aussicht auf Besserung lebt, warum soll man sich dann nicht den Traum verschaffen, in dem man sich glücklich fühlt? Soziale Faktoren dürfen in diesem Zusammenhang niemals vergessen werden. Wenn wir über unser Zusammenleben sprechen, muß auch von den Weckaminen geredet werden. Viel zu wenig wird auf einen Unterschied zwischen diesen Suchtgiften und der Gruppe, zu der Alkohol und Morphine gehören, hingewiesen. Die Weckamine schädigen zu Beginn die Ich-Funktionen nicht, sie machen nicht dösig oder schläfrig – was der Alkohol jedoch tut, wenn man sich nicht auf eine geringe Dosis beschränkt, aber dann kommen eben auch die anderen gewünschten Effekte nur schwer zustande. Weckamine dienen dem Kampf gegen die Müdigkeit, sie helfen die Schläfrigkeit zu vertreiben und machen eine größere Klarheit möglich; sie scheinen dies auch tatsächlich zu können. Dabei tritt dann eine Euphorie auf, die bei entsprechender Dosierung in erträglichen Grenzen bleibt, erträglich für andere und nicht störend für denjenigen, der die Tablette nimmt. Viele fühlen jedoch neben der guten Stimmung eine gewisse Unruhe und ein Gejagtsein. Zweifellos können zu Depressionen neigende Menschen mit Hilfe der Weckamine aus ihrer Schwermut herauskommen, genauso wie man mit ihrer Hilfe die Ermüdung eine Zeitlang überwinden kann. Das Ich kann sich dabei selbst als klarer erleben, die Leistungen lassen jedoch häufig erkennen, daß einer Verminderung der Einsicht in die Realität besteht, die Selbstkritik ist derart gestört, daß Fehler gemacht werden und falsche Schlüsse gezogen werden. Während eines Examens kann man die Störung der Kritikfähigkeit wahrnehmen, wenn ein Kandidat Weckamine genommen hat. Leute, die eine lange Autoreise machen wollen und ihr Schlafbedürfnis mit Weckaminen überwinden, chauffieren oft schlechter als sonst und machen Unfälle. Das größte Manko der Weckamine ist, daß ihr Effekt so kurz dauert, so daß die Dosis wiederholt und erhöht werden muß, daß dann oft eine große Ermüdung mit Zügen des hyperästhetisch-emotionalen Syndroms folgt, und dabei ein Stimmungsabfall eintritt, der meist tiefer ist als die Schwermut, deretwegen die Tablette genommen wurde. Eine gefährliche Nebenwirkung ist die Schlafstörung. Der Mensch will schlafen, schwermütige Menschen können Schlaflosigkeit nicht vertragen und nehmen gegen die Schlaflosigkeit eine Tablette. Viele Schlafmittel haben eine protrahierte Wirkung, man fühlt sich dösig am folgenden Tag und nimmt als Mittel dagegen Weckamine, die die Schlafstörung verursachen resp. verstärken; dadurch wird der physiologische Wach–Schlaf-Rhythmus gestört und durch einen Weckamin–Schlafmittel-Rhythmus ersetzt, sehr zum Schaden für den Organismus. Bei einer Überdosierung treten teils unangenehme, teils gefährliche körperliche Symptome auf, psychotische Zustandsbilder mit Halluzinationen und paranoiden Vorstellungen sind nicht ungewöhnlich. Man tut als Arzt gut daran, derartige Stoffe nur mit großer Zurückhaltung zu verschreiben; Depressionen werden besser anders als mit Weckaminen behandelt.

Bekannt ist auch die Barbituratsucht. Wiederum ist es die Bewußtseinsstörung, die angestrebt wird, damit die Phantasien freie Bahn bekommen. Ob man die Krankenschwester, die ab und zu ein Mischpulver einnimmt, um ihre Müdigkeit zu überwinden, zu den Süchtigen rechnen muß, hängt davon ab, ob sie ihrem Bedürfnis Widerstand leisten kann. Damit kommen wir allmählich in den Bereich der harmlosen Suchten, die auch Zwangszüge zeigen, worauf FENICHEL zu Recht aufmerksam gemacht hat. Viele Menschen leiden an der Reisesucht; eine Reise bedeutet für sie keine Entspannung, kein Wiederfinden zu sich selbst und ihren eigenen Möglichkeiten [45], sondern vielmehr eine Flucht vor der inneren Leere. Man nennt diese Menschen auch die Horizontjäger.

Der Bildersammler etwa muß das Bild, das er auf der letzten Ausstellung gesehen hat, haben – «ohne das könnte ich nicht glücklich sein». Auch die Erfolgssucht ist bekannt. Es gibt so viele unbefriedigte Menschen, die sich im Leben, das sie enttäuscht, mit Süßigkeiten trösten, die vom Organismus in Fett umgesetzt werden. Der Kummerspeck ist ein hierher gehörendes, verbreitetes Phänomen. Lesen hilft vielen Menschen über einen Stimmungsabfall hinweg, es ist dann so, als ob die Mutter ihnen wieder etwas vorliest, und die alte Sicherheit wird wiedergefunden. Ob man es mit pathologischen Neigungen oder mit gesunden Versuchen einer Selbstheilung zu tun hat, wird durch die Funktion bestimmt, die eine solche jeweilige Aktivität für die Anpassung hat. Dabei ist zu fragen, ob Probleme, die an sich lösbar sind, durch solche Aktivitäten der Aufmerksamkeit entzogen werden, oder ob sie bei der Lösung von Problemen helfen. Hobbies haben auch nicht selten einen Suchtcharakter. Es wäre viel über die Psychologie der Hobbies zu sagen, bestimmt gibt es Beziehungen zwischen gewissen Hobbies und Lösungen von Triebproblemen. Gibt es übrigens irgend etwas, an das man nicht süchtig gebunden sein könnte? Intensität und Qualität entscheiden über gesund oder krank – das hier zuvor genannte Kriterium, nämlich der Einfluß auf die Anpassungsfunktion, kann uns bei der Beurteilung oft gute Dienste leisten. Wir müssen uns auf die hier gemachten Ausführungen beschränken und hoffen, daß dem Leser einigermaßen deutlich geworden ist, welche psychischen Mechanismen bei der Sucht eine Rolle spielen.

Einige Bemerkungen über den Verlauf von Suchten und neurotisch-depressiven Zustandsbildern sollen jetzt noch folgen.

Es ist kaum möglich, den Verlauf einer Sucht zu beschreiben. Man

[45] CH. MORGAN: Die Reise, Stuttgart (Deutsche Verl. Anst.) 1949.

muß für die Beurteilung der Prognose sehr viel mehr von einer Persönlichkeit wissen als diesen einen Symptomenkomplex. Wenn die Sucht im Mittelpunkt des Lebens steht, haben wir es immer mit einem schweren Zustandsbild zu tun, das ein Eingreifen erfordert. Wir haben schon darauf hingewiesen, daß das Suchtmittel selbst die Ich-Funktionen schädigt, und gerade diese Ich-Funktionen sind es, auf die es bei der Überwindung der Sucht ankommt. Der Patient muß es lernen, Frustrationen zu ertragen und auf Befriedigungen zu verzichten.
Manche Menschen nehmen während einer schwierigen Periode ihres Lebens Zuflucht zum Alkohol, Morphinen, Weckaminen, übermäßigem Gebrauch an Schlafmitteln, und sie überwinden diese Gewohnheit, sobald die Lebensumstände günstiger geworden sind. Auch für die Beurteilung dieses Zustandsbildes muß man die Gesamtpersönlichkeit, die Lebensgeschichte, die Sublimierungsmöglichkeiten und die Situation berücksichtigen. Eine frühzeitige Behandlung psychischer Spannungszustände ist von größter Bedeutung für das Vermeiden von Suchten. Für die Prognose ist es auch wichtig, ob sich die Sucht bei einem neurotischen oder einem psychopathischen Patienten entwickelt hat. Auf die Beziehungen zwischen Sucht und Depression haben wir an früherer Stelle hingewiesen; bei Epilepsie kommen periodische Anfälle von Alkoholabusus zur Behandlung, und auch Depressionen können zu periodischen Suchterscheinungen führen. Hinsichtlich des Verlaufes depressiver Zustandsbilder ist zu sagen, daß situative Faktoren zur Dekompensation der passiven Anpassungsform und im Gefolge davon zu Stimmungsanomalien führen können. Manche Autoren nennen eine solche Depression reaktiv, andere wiederum sprechen von reaktiv, wenn die Depression eine Phase einer manisch-depressiven Psychose ist als Reaktion auf einen Verdruß, ein Psycho-Trauma im weiteren Sinn. Wie man Depressionen bezeichnet, ist eine Frage der Konvention. Die Verstärkung von Schuldgefühl, Liebesverlust, das Auseinanderbrechen einer ambivalenten Beziehung, all diese Ereignisse können zu einer Depression führen. Man muß sorgfältig nach all diesen Kausalfaktoren suchen, darf aber auch das Existieren einer vitalen Stimmungsschwankung nicht übersehen. Ich habe Patienten gesehen, bei denen eine endogene Depression diagnostiziert worden war, während ihre Depression eine Reaktion auf eine Situation darstellte, die

für den Patienten unerträgliche, unbewußte Schuldgefühle brachte, eine Reaktion auf Konfliktsituationen und auf Kränkungen etwa durch das Ausbleiben einer Beförderung. Hiermit will ich keineswegs die Bedeutung der vitalen Schwankung bestreiten, aber es sind die neurotische Problematik, die Frustration der passiven Bedürfnisse, falsch verarbeitete Aggression, die aus der vitalen Schwankung eine Depression «machen». Verschwindet die vitale Schwankung, dann sieht man, daß sich manchmal wieder ein Gleichgewicht einstellt, allerdings ist es oft ein labiles Gleichgewicht, weil die Anpassung sich doch nur in einem engen Bereich vollzogen hat. Gerade dadurch, daß endogene und situative Faktoren so eng zusammenspielen, ist der Verlauf so schwer vorauszusehen.

Es gibt auch chronisch Depressive, Charakterneurosen mit Depressivität als Kernsyndrom, und diese zur Charakterpanzerung gehörende Einstellung ist oft sehr starr. Verschiedene neurotische Charaktere reagieren unterschiedlich auf Noxen; Depressivität sehen wir jedoch häufig die Dekompensation begleiten: Einsamkeit bei Sensitiven, eine Intensivierung von Lustlosigkeit und Machtlosigkeit, dann, wenn der neurasthenische Mensch versagt; eine starke Abhängigkeit von der Situation, ein besonders Angewiesensein auf die Anerkennung der Mitmenschen kennzeichnen alle zu Depressionen neigenden Neurotiker.

VIII. DIE TRAUMATISCHE NEUROSE

Jede Neurose ist auf die eine oder andere Weise eine traumatische Neurose, weil sie eine Anpassungsstörung im Gefolge eines Traumas darstellt. Jedoch verwendet man den Begriff traumatische Neurose nur für neurotische Reaktionen auf einen überwältigenden Schreck, ein Unglück, eine Kriegsverwundung, auf das Mit-ansehen-Müssen, wie andere Menschen umkommen und das knappe Entrinnen aus einer großen Gefahr. Es ist aber wichtig, sich darüber klar zu sein, daß der Begriff verschiedene Bedeutungen bekommen hat: die einer neurotischen Reaktion nach einem Kopftrauma, einer neurotischen Reaktion auf eine körperliche Schädigung, einer neurotischen Reaktion auf eine psycho-traumatische Situation und die einer Rentenneurose.

Wenn nach einem Unfall und insbesondere nach einem Kopfunfall ein neurotisches Zustandsbild entsteht, dann muß man sorgfältig prüfen, wie groß der Anteil somatischer Faktoren bei der Ätiologie ist.

Die Neurosen können direkt im Anschluß an das Trauma entstehen, kurze Zeit nach dem Erwachen aus einer Bewußtlosigkeit oder auch eine Zeitlang später. FENICHEL zählt die folgenden Erscheinungen auf: Störungen in den Ich-Funktionen, Schlafstörungen, Anfälle von quälender Angst und/oder Wut, dauernde innere Wiederholung der traumatischen Situation und andere neurotische Symptome.

Stellt man sich vor, was es bedeutet, mit eigenen Augen ansehen zu müssen, wie ein Kamerad tödlich getroffen oder von einer Granate zerrissen wird, wie ein Reisegefährte durch eine Lawine in den Abgrund gerissen wird, wie ein Mitreisender im Auto, das man selbst gesteuert hat, verunglückt etc., dann scheint es mir berechtigter, zu fragen, wie man so etwas je überwinden kann, als danach zu suchen, welche Faktoren eine traumatische Neurose verursachen.

Gesundheit ist in vielerlei Hinsicht ein größeres Problem als Krankheit. Der Gesunde scheint fähig zu sein, auch schreckliche Ereignisse zu ertragen. E. STRAUSS hat «Geschehnis und Erlebnis» unterschieden: Es hängt nicht so sehr von dem ab, was passiert, ob wir das Geschehene verarbeiten können, sondern vor allem vom Erleben, von der inneren Erfahrung.

Die Störung in der Ich-Funktion bei der traumatischen Neurose äußert sich im Verlust des Interesses für die Umgebung, der vielleicht als eine Folge der veränderten Energieverteilung aufzufassen ist; alle Energie wird für die Verarbeitung des Traumas benötigt. Wenn cerebrale Funktionsstörungen im Gefolge eines Unfalls, der gleichzeitig als Psycho-Trauma wirkte, auftreten, dann ist es sehr schwer zu unterscheiden, in welchem Maße die Bewußtseinsstörungen organisch oder psychologisch bedingt sind. Bei einer erheblichen Körperverletzung, die man nur schwer innerlich ertragen kann, oder wenn ein Mensch, den man geliebt hat, umgekommen ist, dann ist es verständlich, wenn man weitere schmerzliche Bewußtseinsinhalte, die hierauf Bezug nehmen, zu verdrängen sucht.

Im Rahmen der traumatischen Neurosen kann es zur Entwicklung einer Pseudodemenz kommen. Schlafstörungen hängen mit dem Unvermögen, sich zu entspannen, zusammen, die Angst vor der Erinnerung an das Geschehen oder das Wiedererleben im Traum ist zu groß.

Die traumatische Neurose und vor allem gerade dieses Wiedererleben des Angsterregenden, das Erleben dessen, was man doch am liebsten niemals erlebt hätte, ist Gegenstand vieler Betrachtungen gewesen, die zu weitreichenden theoretischen Folgerungen geführt haben. Dieses dauernde Wiedererleben-Müssen angsterregender Ereignisse scheint tatsächlich mit der Vorstellung von Aristoteles, daß der Mensch nach Glück strebt und mit FREUDS ursprünglicher Libido-Theorie in Widerspruch. Dieses Wiedererleben der angsterregenden Situation kann jedoch dazu dienen, die Situation und insbesondere die Angst, die durch sie verursacht wurde, doch noch zu überwinden. In diesem Zusammenhang wäre auch an die Psychologie des thrillers zu erinnern. Der Kinobesucher empfindet dabei echte Angst mit allen vegetativen Begleiterscheinungen, das Herz klopft ihm im Hals und der Schweiß steht ihm auf der Stirn, aber sind diese an sich unangenehmen Sensationen Grund dafür, den nächsten thriller zu meiden? Ganz im Gegenteil, sie bilden ein drängendes Motiv dafür, den nächsten Hitchcock oder ein verwandtes Opus anzusehen. Das können wir uns so erklären: Man erlebt, daß man die Angst aushalten kann; wird die Intensität der Angst zu groß, dann kann man beobachten, daß ein solcher Film traumatisch wirkt, dann wird der Psychiater um Rat gefragt, weil die Angst nicht nachläßt, nachdem man das eigene sichere Heim wieder betreten hat und in Träumen von schreckenerregenden Bildern verfolgt wird. Häufiger jedoch ist die Intensität gerade noch zu ertragen, und das wirkt sehr beruhigend. Der biologische Sinn für das Schaffen einer angsterregenden Situation in der Phantasie ist das Überwinden von Angst. Das bereitet, wenn auch nicht Lust, so doch ein gewisses Wohlbehagen. Das kleine Kind, von Vaters starken Armen in die Höhe gestemmt, jauchzt vor Vergnügen, denn nun hat es keine Angst mehr vor der schrecklichen Höhe. Wird aber der Ernst des Leidens einer traumatischen Neurose nicht durch diesen Vergleich mit dem Kinobesucher bagatellisiert? Diese Analogie sollte nur dazu dienen, auf das Meistern der Angst hinzuweisen. Es ist ja nicht nur der Versuch, eine Situation doch noch zu meistern, die den Wiederholungszwang bestimmt. Wenn jemand an einem starken Schuldgefühl leidet, ein großes Strafbedürfnis hat, dann wird das Trauma die Bedeutung bekommen: Das ist die gerechte Strafe, die notwendige Buße für deine Missetat. Das Über-Ich zwingt das Ich dazu, das Unglück immer wieder zu erleben.

Es folgen nun noch einige Bemerkungen zur Klinik der traumatischen Neurose. Häufig sieht man depressive Bilder. FENICHEL hat darauf hingewiesen, daß der Soldat in eine Abhängigkeitssituation gezwungen wird, er erwartet Schutz von denjenigen, die ihn kommandieren; zeigt sich dann im Kampf, daß diese hierzu am allerwenigsten im Stande sind, dann kann ein überwältigendes Gefühl von Verlassenheit entstehen und im Anschluß daran ein Bild, das der anaklitischen Depression vergleichbar ist. Daß neben Angst vor Einsamkeit und Verlassenheit auch Kastrationsangst aktiviert werden kann, ist verständlich, und viele traumatische Neurosen können dann auch Ähnlichkeit mit den nicht-traumatischen zeigen. BASTIAANS[46] hat beschrieben, daß viele traumatische Neurosen unter dem Bild eines neurasthenischen Syndroms verlaufen, ganz sicher gilt das für den Beginn. Der weitere Verlauf der traumatischen Neurose hängt ganz beträchtlich davon ab, ob der Patient gut behandelt wird, wofür es nötig ist, daß

46 J. BASTIAANS: Psychosomatische gevolgen van onderdrukking en verzet, Habilitationsschrift, Amsterdam 1957.

man die eventuelle körperliche Ursache seiner Beschwerden erkennt und ihm das Gefühl von Sicherheit gibt, worauf er ein Recht hat. In hunderten von Fällen hat eine harte Haltung der Ärzte und der medizinischen Instanzen die Patienten in eine Widerstandshaltung gezwungen. Man beleidigt die Patienten dadurch, daß man sie der Anstellerei beschuldigt, dadurch zwingt man sie dazu, ihre körperlichen Reaktionen zu verstärken, um auf diese Weise den Arzt zu überzeugen, der ihn aber gerade auf Grund dieser neurotischen Verstärkung der Symptome doch wieder für einen Simulanten hält. Auch wenn das Bild psychogen ist, dann ist der Betroffene doch ein Kranker. Kein Mensch ist nur zu seinem Vergnügen psychisch gestört, kein Mensch setzt den Bezug einer Rente höher ein als produktiv arbeitsfähig zu sein. Da die Therapie der traumatischen Neurosen hier nicht zu unserem Thema gehört, weisen wir nur darauf hin, daß vieles bei diesen Krankheitsbildern seine Ursache in einer falschen therapeutischen Haltung im Anfangsstadium findet. BASTIAANS hat die Symptome, die im Rahmen der traumatischen Neurose vorkommen, gruppiert; so beschreibt er bei der Schockphase Bewußtseinsverlust, die zweite Phase nennt er die Schock–Kontraschock-Alarmphase, die in vielem Übereinstimmung zeigt mit dem neurasthenischen Syndrom. Später entwickeln sich Abwehrreaktionen, die einen fight- oder flight-Charakter oder die Merkmale von beidem haben können. Das hängt natürlich sehr von der prämorbiden Persönlichkeit ab. Beim fight-Charakter überwiegt offene Feindseligkeit, Zynismus, destruktive Kritik vor allem gegenüber Autoritäten, ärztlichen und Versorgungs-Instanzen. Beim flight-Charakter sind die Patienten mutlos, gleichgültig, ohne Interesse für ihre Arbeit. Man sieht, diese Symptome lassen an die neurasthische Trias denken: Mangel an Lust und Mut und das Gefühl von Machtlosigkeit.

1. Die Rentenneurose

Traumatische Neurose und Rentenneurose werden aus begreiflichen Gründen gemeinsam behandelt, denn beide entwickeln sich im Anschluß an ein traumatisches Geschehen. Der Patient mit der Rentenneurose kann nicht über die Folgen einer wirklichen oder nichtwirklichen körperlichen Verletzung hinwegkommen, er will entschädigt werden. Häufig schließt sich eine Rentenneurose an ein postcommotionelles Syndrom an; Schwindel, Müdigkeit, Schlafstörungen und Kopfschmerzen als Folge einer Commotio können ein «körperliches Entgegenkommen» bilden und neurotisch fixiert werden. Hysterische neurasthenische Syndrome und paranoide Verarbeitungen kommen im Rahmen so strukturierter Persönlichkeiten vor. An die Dreiteilung, die ich erwähnte, sei hier erinnert. Bei Patienten mit einer Rentenneurose kann die passive Anpassungsform häufig beobachtet werden, in der Anamnese findet man dann auch die Neigung zu infantilen Lösungen und eine viel fordernde, abhängige Haltung. Häufig hört man die Klage: «Ich habe immer mein Bestes getan, und was geschieht jetzt mit mir? Ich werde beiseite geschoben, weil ich nichts mehr leisten kann, und dabei ist doch das Unglück bei der Arbeit passiert. So wird es mit mir gemacht.»

Die masochistische Haltung befriedigt sowohl das Strafbedürfnis, wie auf neurotische Weise die homosexuell passiven Bedürfnisse. Der teilweise Verlust der Arbeitskraft ist für manche eine nicht zu verwindende Kränkung des Selbstwertgefühls, und der Patient verlangt von der Gesellschaft, ihn dafür zu entschädigen. Die Zeit ist Gott sei Dank vorbei, in der das Wort Simulation dem Arzt im Munde lag und geäußert wurde, wenn er mit im Grunde doch recht groben Untersuchungsmethoden keine eindeutige organische Schädigung finden konnte. Es besteht ein allmählicher Übergang zwischen bewußt und unbewußt, und manche Konversionserscheinungen drücken das aus, was dem Patienten nicht ganz bewußt ist, jedoch vor dem Simplifizieren psychologischer Zusammenhänge durch die Verwendung des Begriffes Simulation kann nicht genügend gewarnt werden. Jemanden, der scheinbar nicht arbeiten will, für einen Simulanten zu halten, für jemanden, der auf Kosten seiner Mitmenschen leben will, zeugt von Blindheit für psychologische Zusammenhänge. Dieser Mangel an Einfühlung wurzelt sehr häufig in einem Mangel an Mitgefühl. Hier liegt beim untersuchenden Arzt eine schwere Verantwortung, denn er hat dafür einzutreten, daß den Patienten kein Unrecht und unnötiges Leid angetan wird. Die psychischen Mechanismen bei der Rentenneurose sind die gleichen, wie wir sie bei den verschiedenen anderen neurotischen Bildern beschrieben haben. Daß eine gute Differentialdiagnose im Hinblick auf eine mögliche körperliche Krankheit notwendig ist, soll noch einmal erwähnt sein, im übrigen lasse man sich durch die Einsicht in die Dynamik und Genese leiten.

IX. DIE PERVERSIONEN

Wir können Perversionen als pathologische Abweichungen im sexuellen Verhalten bezeichnen, als das in Handlungen Umsetzen von bestimmten sexuellen Spannungen wie zum Beispiel Exhibitionismus, Voyeurismus, Sadismus, Masochismus, Homosexualität, Fetischismus etc.

Wir wollen nicht vergessen, daß wir nicht in erster Linie über dynamische Zusammenhänge, Mechanismen, sondern über Menschen sprechen, über Patienten, die unter diesen Zuständen leiden. Untersuchen wir perverse Menschen, dann können wir, wie mir scheint, zwei Gruppen unterscheiden; daß dabei Übergänge bestehen, soll ohne weiteres zugegeben werden. Die eine Gruppe der Perversen ist den Neurotikern verwandt, die andere hat vieles mit der Psychopathie gemeinsam.

Wenn wir uns nicht auf die Gesichtspunkte der deskriptiven Psychologie beschränken, dann können wir sagen, daß der Neurotiker ein tauglicheres Über-Ich und ein gesünderes Ideal-Ich hat und daß die Ich-Funktionen des Psychopathen in größerem Umfang unzureichend sind. Was können wir mit dieser Unterscheidung für den perversen Patienten anfangen. Wir alle kennen den Patienten mit perversen Phantasien, der intensiv darunter leidet und nicht leicht dazu übergeht, seine Phantasien in Handlungen umzusetzen. Wenn er es tut, leidet er unter großen Schuldgefühlen, auch wenn eine Entdeckung nicht möglich ist. So kennen wir etwa Homosexuelle, die schwerlich dazu kommen, ihre Bedürfnisse zu befriedigen, weil sie viel zu gehemmt sind, unter Schuldgefühlen leiden und fürchten, den anderen damit zu schädigen. Der verlegene, schüchterne Exhibitionist vermeidet seine sexuelle Befriedigung, er versucht, sich seinem inneren Drängen zu entziehen, bis er seine Spannung einmal nicht mehr aushalten kann und dann sein Geschlechtsorgan einem vorbeikommenden Mädchen zeigt, das, je nach seiner eigenen inneren Verfassung, zu Tode erschrocken den Blick abwendet oder interessiert hinschaut oder aber gelähmt ist vor Schreck, weil beide Reaktionstendenzen in ihr miteinander kämpfen. Wir kennen aber auch die anderen Fälle, wo der perverse homosexuelle Patient auf die Jagd nach einem geeigneten

Objekt für seine Triebbefriedigung geht und sich wenig darum kümmert, ob er den pubertierenden Jungen, der noch keine sexuelle Erfahrung hat und sich in seiner männlichen Rolle unsicher fühlt, vielleicht doch ernsthaft schädigen kann. Wer die Aufgabe hat, Perverse zu untersuchen, die durch ein Gericht verurteilt worden sind, hat Patienten kennengelernt, die nicht unter ihrer Perversion leiden, aber sich vor der Strafe fürchten. Was als Schuldgefühl imponiert, erweist sich nicht selten als Sozialangst. Nicht, daß er es getan hat, sondern daß es herausgekommen ist, ist die Ursache seines Leids.

Diese Einteilung hat nicht nur theoretische Bedeutung, denn die Perversionen, die bei Menschen vorkommen, die mehr zu der Gruppe der Neurotiker gehören, haben eine viel günstigere Prognose als diejenigen der psychopathischen Gruppe. Die letzteren bekommt man nur unter bestimmten Umständen, unter besonderen Bedingungen zu sehen, zum Beispiel dann, wenn sie sich vor der Polizei fürchten oder durch ein Gericht dazu gezwungen wurden, sich behandeln zu lassen.

Wenn ich diese Einteilung getroffen habe, so fühle ich dabei doch die Gefahr, die in jeder Einteilung liegt, denn wir dürfen nicht denken, daß perverse Patienten sich nicht auch in anderen Aspekten als nur in diesem einen unterscheiden. Der schüchterne Stallknecht, der sich mit Pferden sexuell zu schaffen macht, hat nicht viel gemein mit dem differenzierten Dirigenten, der nach dem Konzert mit seinem Flötisten, durch den er inspiriert wird, zusammen schläft. Wie sehr unterscheidet sich doch der sadistische Lustmörder von einem über Dächer und Balkone balancierenden Voyeur, der ein Fünkchen von der Leidenschaft eines Liebespaares aufzuschnappen sucht.

Wir müssen jeden Patienten als eine Individualität betrachten und dabei auf die Ich-Entwicklung, die synthetische Funktion, die Anpassung an die Umwelt, auf die Realitätsprüfung, die Erfolge im Beruf und bei Liebhabereien achten, ebenso wie auf sein Über-Ich, sein Ideal-Ich und sein Triebleben. Gerade dann, wenn wir die Patienten individuell betrachten, fällt bei der Gruppe, der wir uns in diesem Kapitel zuwenden, ein gemeinsames Merkmal auf: Die Abweichungen im sexuellen Leben, deren Merkmale FREUD präzis angegeben hat. Es sind die Veränderungen hinsichtlich des Triebziels und des Triebobjekts. Ich zitiere noch einmal aus den «Drei Abhandlungen zur Sexualtheo-

rie»: «Führen wir zwei Termini ein: heißen wir die Person, von welcher die geschlechtliche Anziehung ausgeht, das *Sexualobjekt,* die Handlung, nach welcher der Trieb drängt, das *Sexualziel.*»
Wir können dies an einigen Beispielen illustrieren. Bei der Pädophilie und der Sodomie sind Kinder bzw. Tiere an die Stelle des erwachsenen sexuellen Partners – des sexuellen Objekts – getreten. Nekrophilie heißt sexuelle Aktivität mit Verstorbenen, das Triebziel ist in diesen Fällen gleich geblieben, nämlich der Orgasmus. Man könnte annehmen, daß die Homosexualität auch in diese Reihe gehört. Ich finde es aber vom deskriptiv-phänomenologischen Aspekt her falsch, die Homosexualität in einer Reihe mit Sodomie und Nekrophilie zu nennen. Die psychologische Bedeutung einer sexuellen Beziehung mit einem Freund unterscheidet sich doch sehr von derjenigen mit einem Pferd oder einer Leiche. Nekrophilie oder Sodomie können schwerlich ich-gerecht sein, eine erotisch-sexuelle Beziehung mit einem Freund kann das aber für manche durchaus sein. Homosexualität mag zwar gegen die westeuropäischen Normen verstoßen, passiv-feminine Wünsche sind, psychologisch gesprochen, bei jedem vorhanden, allerdings ist ihre Verarbeitung individuell verschieden.
Einige Beispiele für die Veränderung des Triebziels will ich noch nennen: etwa das Zeigen oder Sehen-Wollen des Geschlechtsorgans, dem Sexualpartner Leid und Erniedrigung antun oder selber Leid erleben wollen – Abweichungen, die uns bekannt sind als Voyeurismus, Exhibitionismus, Sadismus und Masochismus. FREUDS Formulierungen haben in dieser Hinsicht nichts von ihrer Gültigkeit verloren, und so soll hier seine Einteilung noch einmal wiedergegeben werden.
Abweichungen hinsichtlich des Sexualobjektes: Homosexualität, Kinder, Tiere, wir können hier die Nekrophilie hinzufügen.
Abweichungen hinsichtlich des Sexualziels: a) «Anatomische Überschreitungen», die Verwendung der oralen und analen Zone für die sexuelle Befriedigung, Fetischismus. b) Fixierung an mit der Vorlust, mit Partialtrieben verbundene sexuelle Triebziele, Betasten und Beschauen, Sadismus und Masochismus.
Die Beziehung zwischen Neurose und Perversion sehen wir anders, als FREUD es getan hat. FREUD formulierte den Satz, der so viel Kopfzerbrechen kostet: «Die Neurose ist das Negativ der Perversion.» Wir

können auch formulieren: was bei der Perversion ausgelebt wird, bleibt bei der Neurose in der Verdrängung. Hierzu ein Beispiel: Neurotische Schüchternheit, Stottern und Erröten eines Mannes gegenüber einer Frau können auf dem abgewehrten Wunsch beruhen, ihr mit seinem Genitale zu imponieren. Bei der Perversion wird dieser Triebwunsch geäußert, der Mann zeigt sein Genitale. Wir können hier die Frage stellen, was wird eigentlich geäußert? FREUD antwortete: ein Partialtrieb. Die Partialtriebe gehören zum Sexualtrieb, können aber eine eigenständige Bedeutung bekommen. «Fixierung von vorläufigen Zielen.» Hierbei ist nicht der Orgasmus das Ziel, sondern Sehen und Gesehenwerden, Schmerzen bereiten oder Schmerzen erfahren. Gegenwärtig pflegt man auf den Abwehrcharakter auch der Perversion besonderen Nachdruck zu legen. Die perversen Handlungen sind nicht Äußerungen von Partialtrieben und sonst nichts, sondern diese Äußerungen dienen wiederum dazu, andere Impulse abzuwehren. Dieses Prinzip der schichtweisen Dynamik der Abwehrprozesse ist für das Verständnis aller psychischen Störungen bedeutsam, ohne dieses Verständnis, ohne diese Einsicht würde man eine Perversion nicht psychotherapeutisch behandeln können. FREUD glaubte zu Anfang auch, daß Perversionen unbehandelbar seien. W. REICH ist es gewesen, der auf die schichtweise Funktion der Abwehrprozesse so besonders hingewiesen hat, und dieses Prinzip konnte fruchtbar auf die Behandlung der Perversionen angewendet werden. Der perverse Patient befriedigt einen sexuellen Triebimpuls, aber damit wehrt er Ängste ab. Um welche Ängste es sich dabei handelt, bekommen wir dann zu sehen, wenn wir die genetische Betrachtung mit der dynamischen verbinden.

Zunächst möchte ich aber noch auf ein deskriptiv-psychologisches Merkmal der perversen Sexualität hinweisen, auf – wie KRONFELD es nannte – «die Weise des Erlebtwerdens». Dieses Merkmal ist den Klinikern nicht entgangen, vielleicht denken die Analytiker zu wenig daran. Mein Lehrer in der Neurologie, ein erfahrener klinischer Psychiater, hat immer wieder darauf aufmerksam gemacht: Die Stellung, die die perverse Sexualität im Gesamt der Persönlichkeit einnimmt, ist eine andere als bei der normalen Sexualität. Perverse Triebe sind stärker, sie haben vieles gemeinsam mit den Suchten: Die Erlebnisform ist süchtig. Die gleichen Handlungen müssen zwanghaft wiederholt werden, das ist zwar richtig, aber bei zwanghaft denkt man an Zwangsneurose; jedoch erlebt der Mensch mit einer Perversion diese nicht als Zwang, aber oft wohl als ich-fremd, das gilt jedenfalls für den neurotischen Typ der Perversion. FENICHEL formulierte so treffend: «Der Zwangsneurotiker fühlt sich genötigt, Dinge zu tun, die er nicht gern tut, d. h. er muß seine Willenskraft gegen die eigenen Wünsche verwenden; der Perverse fühlt sich genötigt, gegen seinen Willen etwas gerne zu mögen.» Manchmal wird auch die genitale Sexualität so erlebt, daß der Untersucher an eine Sucht denken muß; le COULTRE hat in diesen Fällen dann auch von genitaler Perversion gesprochen.

Es ist immer besonders fruchtbar, wenn es gelingt, klinische Wahrnehmungen, deskriptiv-psychologische Fakten mit einer dynamisch-genetischen Denkweise zu verbinden. In diesem Zusammenhang stellt sich die Frage: Was macht die perverse Sexualität so obsessiv? Darauf ist zu antworten: Die Abwehrfunktion, die die perverse Sexualität hat. Dadurch, daß mit dem perversen Erleben andere Strebungen und Ängste abgewehrt werden, ist es so zwanghaft; es muß immer gegenwärtig sein, damit die anderen nicht sein können. Das gleiche gilt auch für die Formen von Sexualität, bei denen Triebziel und Triebobjekt normal sind, jedoch die Intensität so auffallend ist. Man erinnere sich an den Don-Giovanni-Typus, der mit der Perversion das Zwanghafte gemeinsam hat.

Wir können nun unsere Gedanken über FREUDS These «die Neurose ist das Negativ der Perversion» zusammenfassen. Auch der perverse Trieb hat eine Abwehrkomponente genauso wie ein hysterisches Symptom, und das erklärt den Suchtcharakter der «Weise des Erlebtwerdens». Eine Zeitlang war ich der Meinung, daß alle Perversionen diese Dynamik zeigten, als Arbeitshypothese war das sicher auch fruchtbar. J. LAMPL-DE GROOT ist der Ansicht, daß diese Auffassung nicht für alle Perversen gilt, bei manchen müsse man von einer primären Störung der Trieborganisation sprechen. Diese Unterscheidung will ich an einem Beispiel verdeutlichen. Es ist möglich, daß der Sadist sein Opfer so machtlos machen muß, um dadurch Angst abzuwehren, oder daß er es kaputtmachen muß, weil er Kastration fürchtet. Tatsächlich ist es aber auch möglich, daß seine Triebbefriedigung nun eben einmal auf Grund eines Defektes so ist. Weitere Untersuchungen und nicht unsere mehr oder weniger minder pessimistische Ansicht über die menschliche Natur werden hier zu entscheiden haben. Sicher wird dabei dann auch auf das Ideal-Ich und die Ich-Funktionen geachtet werden müssen, denn hier stellt sich wieder die Frage, warum leidet der eine so viel mehr unter seiner Perversion als der andere, warum leidet der eine selber, und warum macht der andere vor allem seine Mitmenschen leidend?

Nach diesen Ausführungen über die Klinik der perversen Patienten, über Perversion und Neurose, über die Frage, ob genuine Triebanomalien existieren, die eine andere Struktur haben als ein neurotisches Symptom, wenden wir uns weiter der Dynamik der Perversion zu. Können die Perversionen dynamisch-genetisch verständlich gemacht werden? Die Antwort, die die Psychoanalyse auf die Frage, was treibt die Menschen dazu, die solche merkwürdigen Abweichungen zeigen?, gegeben hat, halte ich für einen der bedeutsamsten Funde. Ist es nicht etwas Rätselhaftes, daß ein Mann seine höchste Lust an einem Strumpf, an einem Schuh mit hohem Absatz erlebt, daß ein anderer sich von einer Frau in Lederhosen schlagen läßt mit einer Reitpeitsche, die sie in rotbehandschuhten Händen hält; was treibt diese Menschen? Beim Fetischismus hat man es auf folgende Weise zu erklären versucht: Der Junge hatte, als er in der Pubertätszeit seine ersten sexuellen Erregungen spürte, den Strumpf an dem ihn so erregenden Bein des Dienstmädchens gesehen, und von daher wurde der Strumpf immer wieder zur Ursache für seine Erregung. Der masochistische Mann ist früher von seiner Pflegerin geschlagen worden und hält nun an dieser Form der Befriedigung fest. Eine solche historisch-biographische Erklärung, die unbewußte Motive nicht berücksichtigt, befriedigt uns nicht. Bei der Suche nach den unbewußten Motiven stellte sich bei den perversen Patienten folgendes heraus: Der perverse Patient kann den Geschlechtsunterschied nicht ertragen. Der Fetischist wird durch etwas, was der Frau gehört, in Erregung gebracht, weil er dieses unbewußt als den Penis der Frau erlebt. Ihr Bein, ihre Hände und Schuhe beruhigen ihn, und wenn wir auf die Sprache seines Unbewußten hören, vernehmen wir die Versicherung: «Auch sie hat es, sie hat das hochgeschätzte Organ, sie ist nicht verstümmelt.» Der masochistische Mann vernebelt den Geschlechtsunterschied auf seine Weise. Die Handschuhe und die

Reithose weisen auf die männliche Ausstattung im spezifischen Sinne hin. Diese Beispiele zeigen in einer anderen Formulierung: Der perverse Patient kann kein Wesen ohne Penis als Sexualpartner ertragen. Der Fetischist, der Masochist schreiben der Frau ein männliches Attribut zu, und der homosexuelle Mann kann keine Leidenschaft für ein penisloses Wesen empfinden. Bei der aktiv homosexuellen Frau wird dies ganz deutlich, wenn sie eine Penisprothese verwendet, um ihre Geschlechtsgenossin zu befriedigen. Bei der Beziehung des Mannes zum anderen Geschlecht gibt es drei Möglichkeiten:

a) Die Frau wird als Frau erlebt und geschätzt,

b) die Frau wird abgelehnt, weil ein penisloses Wesen nicht geliebt werden kann,

c) dem penislosen Wesen wird ein solcher zugeschrieben, die Penislosigkeit wird verleugnet.

Bei der häufig vorkommenden manifesten Bisexualität und der passiven Anpassungsform des Mannes finden wir entweder abwechselnd oder gleichzeitig einen Partner desselben Geschlechtes oder eine als phallisch phantasierte Frau[47]. Bei all solchen Beziehungen liegt der Nachdruck immer wieder darauf: Wir sind ganz gleich und können dasselbe tun, es gibt keine Männer und keine Frauen, und sofern es sie doch gibt, dann besteht der Unterschied zwischen den Geschlechtern nicht darin, daß der eine hat, was dem anderen fehlt. Darum findet man auch bei den verschiedensten perversen Formen der Sexualität das Zusammen-dasselbe-tun-Können besonders betont. Vor der phallischen Phase hatte sich die psychologische Differenzierung zwischen den Geschlechtern noch nicht vollzogen, die prägenitale Sexualität hat ihre Stellung beim erwachsenen Menschen noch nicht der erwachsenen Sexualität abgetreten – gemeinsames Erleben prägenitaler Sexualität findet man bei vielen sexuellen Perversionen, die keinen besonderen Namen haben, wie etwa zum Beispiel zusammen oder aufeinander urinieren, zusammen defäzieren. Auch wenn die Genitalorgane in die sexuelle Aktivität einbezogen sind, besteht doch eine Vorliebe für alles das, was man gemeinsam tun kann. Die Vorliebe für mutuelle Onanie neben dem Coi-

[47] Auf diese Libidoposition bin ich ausführlich eingegangen in: Der negative Ödipus-Komplex beim Mann, Jb. d. Psychoanal., Bd. 2, Köln 1961/62.

tus kann ebenso sehr eine unbewußte Verleugnung oder die Ablehnung des Geschlechtsunterschiedes zum Inhalt haben.

Nach diesen Ausführungen können wir näher beschreiben, was den Perversen oder besser gesagt den Menschen, insofern er perverse Züge hat, bewegt: Die Verleugnung des Geschlechtsunterschiedes, die Verleugnung der Kastration und letzten Endes das bedeutendste Motiv: die Kastrationsangst, der Kastrationskomplex. Diese Einsicht macht es uns möglich, die Verbindung zwischen Perversion und abweichenden sexuellen Verhaltensfomen herzustellen, die meistens nicht mit der Perversion in Zusammenhang gebracht werden. Ich denke dabei etwa an die Neigung, sich in Dreiecksituationen zu begeben, und an die Promiskuität. Hinsichtlich des Voyeurismus können wir angeben, wie hier die Motive, die auf der Kastrationsangst beruhen, wirken: Der Mann, der nach einem Liebespaar guckt, das sexuellen Verkehr hat, identifiziert sich mit der Frau und hat auf diese Weise einen männlichen Partner – einen Partner mit einem Penis – gleichzeitig wird er durch eine Frau in sexuelle Erregung gebracht, aber diese hat in dem Augenblick, in dem sie mit einem Mann sexuell verkehrt auch ein männliches Genitale. Man sieht deutlich, daß der negative Ödipus-Komplex, die passive Homosexualität und die Notwendigkeit, sich die Frau phallisch vorzustellen, in der Kastrationsangst wurzeln. Bei einigen Perversionen will ich die entsprechende Verarbeitung der Kastrationsangst zeigen:

Exhibitionismus: Ich bin nicht kastriert, ich habe etwas, was sich sehen lassen kann, und ich beschwöre den anderen, mich bei ihm auch etwas sehen zu lassen.

Transvestitismus: Ich werde sexuell erregt, wenn ich einen Schlüpfer einer Frau, einen Regenmantel von ihr anziehe. Auch der Schlüpfer einer Frau, der Regenmantel beherbergen, enthalten ein männliches Genitalorgan.

Masochismus: Eine Frau schlägt mich, aber sie hat männliche Attribute. FREUD hat beschrieben, was sich hinter dieser Phantasie oder diesem Wunsch verbirgt, nämlich: Ein Mann behandelt mich gewalttätig, er zwingt mich zur sexuellen Hingabe.

Sadismus und manche Formen von Nekrophilie: Eine Frau ist nicht gefährlich, sie kann mich nicht verstümmeln, sie kann mir meinen Penis nicht wegnehmen, ich verstümmele sie.

Die Vorliebe für prägenitale Formen der Sexualität oder Aktivitäten, bei denen beide Partner das gleiche tun können: Wir unterscheiden uns nicht, was der Mann mit der Frau tun kann, das kann auch die Frau mit dem Manne tun.

Aus den Verschiedenheiten, die sich durch die spezifische Entwicklung bei Mann und Frau ergeben haben, ist auch zu erklären, warum Probleme, die der Geschlechtsunterschied mit sich bringt, durch die Frau anders verarbeitet werden. Die Verneinung des Geschlechtsunterschiedes kommt bei der Frau weniger häufig vor. In dem Kapitel über die hysterischen Neurosen bei der Frau habe ich beschrieben, wie sie auf die Entdeckung, daß der kleine Junge etwas hat, was ihr selber fehlt, reagiert. Perversionen im engeren Sinn sind bei der Frau seltener, aber sie kommen vor, und auch hier spielt die Verneinung des Geschlechtsunterschiedes die größte, wenn nicht gar die Hauptrolle. Ein Beispiel zur Illustration: Eine Frau gerät in intensive sexuelle Erregung bei der Vorstellung, daß ihr Freund uriniert, während sein Penis in ihrer Scheide ist, und sie bemüht sich, ihn dazu zu bringen, das zu tun, was sie in der Phantasie so sehr erregt. Daß hier die Phantasie «ich habe selbst einen Penis» ihr Verhalten bestimmt, ist deutlich. Diese Patientin hatte eine große Vorliebe dafür, zusammen prägenitale sexuelle Aktivitäten zu erleben: zusammen urinieren, defäzieren im Beisein ihres Freundes. Im übrigen zeigte sie deutlich die Psychologie des von ABRAHAM beschriebenen Rachetypus.

Eine Abhandlung über die Perversion wäre unvollständig, wenn nicht in ihrem Rahmen darauf hingewiesen würde, welche Rolle bei Neurotikern und normalen Menschen die Impulse spielen, die sich bei den Perversen als Perversion äußern. Das Geniale in FREUDS «Drei Abhandlungen zur Sexualtheorie» [48] besteht gerade darin, daß er das Normale in Erscheinungen erkennen läßt, die für spezifisch abnorm gehalten werden.

Was die Partialtriebe angeht, Exhibitionismus, Voyeurismus, das Sich-Zeigen und Gesehen-Werden, gemeinsam wenn nicht sexuelle Aktivitäten dann doch Verhaltensweisen, die mit der Sexualität zusammenhängen, zu sehen, werden im Liebesspiel oder in den Vorbereitungen

[48] S. FREUD (1905): Drei Abhandlungen zur Sexualtheorie, Ges. W., Bd. V.

zum sexuellen Zusammensein befriedigt, sofern sie nicht durch neurotische Symptome oder Charakterdeformierungen abgewehrt werden. Fetischismus kommt ganz normalerweise vor. Sicher schaut fast jeder Mann auf die Beine einer Frau, und für viele haben spezielle Attribute, zum Beispiel die Hände, eine große Bedeutung. Auch andere Äußerungsformen, die mit dem Bedürfnis zusammenhängen, sich eine Frau phallisch vorzustellen, sind nicht selten. Das Mädchen im Smoking oder in der Reithose hat vielen etwas zu sagen, der Film macht von solchen phallischen Attributen gerne Gebrauch. Die Frau mit den besonders langen Beinen gilt, um in der Terminologie der Ethologen zu sprechen, als supernormales Objekt. Daß die Probleme der Dreieckessituation auch mit der Kastrationsproblematik zusammenhängen, ist bekannt.

Wenn die Analität und die Oralität eine besondere Rolle im sexuellen Kontakt spielen, der aber trotzdem mit einem normalen Coitus endet, dann hat das im Prinzip die gleiche Bedeutung wie in der Perversion: Wir tun zusammen dieselben Dinge, wir unterscheiden uns nicht voneinander, auf alle Fälle nicht auf schmerzliche Art und Weise. Wir sprechen dann jedoch nicht von einer Perversion, wenn der auf normale Weise erweckte Orgasmus möglich bleibt und die Hauptrolle spielt.

Sadismus und Masochismus stören, sofern sie eine normale Intensität haben, nicht. Das Kriterium dafür, ob wir von einer Perversion sprechen, ist, ob die normale Endbefriedigung möglich bleibt, ob Partialtriebe, also das sexuelle Interesse für nichtgenitale Körperzonen, in das Gesamt des sexuellen Geschehens aufgenommen werden können, ob sie sich als Begleitsymptome in den Geamtablauf der genitalen Sexualität einfügen oder nicht. Häufig besteht neben der Möglichkeit zu einem normalen und normal erlebten Coitus auch das perverse Bedürfnis. Auch in diesen Fällen müssen wir von einer Störung sprechen. Wenn jemand, der unter einer solchen Erscheinung leidet, den Wunsch hat, behandelt zu werden, dann ist die Prognose oft günstig und die Fixierung in diesen Fällen nur eine sehr partielle.

Wir haben die Perversionen auf Grund der unbewußten affektiven Verleugnung des Geschlechtsunterschiedes und der Kastrationsangst erklärt. Bei einer Reihe von Perversionen spielt dieser Mechanismus nicht die Hauptrolle, hier besteht die Perversion darin, daß sich der

Betreffende mit einem Surrogat begnügen muß, wie etwa bei der Sodomie oder der Pädophilie. Bei diesen letztgenannten Abweichungen spielen Fehlidentifikationen eine Rolle, wie wir sie auch bei der aktiven männlichen Sexualität kennen.

FREUDS Formulierung, daß der Ödipus-Komplex der Kern der Neurosen ist, gilt auch für die Perversionen, für diejenigen Perversionen, die wie eine Neurose strukturiert sind. Die Abwendung vom normalen Objekt, die Angst vor dem adäquaten Partner wurzelt in der Kastrationsangst, und daß diese so stark ist, wird durch den Ödipus-Komplex verursacht. Perversionen hängen immer mit Regressionsvorgängen zusammen, hinter denen sich die ödipale Problematik verbirgt. Das Bestehenbleiben zahlreicher Formen prägenitaler Sexualität, das sexualisierte passiv-feminine Verlangen beim Mann, allerlei sexuelle Probleme, die Schwierigkeit, sich an einen Partner zu binden, weisen darauf hin, daß bei vielen diese Situation keine optimale Lösung gefunden hat. Natürlich sind es vielerlei Ursachen, die das gesunde Durchlaufen des Ödipus-Komplexes erschweren. Auf eine von ihnen will ich noch hinweisen. Bei perversen Patienten spielen nicht nur die schwer zu verarbeitenden Traumen im sexuellen Bereich, die diese starke Kastrationsangst erklären, eine Rolle, sondern ganz gewiß auch das große Maß unverarbeiteter Wut aus der frühen Kindheit. Die starke Ambivalenz macht die Lösung des Ödipus-Komplexes unmöglich. Wenn eine Regression stattfindet, dann werden nicht nur die sexuellen Impulse, die mit dem Ödipus-Komplex verbunden sind, abgewehrt, sondern auch die aggressiven: destruktive Wut, Trotz, Todeswünsche und Eifersucht.

Über den Verlauf der Perversionen wäre folgendes zu sagen: Im Rahmen vieler neurotischer Zustandsbilder kommen perverse Manifestationen vor, das ist verständlich, denn diese Symptome sind Äußerungen des Kastrationskomplexes. Wenn die Kastrationsangst abgewehrt wird, wenn die aggressiven Impulse drohender werden, dann nimmt das perverse Bedürfnis zu. Die Perversionen, die wie eine Neurose strukturiert sind, beeinflussen das Leben anders, als es bei den mehr psychopathischen Patienten der Fall ist. Manche Menschen finden eine Anpassung und lernen es, mit ihren Symptomen zu leben, Schuldgefühle wegen des Symptoms stören manchmal mehr als das Symptom selbst.

Es ist sehr schwierig, sich ein Bild davon zu machen, wie häufig eigentlich befriedigende und einigermaßen stabile homosexuelle Beziehungen sind, der Arzt sieht verständlicherweise vor allem solche Patienten, bei denen sie mißglückt sind. Für den einen ist die Perversion ein großes Leid verursachender Fremdkörper in seinem Leben, ein anderer mag einen modus vivendi finden. Perverse Bedürfnisse finden nicht selten in Kontakten mit Prostitutierten Befriedigung, manchmal gelingt es dem Patienten, eine einigermaßen normale Beziehung aufzubauen, in der auch das perverse Bedürfnis von Zeit zu Zeit Befriedigung findet, was eine gar nicht mal so ungünstige Lösung des Problems darstellt. In vielen Fällen bringt die Perversion den Patienten mit der Polizei in Konflikt, und hierdurch wird dann der weitere Lebenslauf beeinflußt. Es darf niemals vergessen werden, daß die Perversionen bei aller gegenseitigen Übereinstimmung doch in ihrer Bedeutung für die Lebensgeschichte verschieden sind.

NAMEN- UND SACHREGISTER

Ralph R. Greenson

Technik und Praxis der Psychoanalyse

Aus dem Amerikanischen übersetzt von Gudrun Theusner-Stampa
Standardwerke der Psychoanalyse
6. Aufl. 1992. 454 Seiten, Leinen mit Schutzumschlag
ISBN 3-608-95954-8

»Wenn man die Psychoanalyse aus einem Lehrbuch lernen könnte, so aus diesem. Es ist so lebendig, so praxisnah geschrieben und durch viele anschauliche Beispiele aufgelockert, daß man es nicht gern wieder aus der Hand legt. Es eröffnen sich die dem Lernenden oder gar dem Außenstehenden oft schwer verständlichen theoretischen Begriffe – wie Widerstand, Übertragung und Arbeitsbündnis – fast von selbst. So ist das Buch ganz besonders für den geeignet, der einmal wissen will, was Psychoanalyse eigentlich ist, ebenso für den in der Ausbildung Stehenden, dem die Augen für die so zahlreichen möglichen Fehler in dieser speziellen Art therapeutischer Kommunikation geschärft werden. Aber auch der Erfahrene, der die vielen hier gebotenen Falldarstellungen mit seinen eigenen Erfahrungen vergleichen kann, wird das Buch mit Gewinn lesen.«

(Deutsches Ärzteblatt)

»In diesem Buch werden klare Vorstellungen vermittelt und eine Fülle von Behandlungsbeispielen beigebracht, in denen sich Lebensnähe mit didaktischer Modellhaftigkeit verbindet.«

(Praxis der Psychotherapie)

Bei Klett-Cotta lieferbar:

Psychoanalytische Erkundungen

Aus dem Amerikanischen übersetzt von Hilde Weller
Standardwerke der Psychoanalyse
1982. 467 Seiten, Leinen mit Schutzumschlag
ISBN 3-608-95090-7

Klett-Cotta

Marguerite A. Sechehaye

Eine Psychotherapie der Schizophrenen

Aus dem Französischen übersetzt von Simone Weniger und Rainer Redies
Standardwerke der Psychoanalyse.
1986. 273 Seiten, Linson mit Schutzumschlag
ISBN 3-608-95139-3

Auch als Greifbuch:
1992. 273 Seiten, Breitklappenbroschur, ISBN 3-608-95863-0

Die Schweizer Psychoanalytikerin und Psychotherapeutin M. Sechehaye legt hier detailliert ihre Methode des Verstehens und der Therapie schizophrener Erkrankungen dar, eine bahnbrechende und in ihrer Art einmalige Methode, die sie während der Behandlung ihrer berühmt gewordenen Patientin Renée entwickelte: die Methode der symbolischen Wunscherfüllung. Der Therapeut muß fähig sein, eine gute Mutter und ein guter Vater zu sein. Er muß zugleich vollkommen aufrichtig sein. Nur so wird es der Schizophrene wagen, das traumatische Erleben seiner Kindheit wiederaufleben zu lassen und dabei ein Stück weit zu bewältigen. Allerdings wiederum nicht, wie der Neurotiker, auf der Ebene einfacher Übertragung, sondern seiner psychischen Struktur entsprechend auf der Ebene vorsymbolisch-magischer Anteilnahme an der Welt. Ein grundlegender Beitrag zum Verständnis und zur Therapie des schizophrenen Leidens.

»Da die Autorin immer wieder konkrete Beispiele bringt und ihre Sprache die eines Lehrers im besten Sinne ist, der erklärt und ermutigt, ist das Buch nicht nur für Spezialisten spannend zu lesen.« (FAZ)

»Das Buch bietet denen, die sich für eine psychodynamische Interpretation der Schizophrenie interessieren, reiche Anregung…«
(Der Nervenarzt)

Klett-Cotta